The Complete Guide to Techniques of
Visual Communication

仕事ができる人になる

図解の技術大全

久恒啓一

日本実業出版社

はじめに

1990年、私は初めての単著『コミュニケーションにおける図解の技術』（日本実業出版社）を刊行し、話題となりました。

これがきっかけとなり、1997年に野田一夫先生から「図解を教育界に入れてほしい」との要請をいただき、仙台に開学した県立宮城大学（初代学長・野田一夫）へと転身することになりました。

大学の授業やゼミ（顧客満足ゼミ）では、図解という武器を用いて地域活性化に取り組むという得難い経験をさせていただきました。

また、2002年には日本経済新聞社から出版した『図で考える人は仕事ができる』がベストセラーとなり、企業や自治体をはじめとするさまざまな業界から、講演や研修の依頼をいただき、すべてお引き受けしてまいりました。

この過程で、数百にのぼる現場を「図解」という視点で観察する貴重な機会を得ることができました。そして多くの出版社からのご要請をいただき、これまでに100冊を超える著書を刊行いたしました。

2020年、私たちはコロナ禍に襲われました。大学の専任を退任する時期でもあり、「図解コミュニケーション」について書いてきた論考をまとめようと、それまでの著書をまとめた『図解コミュニケーション全集』全10巻の刊行を企図いたしました。第1巻の「原論編」から始まり、「技術編」「実践編」「展開編」「応用編」を経て、2024年9月には第9巻「応用編3 日本探検」を刊行するに至りました。

本書、『図解の技術 大全』は、全集の「総集編」ともいえ、全集の第10巻目としても位置づけており、各書籍の最も重要なポイントを選び出して構成してあります。

これにより、足かけ5年ほどの期間をかけた『図解コミュニケーション全集』の大プロジェクトが完結することとなりました。

ビジネスに限らず、あらゆる現場は、「文章至上主義と箇条書き信仰」に侵されています。

そうした職場に、「全体の構造と部分同士の関係」を表現できる「図解」を用いることで、上下左右のコミュニケーションの活性化を図る「図解革命」を推進してまいりました。

どのような仕事であれ、そこに存在する問題や課題を解決していかなければなりません。そのためには、鳥の目で全体を俯瞰すると同時に、虫の目で問題の箇所を見つめ、近隣とのもつれた関係をときほぐすことが求められます。

どうしても誤解や曲解がつきまとう文章や箇条書きでは、コミュニケーションに大小のトラブルが生じることになります。問題の解決とは、全体の構造を変革することであり、部分同士の関係を変えることでしょう。

そのための解決策が「図解」だと考えます。

「仕事」とは、さらにいえば「経営」とは、コミュニケーション活動です。その活性化のために図解コミュニケーションの考え方と方法・技術を用いるならば、大きな成果を望めると確信しています。

この「図解コミュニケーション」の研究の過程で、八木哲郎さんが創業し、私を育ててくれたＮＰＯ法人 知的生産の技術研究会の３人の顧問の先生方からは、次のような励ましをいただいています。

梅棹忠夫先生からは、国立民族学博物館の館長室で、図解について「これは曼荼羅だ。自分は図解のことをマンダライゼーションと呼んでいる」との言葉をいただき、士気が高まりました。

野田一夫先生からは、「日本初の『図解革命』はいまなお進行中です。『図解コミュニケーション全集』全10巻が完成すれば、『図解革命』の経典となることでしょう」とのありがたいメッセージをいただいております。

寺島実郎先生からは、「図解によって意思疎通を深め、時代の課題の解決のために行動しようという愚直なまでの情熱があることに気づく。一隅を照らす人生に、こういうアプローチもあるのか、と心が熱くなる」という温かいお言葉をいただきました。

いま振り返ると、「図解コミュニケーション」は単なる技術ではなく、ひとつの思想だと考えるようになってきました。

理解、企画、伝達のすべてのコミュニケーションに有効ですが、とくに「企画・創造・構想」、つまり「考える」ことに大きな威力を発揮することが本質です。「考える力」の衰退、欠如こそが、日本の課題であると考えています。そこを突破する有力な答えの1つが図解であると思います。

その理論と方法論は、一応の完成を見た段階にあります。本書をお読みいただき、さらに詳しく学びたいと感じた方は、全集の各巻を参考にしていただければありがたいと存じます。

この本は、書籍のオビに「図解王が伝授！」と書かれています。台湾で翻訳出版された本の表紙で、著者の私のことを「図解王」と呼んでいることを発見して、それを使わせてもらいました。

最後に、これまでご縁のあった方々に深い感謝を捧げたいと存じます。また、初の単著『図解の技術』の発行元である日本実業出版社が、刊行をお引き受けいただいたことに感謝申し上げます。

なかなかの難産でありましたが、何とか完成に至ることができましたのは、編集部の粘り強い激励があったからこそです。ここに記して心より感謝申し上げます。

久恒啓一

２０２４年11月

仕事ができる人になる　図解の技術　大全●目次

はじめに

序章 図解コミュニケーションとは何か

「図で考える人」は仕事ができる……14
図解とは情報のデザイン……19
ウェルチも図解で考えていた……21

第1章 「図解」で何ができるのか

1 図で説明するとわかりやすい……28
2 文章より図解の伝達力のほうが高い……31
3 図解は「見える化・可視化」の有力な方法……35
4 図解は文章より素早く理解できる……37

5 図解で表現力を磨ける……41
6 全体と部分の関係を表せる……45
Column 中田英寿選手も図形で考えていた？ 47
7 「問題解決」のツールになる……50
8 図解はビジネス・コミュニケーションの基本ソフト（ＯＳ）である……53

第2章 あらゆることを図解する技術

1 図解の基本は「関係の表現」にある……58
2 「マルと矢印」にはバリエーションがある……66
3 雄弁な矢印……73
4 図解を描く２つの方法……76
5 図解が〝独りよがり〟になっていないか……85
6 紙と鉛筆を用意して図解を描こう……96

7 「鳥の目」を使って描く……98
Column あの世をコンピュータ世界で表すと 103
8 全体の流れを考えて描き始める……104
9 わかりやすいキーワードに置き換える……106
10 ポイントがつかみやすい図解とは？……114
11 図解の極意「○○感覚」……116
12 みんなに伝わる図解とは？……124
13 タイトル、コメントは図解に不可欠……132

第3章 図解で「よむ・かんがえる・かく」技術

第1部 図解で「よむ」技術 142
1 図を使って読む……142

2 「図読」のすすめ …… 146
3 「図読」は究極の要約法 …… 154
実戦「図読」 160
Column 法律は箇条書きの束。図にすることで真に理解できる 168

第2部 図解で「かんがえる」技術 172
1 自分の価値を高める「考える力」 …… 172
2 では、図で考えるとは? …… 175
Column 『図で考える人は仕事ができる』はなぜ売れたのか 178
3 図を描くと「どこが問題か」が見えてくる …… 180
4 「図メモ」で考える …… 184
5 図で企画を考える …… 188
6 企画は自分のなかから生まれる …… 193

7 「図解企画書」は文章企画書を圧倒する……195

〈実践〉図解で企画を考える 204

第3部 図解で「かく」技術 214

1 うまい文章より、いい文章……214

2 「知的生産の技術」と「文章読本」……219

「文章読本」の限界 224

3 「京大式カード」と図解の違い……228

Column 「漢字とかな」の文化が日本人の図解認識力を高めた 231

4 文章の設計を図でする方法……232

5 スタート地点と最終目的地が見える……237

6 矢印とは関係詞のことである……242

7 文章を肉づけする技術……246

8 文章化の過程で図解をチェック……250

第4章 図で「問題解決」をする技術

1 「見晴らしのよさ」は「よい結果」を導く……256
2 ビジネスの問題を解決する……259
3 図解は「合意形成」に使える……268
4 合意形成に図解を用いるメリット……270
5 「会議」に図を活用する……275
6 「議事録」も図解で……279
7 「あなたの仕事」は図解で変わる！……284
8 あなたの仕事を図解しよう……287
9 地域の問題を図で解決する……296

第5章 ライフデザインを図で考える

1 人生100年時代をどう生きるか……310
2 人生がうまくいく人は「図」で考える……314
3 人生鳥瞰図で「人生戦略」「キャリア戦略」を立てる……317
4 価値観を形作る「生い立ち」「出会い」「出来事」……321
5 仕事を選ぶポイントは「性格」「関心」「能力」……323
Column ライフデザインは一日一日の積み重ね 327
Column 人生は「公人」「私人」「個人」のトライアングルで考える 330

おわりに

装丁／志岐デザイン事務所（萩原睦）
本文組版／一企画

序章

図解コミュニケーションとは何か

「図で考える人」は仕事ができる

先生に「どうしたら自分で考えることができるのですか」と聞いたら、「そういうことは自分で考えなさい」と言われたという笑い話があります。

振り返ってみれば、小学校から大学までの学校生活で、「考える」ということの意味や楽しさを教えていただいた先生には、ほとんど出会わなかったような気がします。ある出来上がった知識は教えてもらいましたが、そうした知識を生み出すための考える方法については、とうとう身につきませんでした。

社会に出てみると、学校で習った知識そのものは現実の問題にはほとんど使えません。社会はさまざまな問題に満ちています。求められているのは、それらの問題の具体的な解決策なのです。しかし、そのような状況に直面して初めて、問題解決のための武器を手にしていないことを知って愕然とします。

いいといわれる本を読みまくっても考える力がついたとは思えないし、有名な人の講演をいくら聞いても考える力がついた気はしませんでした。外国旅行に頻繁に出かけても、見聞を通して得た自分の考えに自信がつくわけでもなかったのです。

一体、どのようにして考える力をつけたらいいのだろうか。これが、私の長い間の疑問でした。

勤めていた企業でいろいろな仕事に悪戦苦闘するなかから、どうやら「図」がひとつの答えではないかと思い当たって、「図解コミュニケーション」という造語を使い、1990年に『コミュニケーションのための図解の技術』（日本実業出版社）という初めての本（単著）を著しました。その後何冊かの図解に関する著作を発表しましたが、どちらかというと、図解をどう描くかという技術的な面に焦点を当てたものが多かったのです。

その後、**図解コミュニケーションの最も本質的な部分は「考える」ことにある**のだとあらためて思い至り、2002年に『図で考える人は仕事ができる』という本を日本経済新聞社から出しました。

目の前の文章やデータ、資料などを図にしようと取り組んでいると、バラバラの知識の断片が立ち上がってきて立体的に関係づけられていきます。そして、1つの体系に昇華していく過程を経験します。そして他の人にもわかるように表現できたとき、知識が本当に自分の身についたと実感できます。

この段階になると、不思議なことに自分自身の考えというものが出来上がっていることに驚かれることでしょう。また、そこに至る過程は素晴らしい充実した時間だったと感じることができるはずです。**図で考える習慣をつけると、思考の回路が自然にできてくる**という不思議さがあるのです。

私自身、さまざまな仕事や幅広いテーマにおいて、図解という武器で挑戦するという体験を重ねて今日に至っています。冒頭に述べたような考える力に不安があるという人や、自分の考えに自信が持てないという人に、ぜひこの思考法を伝えたいと思います。

コミュニケーションの3つの側面である「理解、企画、伝達」の中核的な部分である「企画」は、実は「考える」ことと同義です。「考える」ことのなかには、企画、創造、構想といった内容がすべて含まれています。

「地図」という言葉には、地の上に図が浮かび上がってくるという意味があります。私たちは、現実（地）そのものを見てもよくわかりません。整理された図を見せてもらわなければ理解することができないのです。そのために、手がかりとしての情報の地図が必要なのです。

江戸時代に鳥瞰図絵師という職業がありました。

町をまるで鳥となって上空から眺めるように描くことができる絵描きさんのことです。この図絵（18ページ）は地域全体をよく見渡して描いたものなので、当時はとても人気がありました。

鳥瞰図を描くということは、「鳥の目」を持つということです。情報があふれ錯綜している現在、物理空間を描く地図だけでなく、情報の鳥瞰図絵師となって大事な仕事に取り組んでいきたいものです。

自分で深く考えなくても、経済が成長し、会社が発展し、生活が豊かになっていった時代はもう終わりました。自分で考えることが、生きていく上での必要条件になったのです。

私たちはさまざまな「関係」のなかで生きています。いろいろな分野の友人、濃淡のある付き合い、家族、日々増え続ける知人……。太い関係、薄い関係、近い関係、遠い関係、斜めの関係、恩人の関係……。そうしたさまざまな関係の糸のなかに私たちは浮かんでいる感じがします。

それらの1つひとつの関係の意味を意識する、それが自分を考えるということでは

■江戸の鳥瞰図

※鍬形蕙林／画「大江戸鳥瞰図」（一部）東京都立中央図書館蔵

ないでしょうか。

そして「仕事ができる」というのは、**具体的な事実の断片間の「関係」を自分の頭で考え、新たな関係を作り出していくということです。**図解を活用することによって、仕事師への道は誰にも開かれているのです。

図解とは情報のデザイン

概念的なものであれ、具体的なものであれ、関係のあるものはすべて図解できます。世の中に存在するものは、何らかの関係でつながっている。そのつながりを考えるのが、図解という思考法です。

そして「関係を考える」ということは、人間の思考活動のあらゆる分野で行われていることなのです。

たとえば、「数字でものごとの関係を考える」学問は数学で、「天体相互の関係を考える」なら天文学です。「人と物とお金の間の関係を考える」なら経済学で、「人と人、人と社会の関係を法律によって考える」のが法律学です。さらに「自分と世界や宇宙の関係を考える」のが哲学であり、「神との関係を考える」のが宗教である、という言い方もできるでしょう。

森羅万象が関係で成り立っている。関係のないものにすら、「関係がない」という関係があります。それだけに、「関係を考える」ことを主眼とする図解の応用範囲はきわめて広いものがあります。人間の思考活動一切を横断する技術だといえるでしょう。


いま、日本の社会、経済は長い長い停滞のなかにあります。私はその最大の原因を、新しい関係を考え、価値を創造する「企画力・構想力」の不足にあると考えています。言い換えれば、大きなビジョンを描く能力の不足、ということです。

図解とは情報のデザインです。そして図を描いているときは、情報のデザイナーになっているのです。

情報によって社会は動き、生活は成り立っています。私たちの豊かさは、「情報」という素材をどう組み立てるかにかかっているといえるでしょう。

情報をデザインするということは、金属やプラスチックを使って機械や建築物を作るのと同様、一種の工学とすらいえます。

そして**紙と鉛筆があれば、身の回りから社会のことまで、いま自分が立っている地**

点から考えることができる。まさに図解こそは、新たな価値を創造する「情報エンジニアリング（工学）」の強力なツールなのです。

「理解」「企画」「伝達」、つまり、理解力が高まり幅広い教養が身につく→それをもとに、より豊かな知的価値を創造する→さらにその価値を多くの人と共有し深めていく、そんな幸福なサイクルの原動力になることを、私は図解コミュニケーションに期待しているのです。

ウェルチも図解で考えていた

企業の優れたリーダーや、ビジョンを描けるトップには図を用いている人が多いようです。

アメリカのGE（ゼネラル・エレクトリック社）のCEOで「伝説の経営者」と呼ばれたジャック・ウェルチ氏も、「図表を描くことほど自分の考えを明確にする方法は他にない、といつも考えている」「複雑な問題を解きほぐして簡単な図表に落とし込むことは、実にわくわくする仕事ではないか」と語っています（ジャック・ウェルチ、ジョン・A・バーン著／宮本喜一訳『ジャック・ウェルチ　わが経営』日本経済新聞社刊より）。彼を「図解仕事人」の代表として紹介してみたいと思います。

1980年代前半、ウェルチ氏は、エジソン以来の伝統を誇るという名門企業ゆえに大企業病に陥っていたGEで、独自の経営哲学によるリストラクチャリングに着手し、見事に成功させています。そして、その改革を推し進める上で大きな助けになったのは、1枚のシンプルな図だったといいます。

GEは当時、アイロンやトースターといった家電製品から、原子力発電所の建設や航空機のエンジン製造まで幅広く手がけていましたが、ウェルチ氏自身は、長期的な競争戦略がなく、多くの事業部門を抱えている状況に危機感を覚えていました。

当時、社内では「利益は出ている。一体何が問題なんだ」という声もありましたが、たとえ現時点で黒字でも、市場の環境変化のなかでは赤字に転落してもおかしくない事業もたくさんあったからです。

たとえば、日本をはじめとするアジア製品の攻勢を受けつつあった家電製品や、その後、世論の変化で縮小を余儀なくされた原子力発電所の建設などがそうでした。

こうした変化をいち早く予見したウェルチ氏は、「ナンバーワンかナンバーツーでなければ、『再建か、売却か、さもなければ閉鎖』」という有名な改革方針を打ち出します。しかし、具体的にどの事業部を中核とし、どの事業部を整理の対象とするかを明確に区分けし、社内の誰にも理解できるようにどのように周知するかについては悩んだといいます。

というのは、「原子力プラントの建設は先が見えている。しかし維持管理に関するメンテナンスサービスは今後大きなビジネスになる」「金融分野は市場が巨大なだけに、必ずしもナンバーワン、ナンバーツーの事業規模でなくてもかまわない。得意分野に特化して、高い収益率を確保すればいい」といった個別の条件があり、必ずしも「ナンバーワンか、ナンバーツーでなければ……」の原則を示しただけでは、すっきりと見えにくかったのです。

そこで、ウェルチ氏は多くの事業部門と対話を重ね、長い間考えた末、誰でもひと目で会社の事業戦略がわかる図を考えたのです。

この図を考えついたときのことを、彼はこう述べています。

「どうすればビジョンを実現できるのか、長い間考えつづけた。何と偶然にも、そ

ジャック・ウェルチの図

25ページの図は非常にわかりやすくて単純な図であったために、GEのような巨大企業のなかでも、強力なメッセージとして社内に浸透していったようです。実はこの３つのマルが重なった形の図は、アイデアを生むときの基本的な図として使うことができます。世の中には３つの概念でくくれるものがたくさんあるからです。具体的な企画案を作る前にまず３つのキーワードを考え、全体の枠組みを絞ってから企画するようにすると、新しいアイデアが生まれやすくなるでしょう。

の答えを一九八三年一月のある日、一杯飲んでいるときに見つけ出した。そのとき紙ナプキンに自らの手で書いた図が、その答えだった」

夫人とレストランで食事をしているときにふと思いつき、飲み物のコースター代わりの紙ナプキンに黒いフェルトペンで3つの円を描き、GEの各事業部門を当てはめていったというのです。（次ページ図）。

図の下に描かれた「中核」の円はGEの核になる製造事業群で、従来からGEが得意としていて今後も高収益の見込める大型家電、照明、タービン、輸送機器などの各部門が含まれています。

右上の円は将来的に高収益の見込めるハイテク事業群で、医療機器や特殊素材、航空宇宙分野などが含まれています。

左上の円はサービス事業群で、こちらは比較的少ない投資で高収益の得られる金融や情報、原子力発電所のメンテナンスサービスなどが含まれています。

そして、この3つの円に入らない事業が、「利益が出ていない」か「市場の成長性が低い」、あるいは「会社の戦略になじまない」ということで、「再建か、売却か、閉鎖」の対象になるということです。

明快な説得力の高い図解で、これがウェルチ氏の戦略を社内で伝え、実現するのに

■ウェルチが紙ナプキンに書いた図解

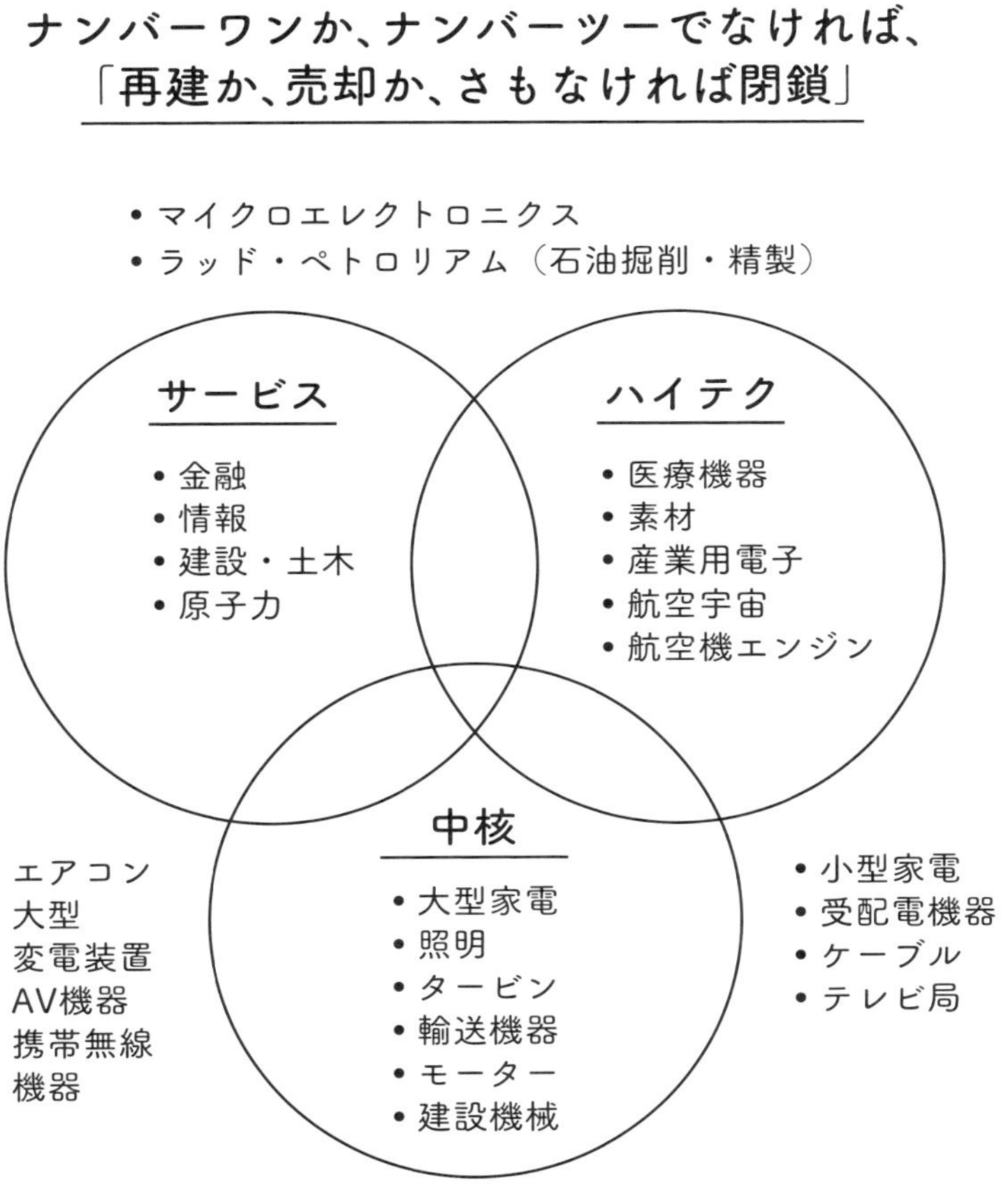

※『ジャック・ウェルチ　わが経営』（ジャック・ウェルチ、ジョン・A・バーン著　宮本喜一訳　日本経済新聞社）より。

大きな働きをしたというのもうなずけます。**図解が、ビジョンを描き、伝える上で非常に有効なツールであることの好例**といえるでしょう。

第1章

「図解」で何ができるのか

1

図で説明するとわかりやすい

図解は技術なので誰もができる

いろいろな情報を集めながら、そこから新しい情報を作り出すことは、実は最も難しいことです。

考える、企画するという分野がこれにあたります。作家が「うんうん」とうなりながら、新しい物語を考えている姿が面白おかしく紹介されていることがありますが、どんなに優れた人物でもスラスラと新しい考えが浮かぶことはありません。

しかしこの分野にも「技術」は存在します。**技術とは誰もが順序を踏んで訓練することによって、ある水準まではたどり着けるもの**です。

2つの図解の例をあげましょう。

1つ目の図は、9歳の女の子が書いた図解です（次ページ上図）。

「お父さんの田舎の九州では海で泳ぎ、川でも泳いだ。お母さんの田舎の群馬では、山で遊び、川で泳いだ。そして家族で出かけた房総では、山と海で遊んだ。これが私

9歳の女の子の「夏休み」

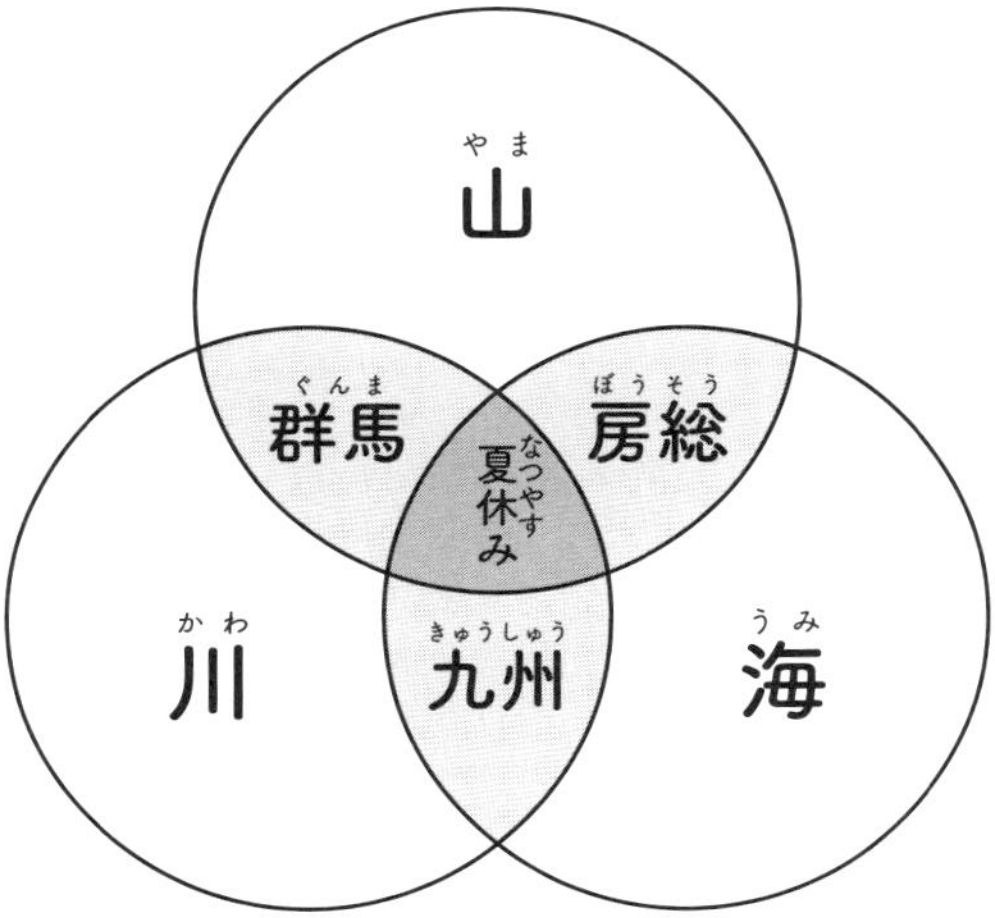

日本の四季

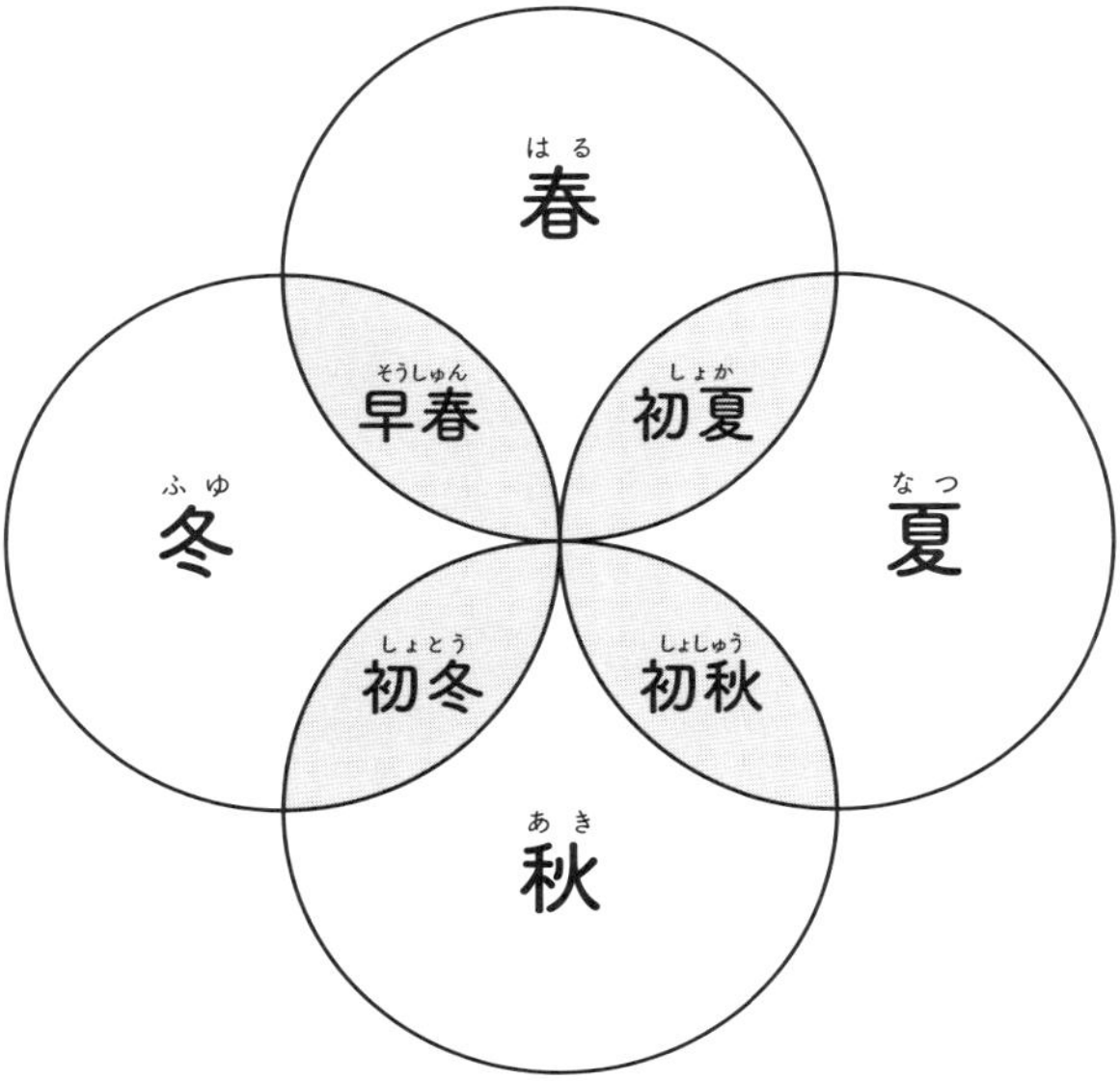

の夏休みです」

どうでしょうか、夏休みの様子がいきいきと伝わってくるようですね。2つのマルが重なったところは場所という空間情報であり、3つのマルが重なったところは、夏休みという時間情報を表現している図解といってもよいでしょう。

もう1つの図解は、別の人が日本の四季を表したものです（前ページ下図）。

「日本には春夏秋冬というはっきりした季節がある。その四季にも春から夏に移る初夏の季節、夏から秋にいたる初秋の季節、秋から冬につながる初冬の季節、そして冬が終わり春の息吹きが聞こえる早春の季節がある。日本の四季は本当に素晴らしい」

この2つの図では、それぞれ「マル」を使って表現しています。マルは図解において矢印と並んで重要な技術です。図解は、大小、重なり、関係を表現することができますが、この2つの図では「重なり」を意識しています。

女の子の「夏休み」では2つのマルが重なったところは、場所として表現していきます。そして3つのマルが重なったところを「夏休み」と表現するという優れたアイデアです。小学生が考えた図であり、そのことに私も驚いたのですが、「重なり」という技術の深さを感じることができます。

「日本の四季」では、重なりで2つの季節のはざまの時期の名称を示しています。

これも非常にわかりやすい図です。

2 文章より図解の伝達力のほうが高い

文章が書けると能力が高いのか

表現の方法としては、人間の脳が認識しやすいような方法で情報を提示することが最もすぐれた方法であるはずです。

そう考えると現在の仕事のメインツールといってもよい「文章の力」について疑問が湧きあがってきます。

もともと人間は文章でものを考えているのでしょうか。

学校教育の場では、文章至上主義とでも形容したいほど文章を中心とした教育が行われています。難解な文章を読まされて、「それ」や「これ」という代名詞が何を指すかというような読解力が大事な力とされています。

教科書や試験に出てくる小説や評論などの文章は難解であり、それを読みこなせない自分の力量を反省させられます。しかし、一度読んで理解できないような文章は、悪文ではないでしょうか。

日本では「文は人なり」という言葉に代表されるように、知識人の条件は文章が書けることであって、いまでも変わりはありません。

文章にケチをつけられると、書いた本人は人格を否定されたように感じてしまいます。上司であれば、そして地位が高ければ、文章を修正する権利がある。偉くなるということは給料が上がるだけではなく、部下の文章を自由に直す権利を得ることだともいえます。

文章をめぐる上下のトラブルは日本のあらゆる組織に存在しています。ここで日常的に起こるコミュニケーション・ロスは、日本の組織の力を3割程度弱めているのではないかと私は見ています。

さて私の二十数年のビジネスマン人生を振り返ってみると、**「できる上司」は文章に造詣が深いタイプもいましたが、キーワードの設定力が高かったり、図で指示を出すというタイプが多かったように思います。**

私の場合、幸いなことにこうしたレベルの高い上司に何人かめぐり会って、「図でものを考える」という習慣がつき始めました。

そして実際に自分が上司の立場になり部下とのコミュニケーションに心を砕くようになると、この方法は伝える側と伝えられる側の双方にとって有効であることを確認し、しだいに自分のスタイルとなって定着してきました。

若い世代の文字離れ等もあり、文章一辺倒の組織風土の見直しを含め、コミュニケーションスタイルを考え直す時期に来ていると思います。

図解はひと目で理解できる

文章コミュニケーションでは、文字面《づら》を真剣に追わないと中身を理解できないところがあります。目に入ってくる文字や言葉や文章を脳のなかで意識的に処理して初めて理解が可能だからです。

一方、**図解はひと目で全体像を把握でき、そしてもう一度論理回路を働かせ図解を読み下す作業を行うことになり、いわば二重に記憶に刻み込まれていく**ため、理解が速く、そして深いのです。

文章は、こちらが考えた道筋にしたがって相手を「説得」しようとするところがあります。自分の考えを押しつけようとしているようにとられがちであり、相手から反発されることがあります。

一方、図解によるコミュニケーションは、自分が関心のある部分や問題意識から見始めることが可能であり、参加意識が高く、自然に「納得」する利点があります。

また、文章は前後の文脈で情報を伝えるのに対し、図解は情報を上下左右を使って表現できるため、**情報量が圧倒的に多い**という特徴があります。

■文章と図解の伝達力の違い

〈文章コミュニケーションでは〉

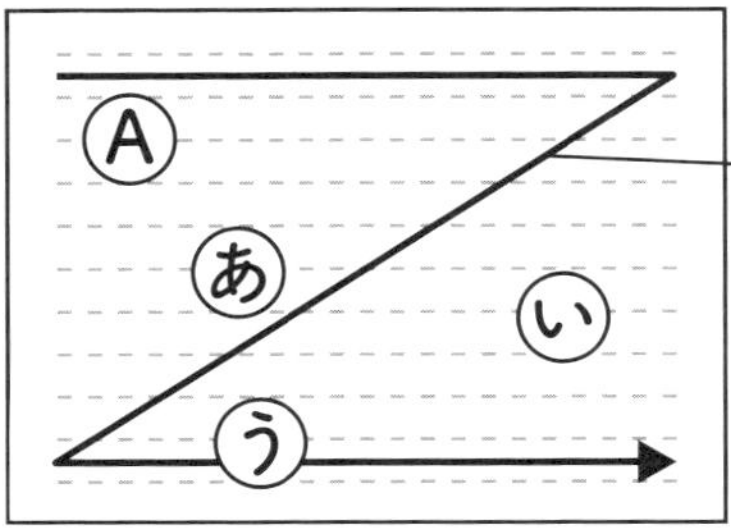

- 順を追って読まないと理解できない
- 脳で処理しながら読むことになる
- 読み手を説得しようとしがち

〈図解コミュニケーションでは〉

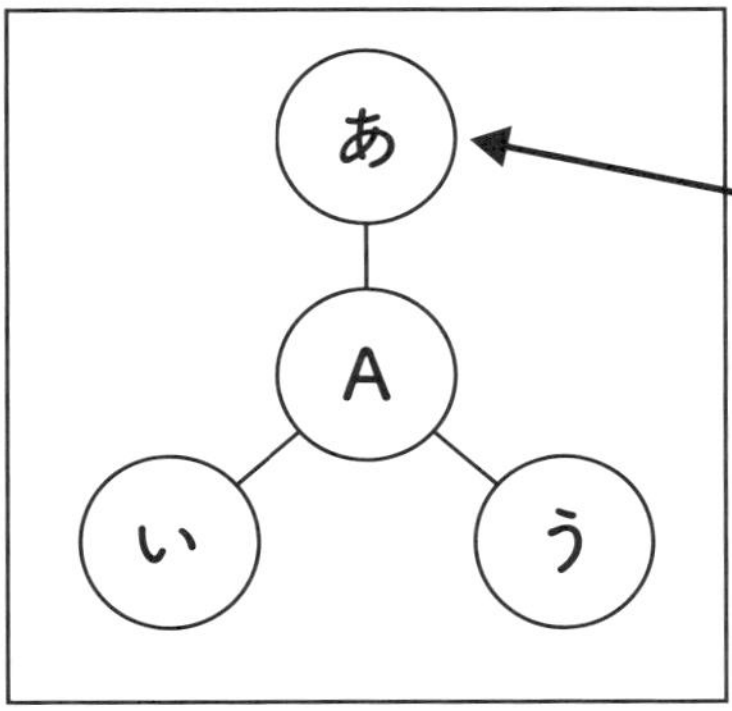

- 興味関心のある部分から見始めることができる
- 全体の形で意味がわかる
- ひと目で何についてのことかがわかる

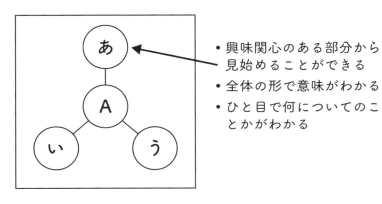

3 図解は「見える化・可視化」の有力な方法

「見える」だけではピンとこない

「見える化」という言葉が、頻繁に使われ始めたのはいつごろだったでしょうか。以下、「見える化」が使われる場面を列挙してみました。

「悩みの見える化」「仕事の見える化」「問題点の見える化」「人生の見える化」「人脈の見える化」「目標・体系・課題の見える化」「戦略の見える化」「悪循環の見える化」「未来の見える化」「性格の見える化」……。

また、「可視化」という言葉も同じ意味で使われています。「分断」「自分自身」「共通点と意見の違い」「研究内容」「学習成果」「経営情報」「ドラッカーの理論」「政治のリーダーシップ」「構造化」を可視化する……。

この「見える化」や「可視化」は何を意味しているのでしょうか。主に、定量情報を扱うこと、グラフ化することなどをそう呼んでいるようです。結果として「見えるうか。

化」「可視化」されても、何か「ピンとこない」ような感覚があるのではないでしょ

図解は「関係」を見えるようにする

図解は、「全体の構造と部分同士の関係」を表現することを主眼としています。

対象の全体の構造がわかる。全体と部分の関係がわかる。

全体を構成している部分と他の部分との関係がわかる。

それが「見える」ということでしょう。


表やグラフの多用や、簡単なパターン化した図などを「見える化」と呼んでいるようですが、文章だけよりは進んでいるとは思いますが、十分ではありません。

また、絵や動画などを使うと、イメージが鮮明にわかるという面はありますが、「構造や関係」は曖昧になってしまいます。

私たちは、**「全体の構造」と「部分同士の関係」を見える化することによって、「腑に落ちる」という深い理解に達することができる**のです。

4 図解は文章より素早く理解できる

文章、箇条書き、図解の違い

文章は最後まで読まないと全体像がつかめません。一方、図解は、ものごとを素早く簡単に理解できます。

図解を使った説明は、文章よりも容易に頭に入ってきます。

まずは、38ページ図①の文章を読んでみてください。それほど難解な文章ではありませんが、理解するのに多少の時間がかかるでしょう。文章は、最後まで読まないと全体像がつかめないのです。

①文章の場合

出来事がすべて文字ベースで語られていると、強調点や時系列がわかりにくく、読み解くのに時間がかかってしまいます。

■「文章」と「箇条書き」と「図解」の違い

①文章の場合

会社全体で10％のコスト削減を目指すことになり、総務部では郵送費のカットに取り組みました。これまでは社外報を株主・一般会員・取引先企業に向けて８万部送っていましたが、これらを電子化してメールマガジンへと切り替えました。その結果、640万円の切手代が浮いたことで、10％のコスト削減を達成することができました。

出来事がすべて文字ベースで語られていると、強調点や時系列がわかりにくく、理解するのに時間がかかってしまう。

②箇条書きの場合

・社内のコスト削減目標10％　・郵送費のカット
・社外報を株主・一般会員・取引先企業に８万部送付
・メルマガにすると切手代がかからない
・640万円のコストカット　・10％コスト削減達成

キーワードと思われる部分だけを抜き出しても、ものごとの因果関係や全体像がわかるわけではない。

③図解の場合

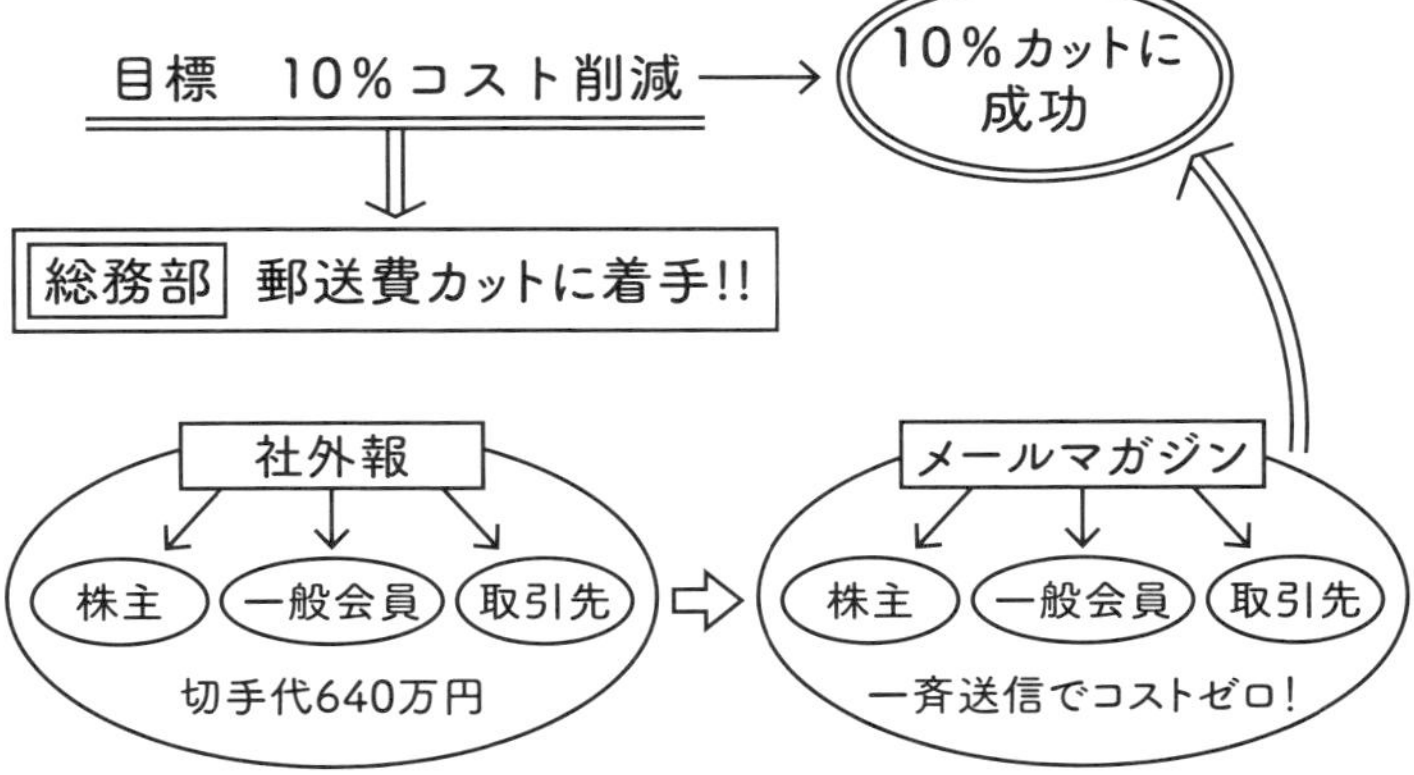

図解にすると、ものごとの構造や関係性がひと目でわかる！

②箇条書きの場合

では、箇条書きにするとどうなるでしょうか。

それが、右ページ図②のメモですが、こちらもわかりやすい説明とはいえません。たんにキーワードを羅列しているだけで、各項目の関係性や時系列が明らかにならないからです。

③図解の場合

そこで、図解の登場です。右ページ図の③を見てみましょう。まず目に入るのが、二重マルで囲まれた「10％カットに成功」という情報です。**図解にすれば、このように強調すべき事柄を目立たせることができます。**

そのほか、目標達成のプロセスが瞬時にわかるのみならず、総務部・株主・一般会員・取引先など関係者同士の構図もすぐにつかめます。つまり、図解とは、重要性や関係性や時系列を含む「ものごとの構造と関係を表現する技術」なのです。

図を描くと理解が深まる

そのメリットは「読み手にとってわかりやすい」ことだけではありません。「描き手」の理解力も高まるのです。

自分なりに構図を考えながら図解を描いていると、自分がどこまで内容を把握しているのかが明確になります。

「箇条書き」は、よく考えると問題があります。

箇条書きには、各項目の優先順位や大きさあるいは因果関係などが盛り込まれていないからです。項目間の関係をも表現できる図解は、箇条書きの情報をさらにもう一段深めた表現法であるといえます。

文章は、細かなニュアンスや言葉のあやで微妙な表現も可能ですが、図解は細かな部分は省いてしまうので情報の整理がすっきりとして切れ味がいいという特徴があります。

思い当たることがあると思いますが、文章は自分が十分に理解していない場合でも理解しているような顔をして書くことができます。

図解は自分が理解していない場合は、人に見せることを躊躇してしまいます。図解では描いた本人の理解度がモロに出るため、ある程度の自信がなければ、人に見せることにためらいが生じるのです。だから、さらによく考えようとする。それが大事なのです。

5 図解で表現力を磨ける

できる人は３つの力がある

私は、ビジネスマンとして20年以上、現場の最前線で働いてきました。その間、いつも念頭にあったのは、どういう能力があれば仕事の成果が上がるのかという問いでした。大企業で労務、広報、企画という分野を主として経験してきた私の結論は、３つの能力が備わっていれば仕事はできるということです。

その３つの力とは、序章でも触れた**「理解する力」「企画する力」「伝達する力」**です。

理解する力とは、上司の指示を聞き、回ってきた文書を読み、ポイントを理解する力、企画する力とは、自分の頭で新しい考えやアイデアを生み出す力、伝達する力とは、考えやアイデアを他の人に間違いなく伝える力、です。

これら３つの力は、コミュニケーション能力ということもできます。

■「仕事ができる人」の３つの力

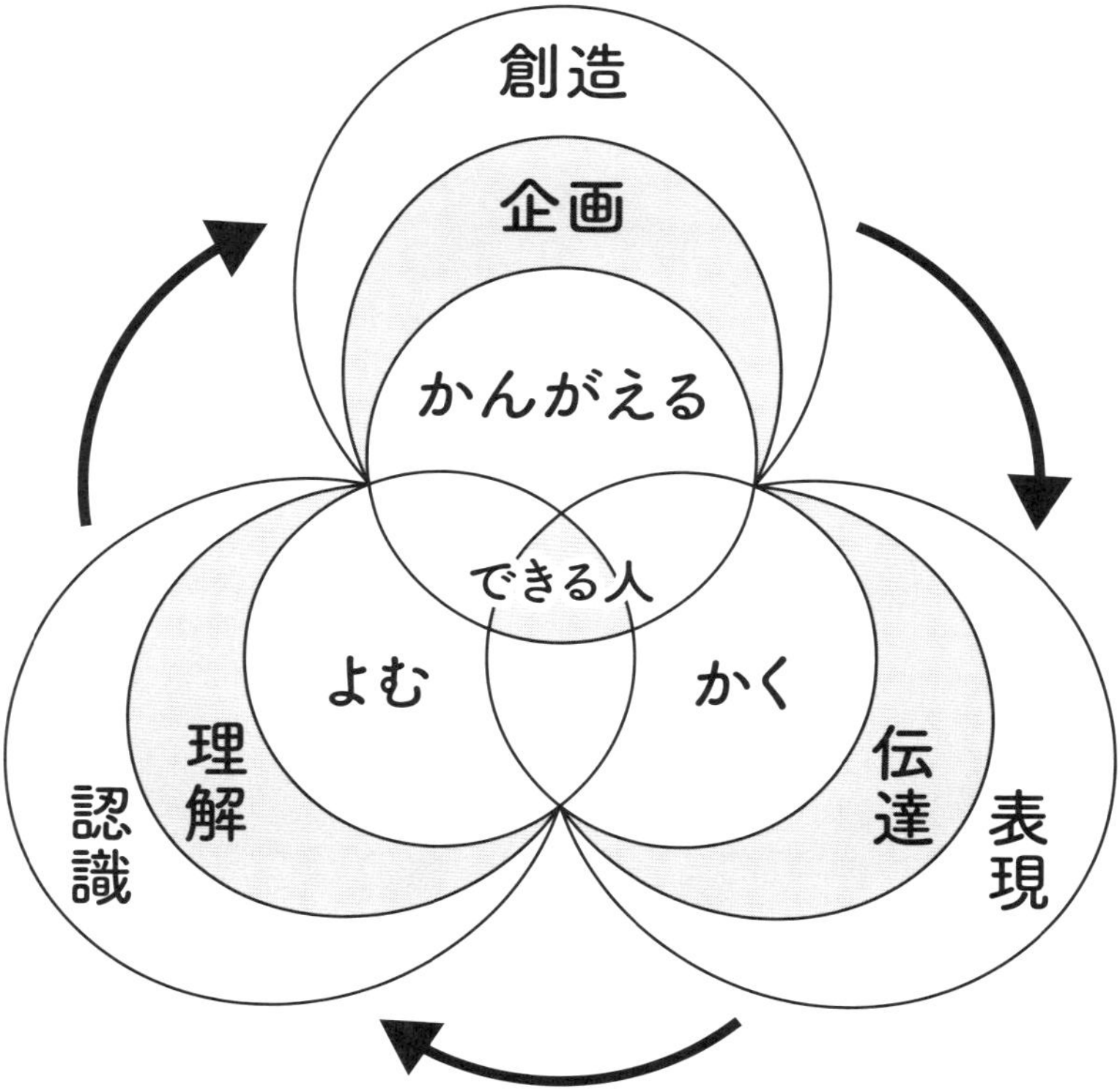

理解と伝達は他人とのコミュニケーションであり、企画は自分自身とのコミュニケーションです。過去の経験の教訓、読書等で培われた膨大な情報、そういうものを現在の仕事のテーマと照らし合わせながらアイデアをひねり出す作業が企画という仕事なのです。

仕事人としての能力の高低は、この総体として自己表現力とでもいうべき３つの力のそれぞれの大きさとそのバランスによって規定されてくるといってもよいでしょう。

図解は表現力を強化する

しかし、実際にはこの３つの力をバランスよく持っている人は珍しいのではないでしょうか。

理解力は高いが企画力はまったく自信がないとか、伝達力は高いが理解力はだいぶ不足しているとか、バランスがわるい人が多いはずです。日本人は高等教育を受けた人でも表現力が弱いといわれています。つまり伝達力が低く、プレゼンテーションが苦手な人が多いのです。

優れたプレゼンテーションを行うには、文章、図解、口頭という３つの手段を使いこなすことが必要です。図解という新しい表現方法を縦横に駆使しながら、具体的ですぐに役立つ提案をしていきたいものです。

「読み、考え、書く」ために図解を使う

初等中等教育の目的は、「よみ、かんがえ、かく」力をつけるということです。考えてみれば仕事の場合と同じです。読むのは理解だし、考えるのは企画だし、書くのは伝達と同じ意味です。

また学問の世界では、同じことを難しくいうという業界常識があり、「認識、創造、表現」といった言い方をしていますが、理解、企画、伝達と同じことです。

要するに**私たちは、小学校入学以来、人生を終えるまで一貫して、理解力・企画力・伝達力というコミュニケーション能力を磨いている**ことになります。

そして、そのコミュニケーションの方法は、主として「文章」ということになっています。

本書を通じて私は、図解という優れた方法を使って、理解力、企画力、伝達力を総合的に高める方法を紹介したいと思います。

6 全体と部分の関係を表せる

構造や関係をシンプルに表す

プレゼンテーションを行い、知識の少ない人にも、多くの情報を整理できていない人にもわかってもらうためには、テーマをめぐる全体の構造や個々の部分同士の関係を丁寧に解きほぐして、複雑な状況や入り組んだ事情をできるだけシンプルな骨格にすることが大事です。

論理に直接関係のない部分や枝葉末節の部分、余計な修飾語などを容赦なくどんどん削ぎ落としてみましょう。そうすれば、複雑に見えた事情も案外すっきりした形に姿を変えて現れます。

現実のものごとの仕組みはたいへんに複雑な場合が多いのですが、この**「構造と関係」をある程度わかってもらえれば、理解してもらえたと考えていい**と思います。その後は時間の経過や情報の蓄積によって、構造がさらに複雑になったり、関係が重層的になっていく。それが理解が深まってくるということです。

逆に、単純なテーマだと思ったものが周囲の情報を収集し、詳しく検討することによって奥の深い様相をていすることがあったり、わかりきったことだと思っていたものが、実際は複雑怪奇で混沌としていた、というケースも少なくありません。

大きなテーマも1枚に表せる

図解はこのような構造や関係をストレートに表現できるので、プレゼンテーションの場面では非常に有効です。

21世紀を迎える直前に、ある経済雑誌から「21世紀への希望と課題」というテーマで1枚の図を描くという注文を受けたことがあります。

「人口爆発からくる食糧問題、生態の悪化からくる地球環境問題、資源の枯渇からくるエネルギー問題が人類共通の大問題だ。

それらを解決するためには、情報化、環境化、高齢化、地球化という4つの奔流に向かって革命を起こすことが必要だ。具体的には、国土・環境分野、産業・経済分野、生活・社会分野において、それぞれ改革が必要となる。この一連の改革によって、国民の仕事や生活が保障されて2%成長が達成される。それによって豊かなライフスタイルという希望が達成される。」

教科書を図解すると勉強になる

たとえば社会科の授業であれば、教師が図解資料を作って提供することも必要ですが、生徒たちに図解をさせることも積極的に行われてよいと思います。歴史に限らず、社会科目はすべて図にすることができます。社会というのは原因と結果が織りなす総合現象ですから、図になりやすいのです。社会科の教科書の「図読」です。図にする段階では、ものごとの関係性などについて考えなければなりませんから、生徒たちはたくさんの疑問を感じるはずです。そういう疑問点が出てきたら、調べさせるか、教師が答えてあげればよいのです。

このような大きなテーマから始まって、身近な生活にいたるところまで1枚の図で表すこともできるのです。少し大きいですが、48、49ページに示しておきます。

Column

中田英寿選手も図形で考えていた？

サッカー日本代表として活躍した中田英寿選手の能力検査を筑波大学大学院が行ったことがあります。中田選手は図形問題を誰よりも速く、かつ正確に解いたといいます。

その図形問題は、試合中に敵や味方が次にどのように動くかを瞬時に予測し、判断する空間認知能力につながるものでした。彼は試合中に、フィールドを見るだけで数秒後の状況が頭に浮かぶらしいのです。絶好のパスを出せるのは、抜群の図形認識と判断能力が備わっているからという結果でした。

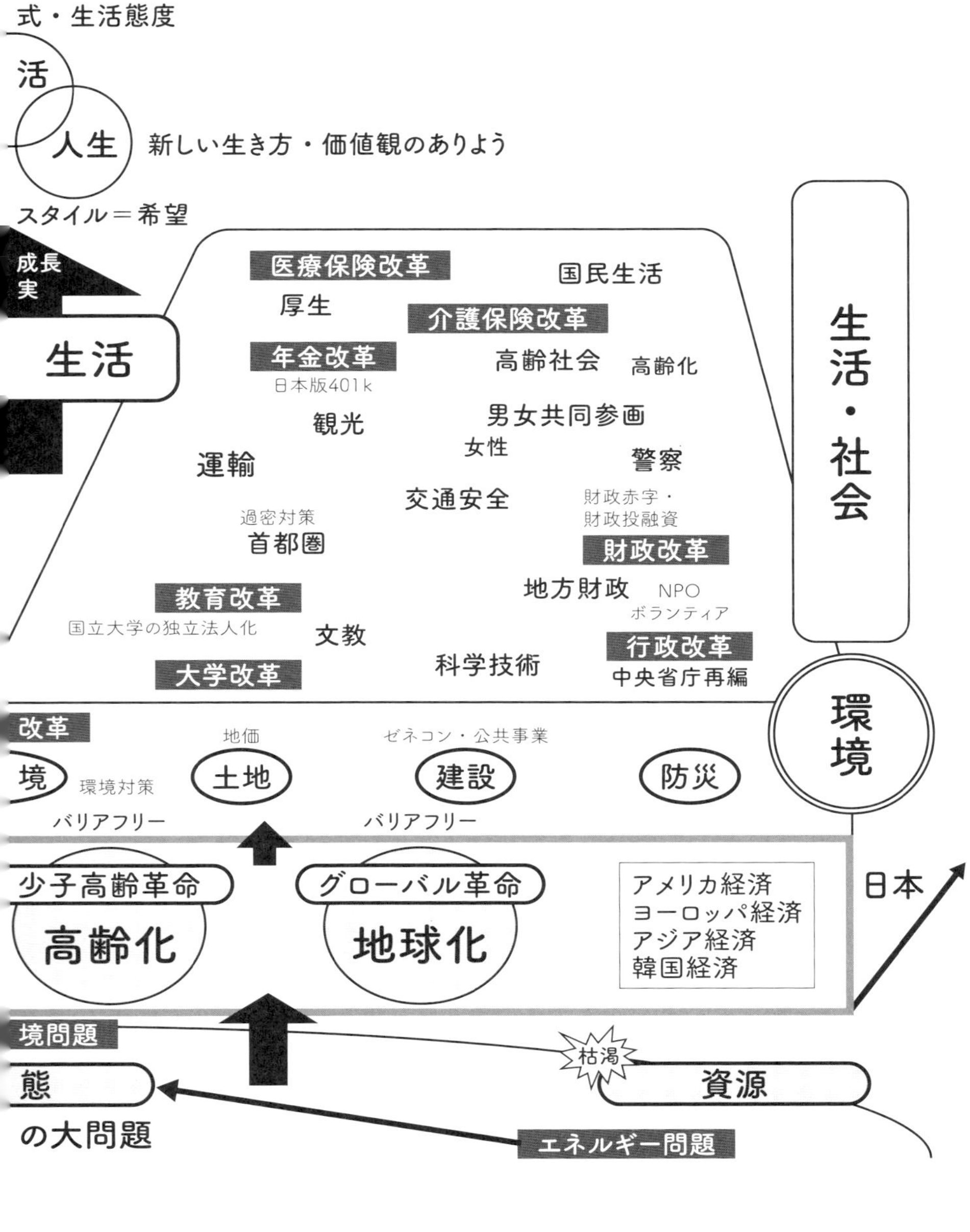

式・生活態度
活
人生
新しい生き方・価値観のありよう
スタイル＝希望
成長
実
生活
医療保険改革
国民生活
厚生
介護保険改革
年金改革
日本版401k
高齢社会
高齢化
観光
男女共同参画
女性
運輸
警察
交通安全
財政赤字・
財政投融資
過密対策
首都圏
財政改革
地方財政
NPO
ボランティア
教育改革
国立大学の独立法人化
文教
行政改革
中央省庁再編
科学技術
大学改革
生活・社会
環境
改革
地価
ゼネコン・公共事業
境
環境対策
土地
建設
防災
バリアフリー
バリアフリー
少子高齢革命
高齢化
グローバル革命
地球化
アメリカ経済
ヨーロッパ経済
アジア経済
韓国経済
日本
境問題
枯渇
態
資源
の大問題
エネルギー問題

■図解は全体と部分の関係を表すことができる

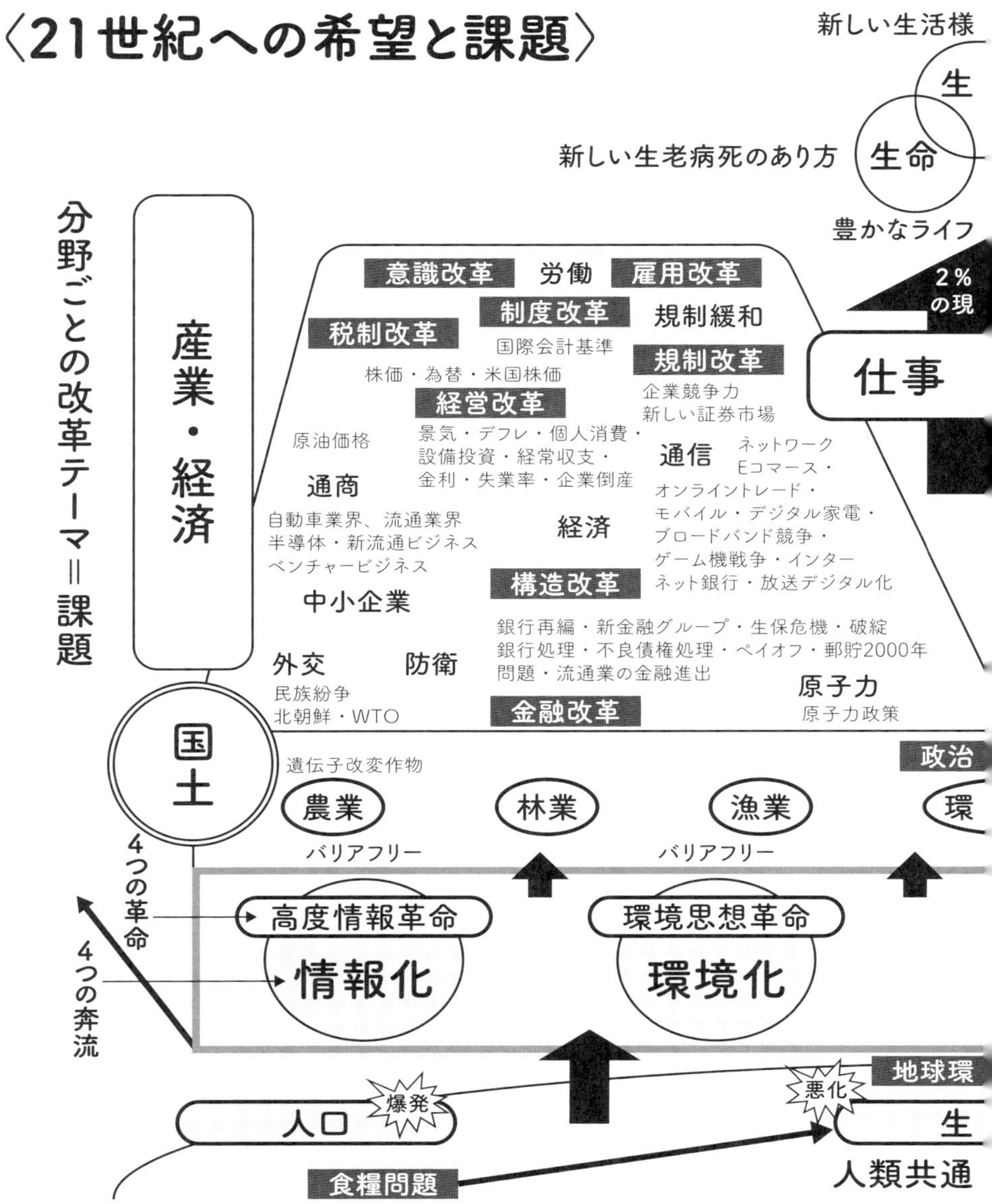

7

「問題解決」のツールになる

文章は認識のズレが起きやすい

図解を使うと、コミュニケーションが円滑になります。たとえば、文章のみの企画書を読むシーンを考えてみてください。文章表現の些末な部分に気をとられてしまい、書き手の意図が読み取れないケースが多いのではないでしょうか。さらに、受け手によって言葉の解釈が異なることもあります。

文章という表現形式では、あらゆる情報が均等に文字で配置されてしまうので、情報の送り手・受け手の間に認識のズレが生じやすいのです。

図解は、こうした課題を解決できるツールとなります。図解は本質的な部分を抜き出して関係づけ、それを明解に見せる表現形式です。

図解をひと目見れば、すぐに要点がつかめます。人によって異なる解釈をする事態も防げるでしょう。

■「家事を手伝わない理由」を図解する

・図解を作成すると、新たな視点が見えてくる

〈図解①〉

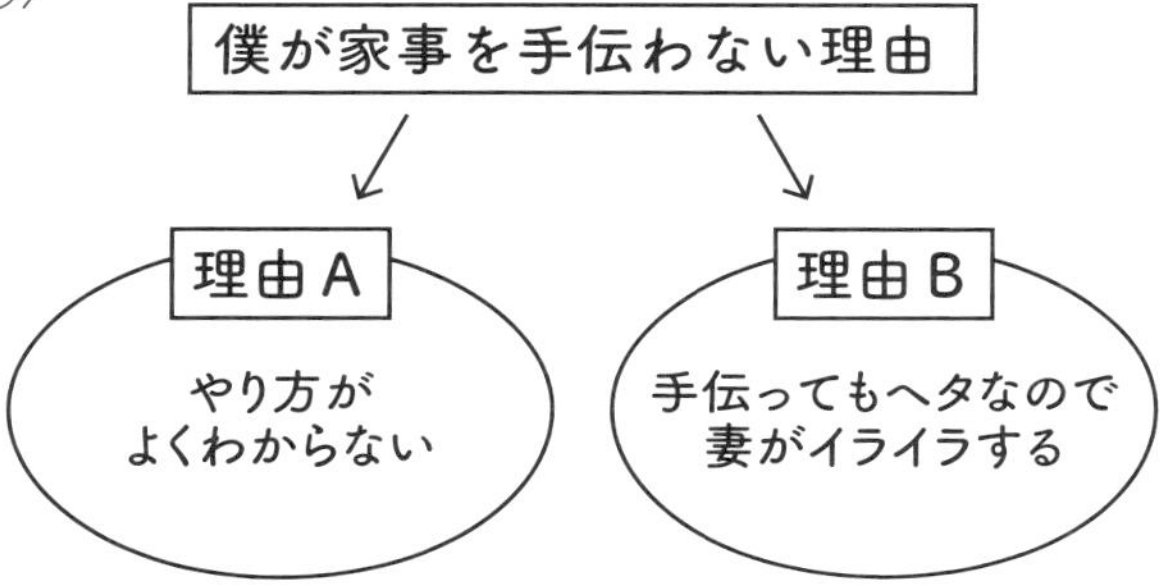

「やり方がわからない」。だから「手伝いがヘタ」。理由Aと理由Bには因果関係がある、ということがわかる。

・図解①を整理してバージョンアップすると

〈図解②〉

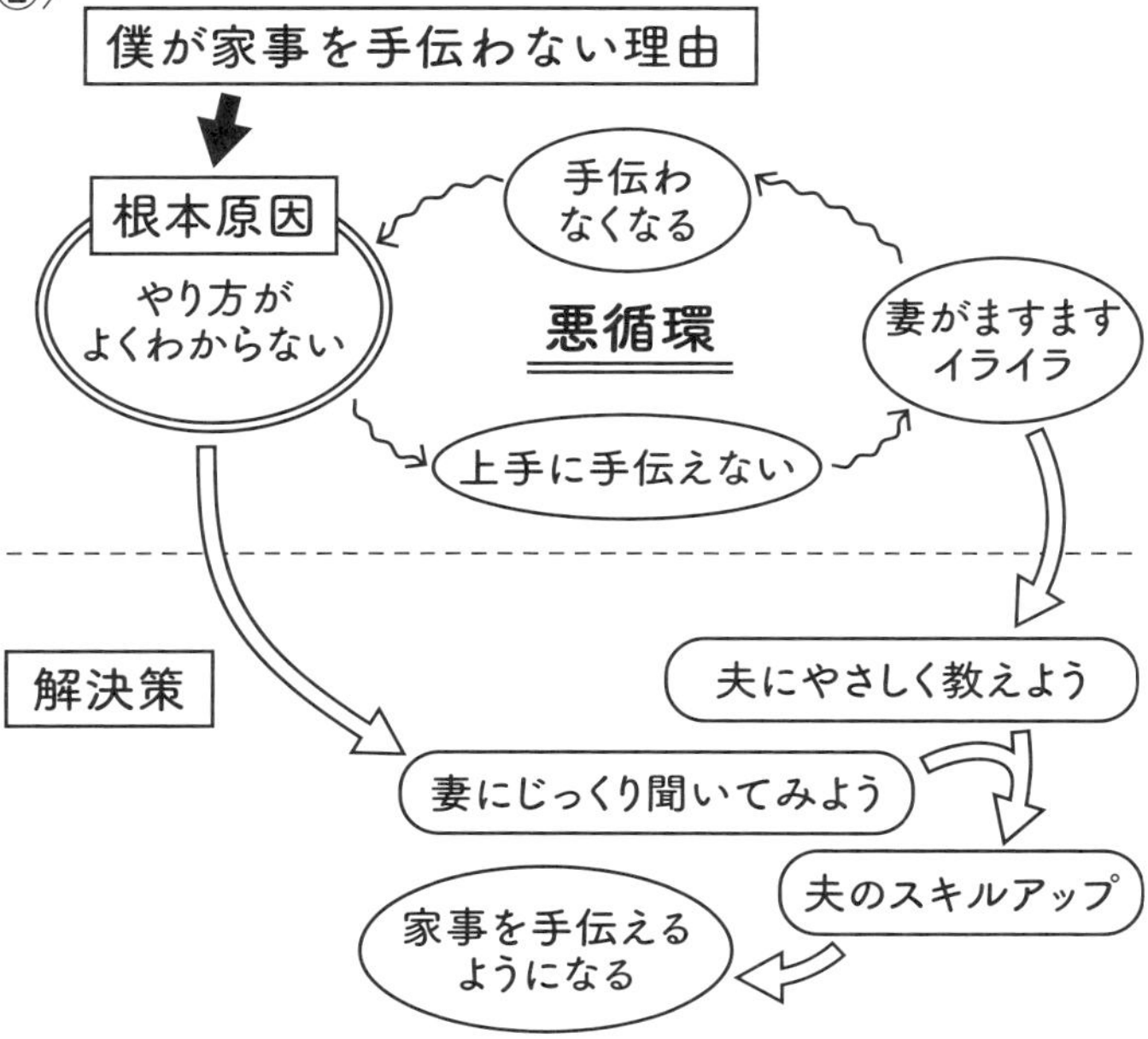

図解を眺めると「問題」と「解決策」が見えてくる

さらに、図解は「問題発見」と「問題解決」のツールでもあります。図解をじっくり眺めていると、「ここからも矢印が引けるのでは？」「これとこれは関連しているのでは？」といった、新たな発見が生まれることがあるのです。

たとえば、前ページの図を見てください。これは、ある男性が「家事を手伝わない理由」を図解したものです。

この図解を再度見直してみると、理由Aと理由Bが「悪循環」になっていることに気づきます。そうなれば、この「悪循環」という視点を加えた図解②のように、解決策もおのずと見えてくるというわけです。

このように、**図解は「理解する」だけでなく、「考える」ためのツールでもある**のです。

8 図解はビジネス・コミュニケーションの基本ソフト（ＯＳ）である

人類史さえひと目で見渡せる

私が尊敬する文明学者・梅棹忠夫先生は、人類史を「産業史」の観点から描いています。それによれば、人類史は「農業の時代」「工業の時代」「情報産業の時代」に分かれるとしています。

生命活動に不可欠の「食物」を産業化した農業の時代、「物質・エネルギー」を産業化した工業の時代、そして「精神」を産業化する情報産業の時代です。

人類を１つの巨大な生命体と見ると、農業の時代は消化器官（内胚葉）、工業の時代は筋肉（中胚葉）、情報の時代は脳あるいは感覚器官（外胚葉）が発展する時代ともたとえています。

つまり、人類という生命体の歴史は、有機体としての人間の諸機能の段階的拡充の歴史であるということになります。人類は「情報産業の時代」を迎え、生命体として自己実現の最終段階に至りつつあるという壮大な見立てになっています。

図解は基本ソフト（ＯＳ）だ

これを図に表してみました（次ページ）。

タテとヨコの流れを見ると、それぞれの関係が見えてきます。36ページでも述べたように図解には全体像がひと目でわかり、部分同士の関係もわかるという特徴があります。つまり、**知的労働が重視される情報産業の時代に合ったビジネス・コミュニケーションの基本ソフト（ＯＳ）として、なくてはならない存在となりつつあります。**

コミュニケーション、とくにビジネス・コミュニケーションの世界では、まだまだ基本は文章が中心です。文章はいまでもＯＳです。

図は新しいＯＳですから、そのＯＳ上で花開く、ビジネス・教育などのさまざまな分野に新しい考えが出現し、大きな変化が出てくるでしょう。

文章的思考から逃れられない人は細かいことばかり指摘をしますが、図解の技術を身につけた人は、大きく組織全体のあり方を議論する、高いところから問題を見て解決策を提案するといった風景が組織のなかで出現していくことになるでしょう。

いまやほとんどの仕事がパソコンなしでは成り立たないように、図解の技術の習得は、情報産業時代を生きる上での基礎的なスキルであると、私は考えています。

人類の産業史

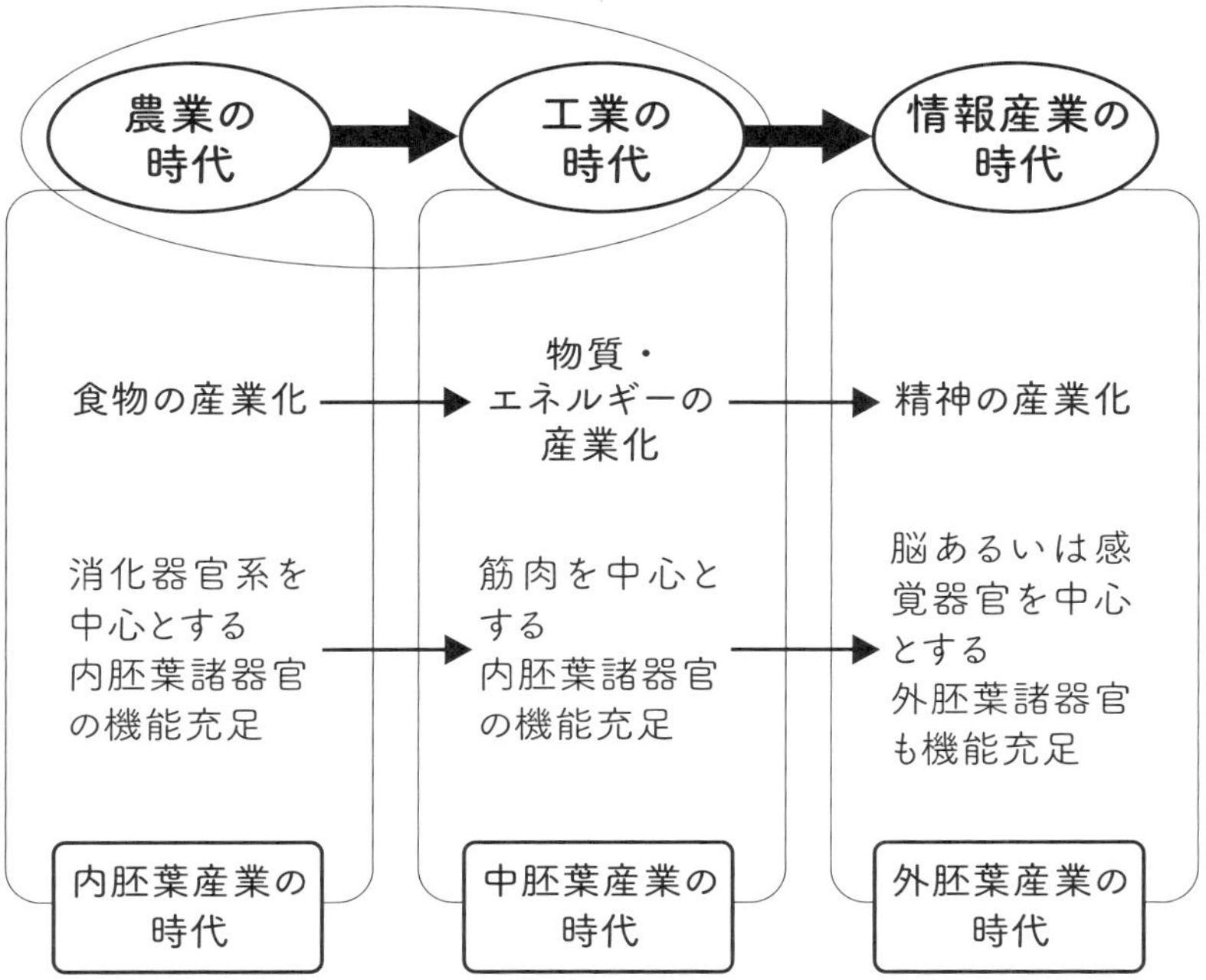
農業の
時代
工業の
時代
情報産業の
時代
食物の産業化
物質・
エネルギーの
産業化
精神の産業化
消化器官系を
中心とする
内胚葉諸器官
の機能充足
筋肉を中心と
する
内胚葉諸器官
の機能充足
脳あるいは感
覚器官を中心
とする
外胚葉諸器官
も機能充足
内胚葉産業の
時代
中胚葉産業の
時代
外胚葉産業の
時代

専門知・総合知・全体知

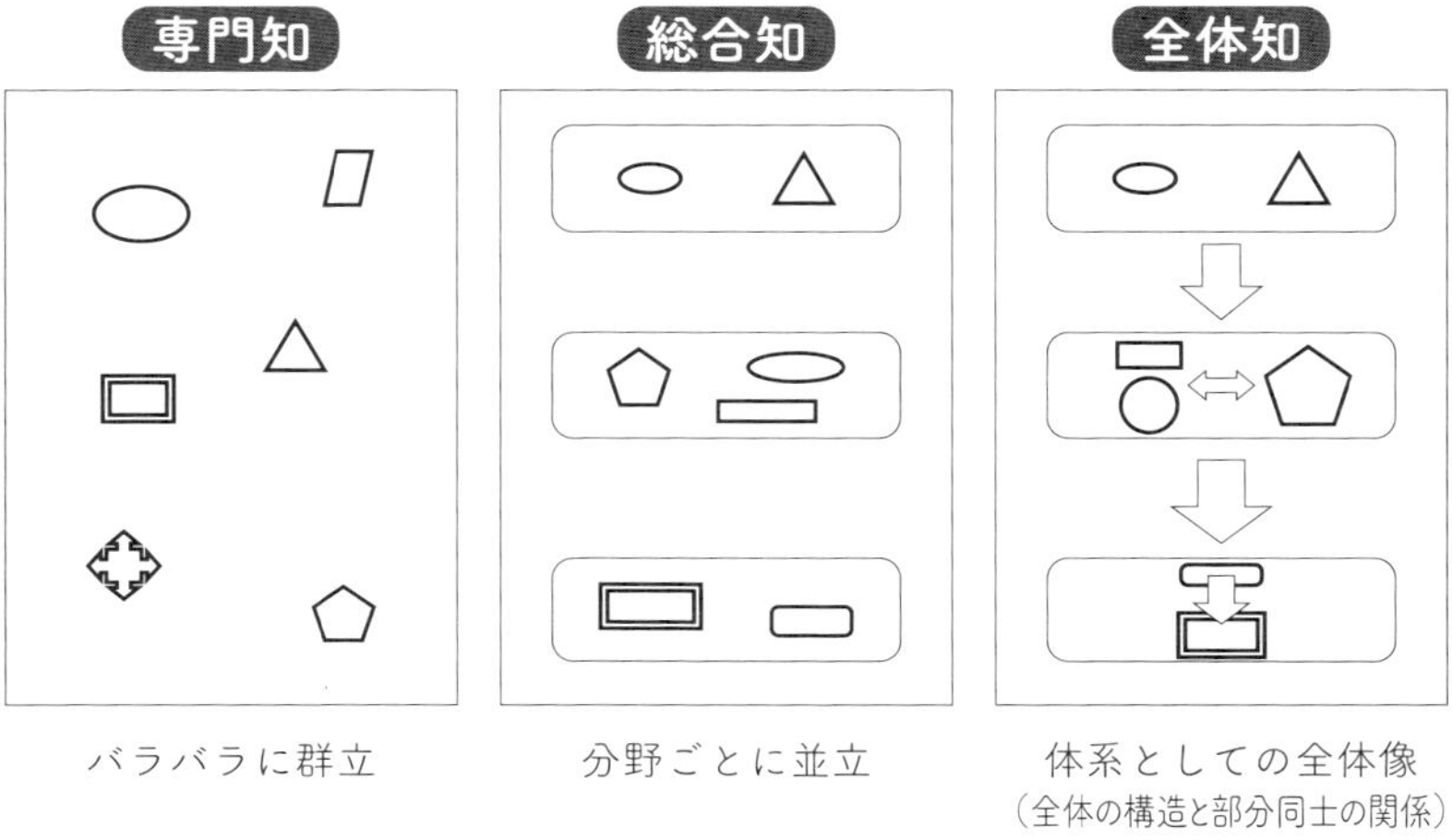

「知」にもいくつかの段階があり、「専門知」「総合知」「全体知」という考え方があります。

専門知とは分断された狭い領域の知であり、総合知とは専門知の集積が部分としてまとまっている段階の知です。そして全体知とは、分断された総合知が体系として統一された知ということができます。

上図は、その３つの知を図解で表したものです。

バラバラに群立した状態から、分野ごとに並立した状態、そして全体の構造と部分同士の関係が明らかな体系としての全体像に進化しています。専門知、総合知がすべてつながりをもって見えているのが、全体知ということになります。

全体と部分、構造と関係を明らかにすることができる図解を用いての説明です。こういう説明は、まさに図解の出番でしょう。

第2章

あらゆることを図解する技術

1 図解の基本は「関係の表現」にある

「マル」と「矢印」を使いこなす

図解の技術の基本は、マルと矢印の使い方に習熟することです。

図解の部品にはいろいろな形がありますが、基本的にはキーワードを囲む「マル」と、マル同士をつなぐ「矢印」の2種類の部品からできています。

実際の図解はシカク（四角形）やサンカク（三角形）やダ円（楕円形）を用いているので複雑に見えますが、これらの図解の部品は要するにマルの変形に過ぎません。

マルは大事な言葉や概念、つまりキーワードを囲むときに使い、矢印はキーワード同士の関係やものごとの流れを表すときに使用します。

マルはその世界がどういう仕組み・構造で成り立っているかを表しています。世の中に存在するものはすべて、あるかたまりのなかに包含されるという考え方です。

図解のなかに2つのマルがあった場合、その2つのどちらが大きいのか、あるいは

■さまざまな「マル」のかたち

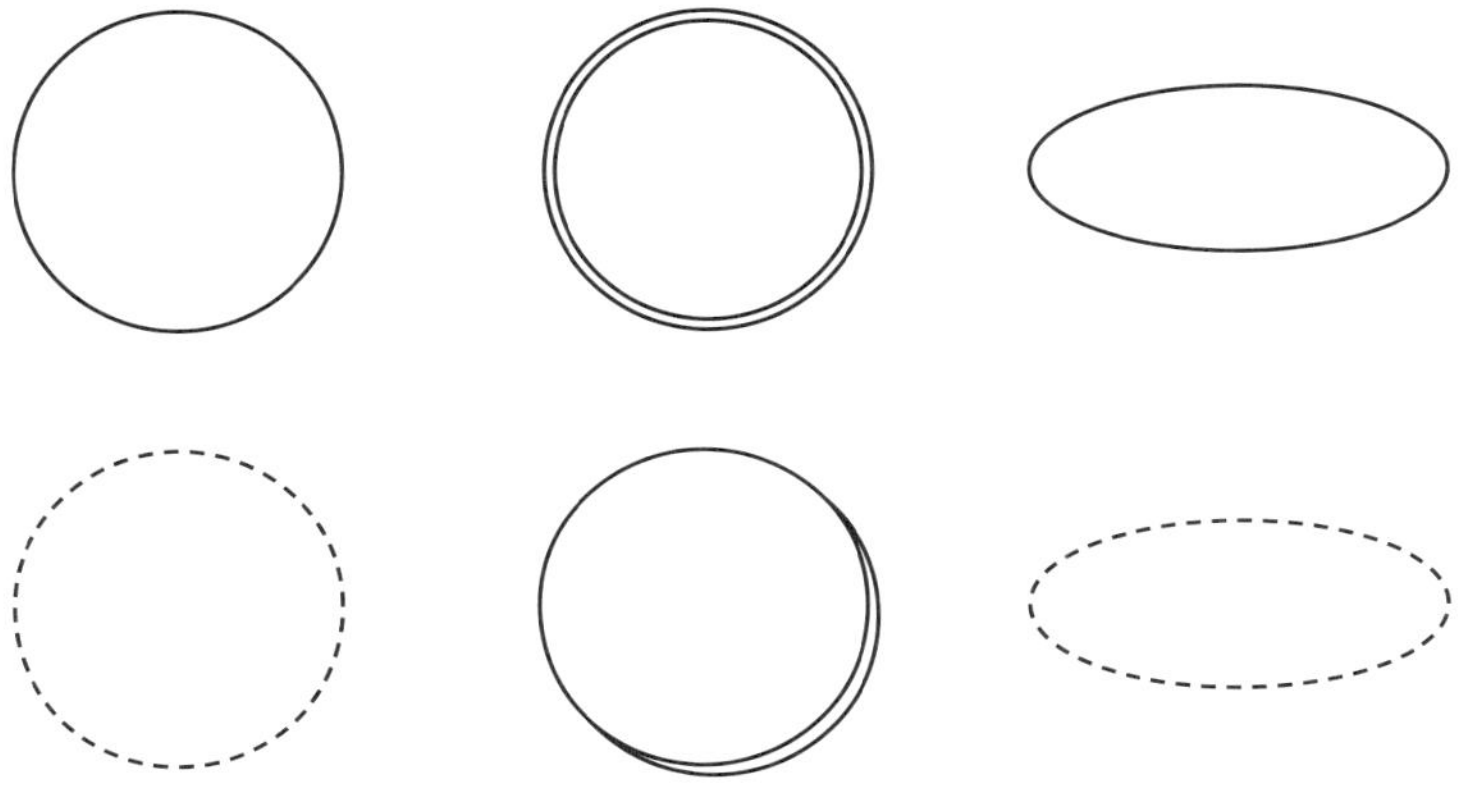

・マルのバリエーションとしてのシカクのかたち

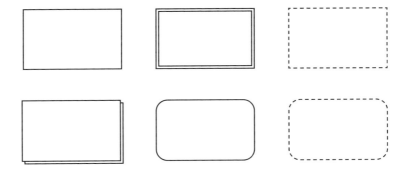

どちらがどちらを包み込んでいるのかという形で2つの事柄の関係が表現できます。

しかし、こういう関係の状態を正確に言葉で表すのは非常に難しいものです。そこで、これらを表現するために、「マル」と「矢印」を使いこなすことが最初の重要なステップとなります。

文章では、並列的なものは箇条書きで表現し、その順番について若干気を配るという程度ですが、図解の場合は、そういう文章の1次元的な情報の表現の制約がなく、2次元的な情報提供が可能です。

これは、図解の部品であるマルやシカクやサンカクと矢印（↓）で情報の大事さ、影響力の大小、強弱、高低、こういったものを表すことができるということです

たとえば、ライバルの林立する業界での自分の会社の位置づけやシェア、そういったものをとらえる場合には、当然のことながらライバル各社との関係やマーケットに占める割合を図のなかに出すことで、自分の真の立場が明確になっていきます。

文章だけで表そうとすると細かい説明が必要となり、インパクトが弱くなってしまいます。**図解と文章では表現できる情報量に大きな差がある**のです。

■マルで関係を表現できる

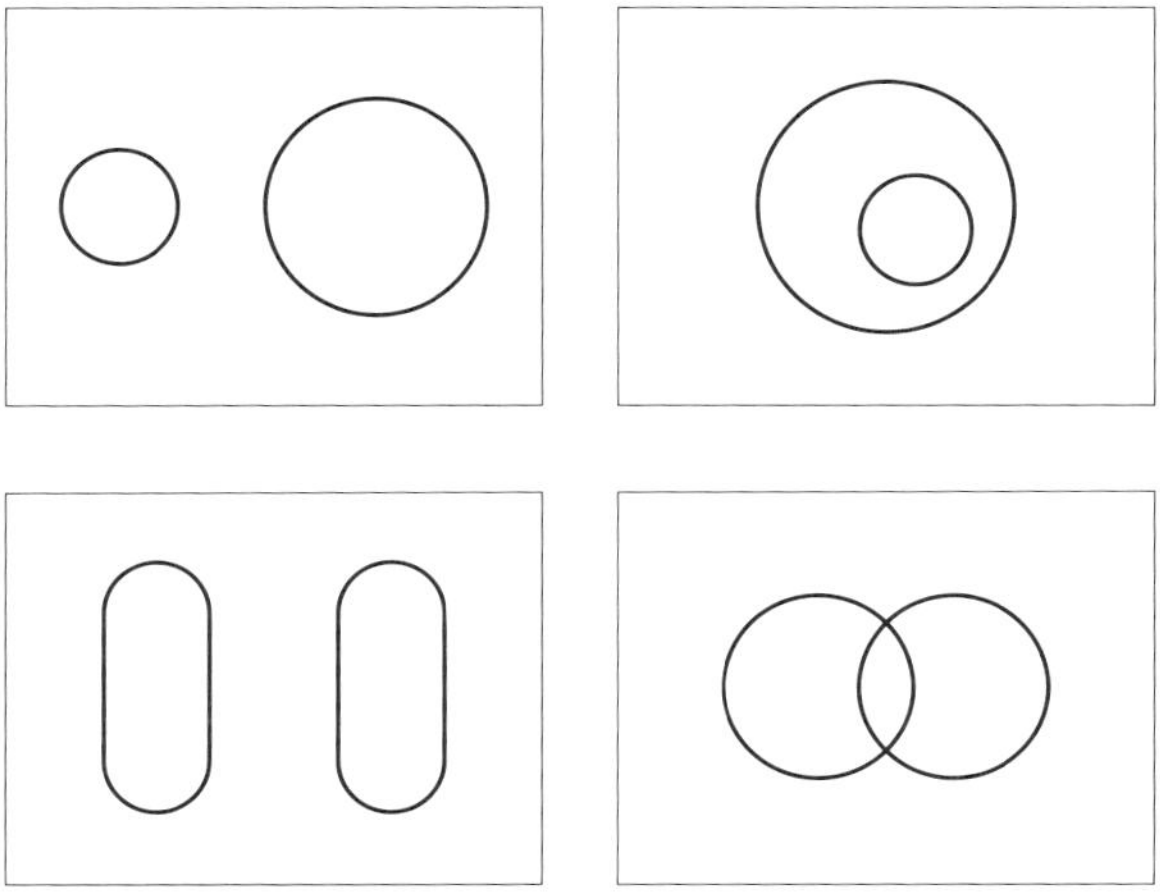

■マルと矢印で情報の向きや強弱を表現できる

〈流れ〉

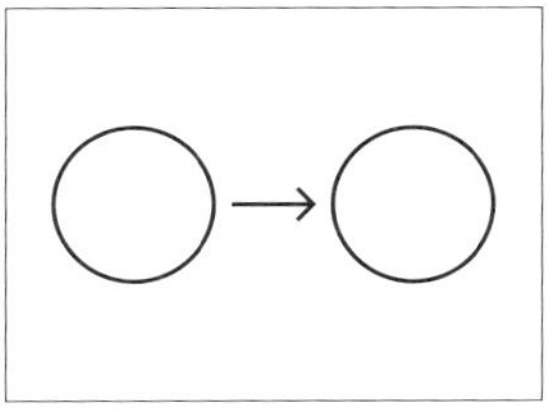

〈高低〉

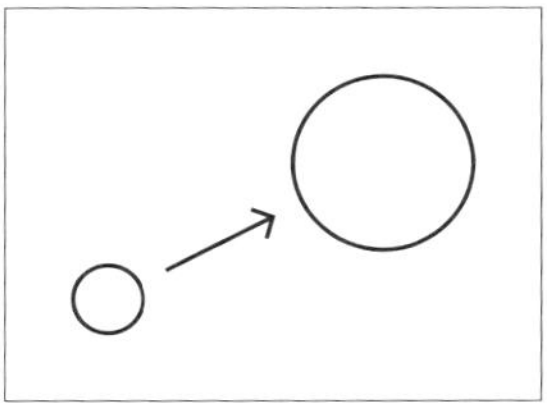

〈影響力〉

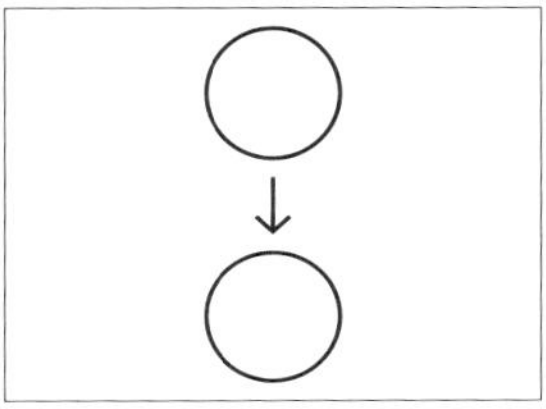

〈関係〉

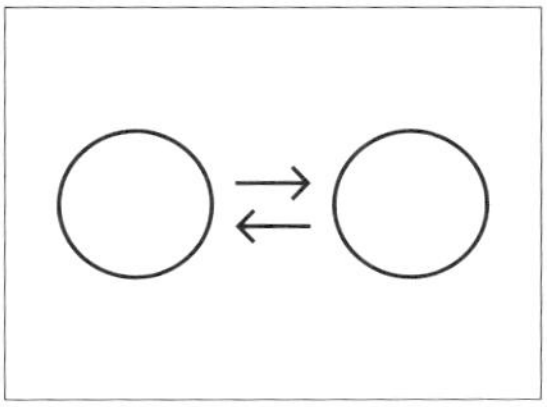

矢印で関係と流れを表現する

矢印（↓）は、ものごと同士がどういう関係であるかを表すものです。**矢印の使い方で、ものごと同士のさまざまな関係を表すことができます。**64ページの上の図解のように、一方向に並べると時間の流れが表現できます（昭和↓平成↓令和）。あるいは2つの逆向きの矢印でつなぐと双方向性を表現できます。

「点線」や「破線」も矢印の一種です。世の中に存在するものはすべて何らかの関係があります。その関係は原因と結果であったり、影響を相互に与え合ったりとさまざまです。矢印の大きさや太さ、向きを工夫することによって、矢印は多彩な関係や流れを表現できます。

矢印はそのバリエーションによって、それぞれのマル同士の因果関係やものごとの動き、方向性、そして図解全体の時間の流れなど、さまざまな事柄を表現することができるのです。

形や色を変えれば「意味」の違いも表現可能

関係には順接の関係、逆説の関係、対立の関係、依存の関係など、無数といってよいくらいの関係があります。それらすべてを、図解コミュニケーションでは基本的にマルと矢印（↓）で表現します。

たとえば、時間の流れについて矢印を使って表現する場合、過去から現在までの流れは太くして、現在から未来への流れは点線や破線などを使い、不確実な未来を表現することもできます。

逆に未来へ向けて矢印を次第に太くしていく、というのもひとつの方法でしょう。そのときどきの関係を表現するためには、矢印のバリエーションを工夫することです。

また、矢印にアミやカゲなどを入れて、ニュアンスの違いを表現することもできます。

矢印は、部分同士の関係を直接的、意識的、積極的に表現します。マル同士の関係を強調する役目を担っているのです。

矢印の向きや太さ、それから矢印に込められた意味――これらを使い分けることによって、さまざまな関係が表現できるようになります。**図解は関係を表現するということですので、その関係を表す矢印が重要であり、またうまく関係を表した矢印を使いこなせれば、いい図解になります。**

矢印にルールはない

「→」についてはさまざまな考え方があって、ルールを決めようという議論もあります。同じ場合には「＝」ですが、やや異なるときは「≒」のマークをつけるとか、さまざまなルールを作り出そうという考えです。

しかし、そのルールを覚える段階で努力が必要であり、なかなか浸透しないのではないかと思います。むしろ「→」で関係があるということを伝え、関係の中身については、必要なら言葉を添えればいいのです。

■矢印で関係性を表す

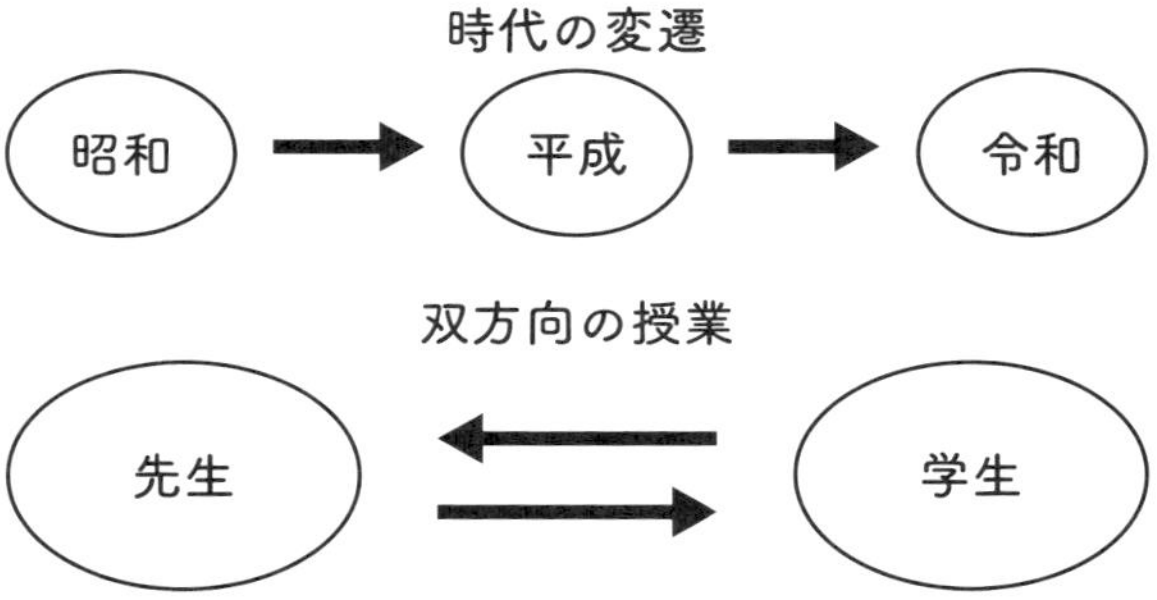

・矢印でつないで関係を明らかにする

矢印の使い方で、ものごと同士のさまざまな関係を表すことができる。図の上側のように、一方向に並べると時間の流れが表現でき、因果関係を表すことができる。下側のように、2つの逆向きの矢印でつなぐと双方向性を表現できる。

■矢印のいろいろ

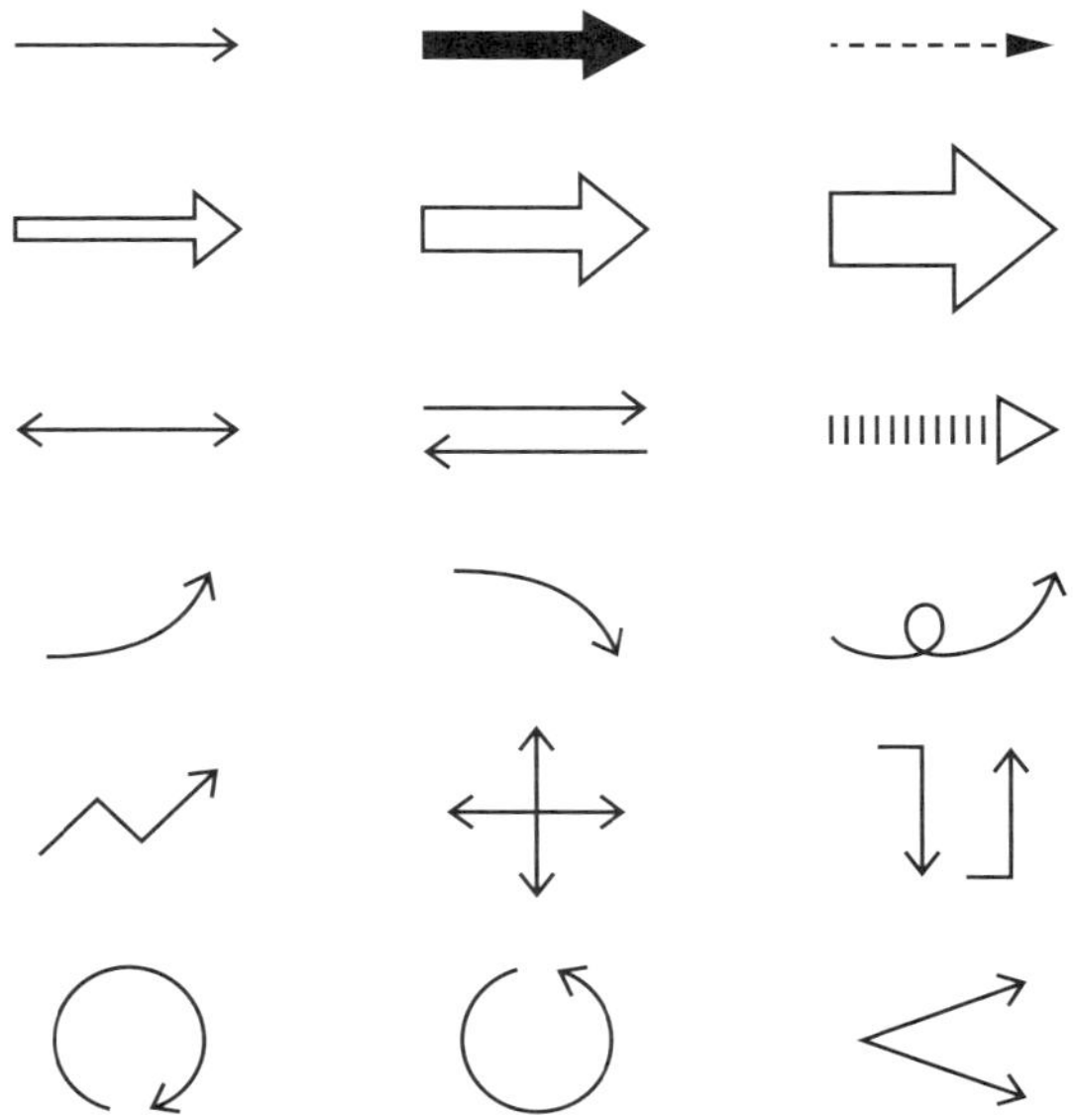

■矢印に説明をつけることもできる

・矢印の横につける

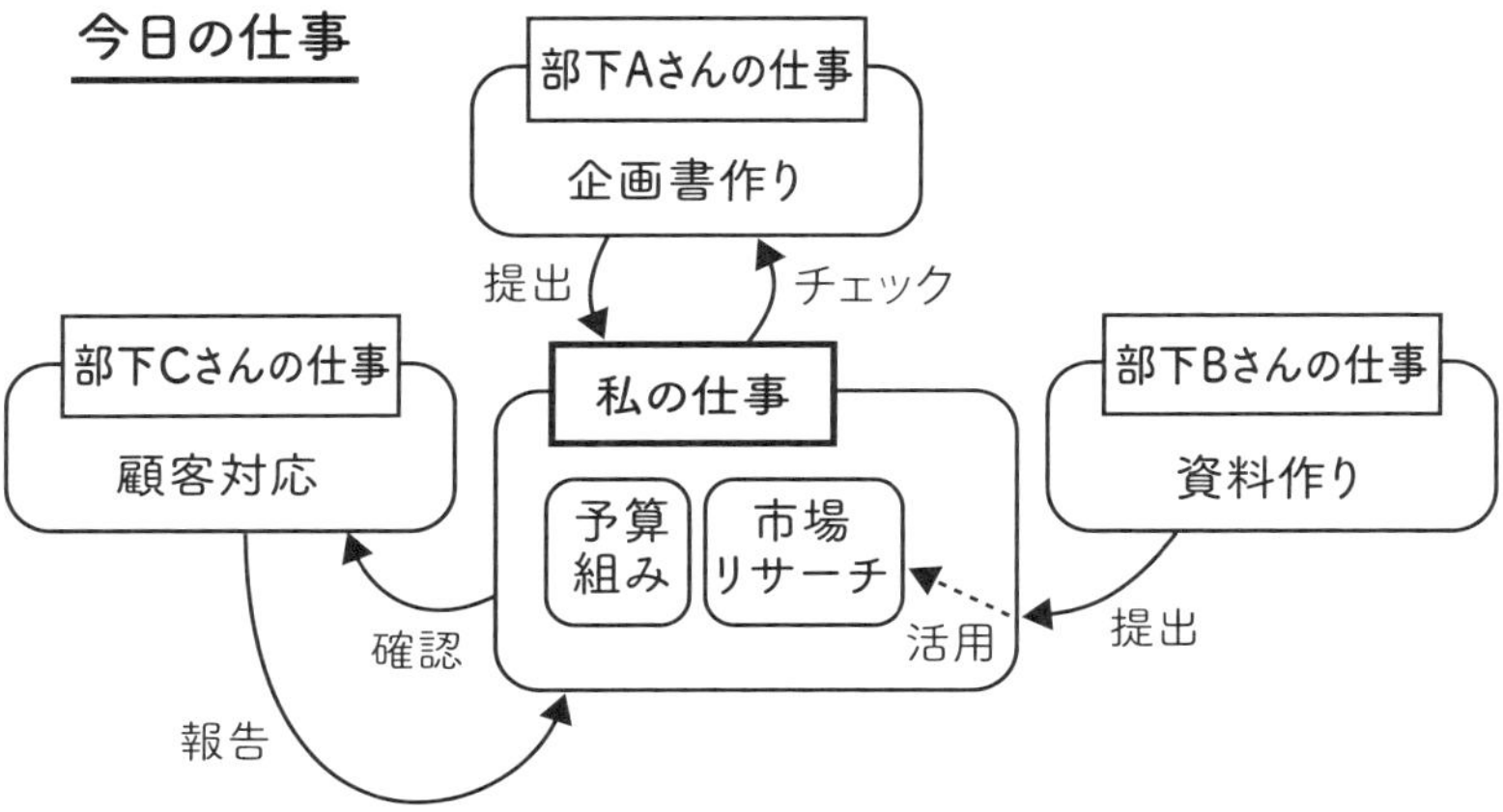

・矢印のなかにつける

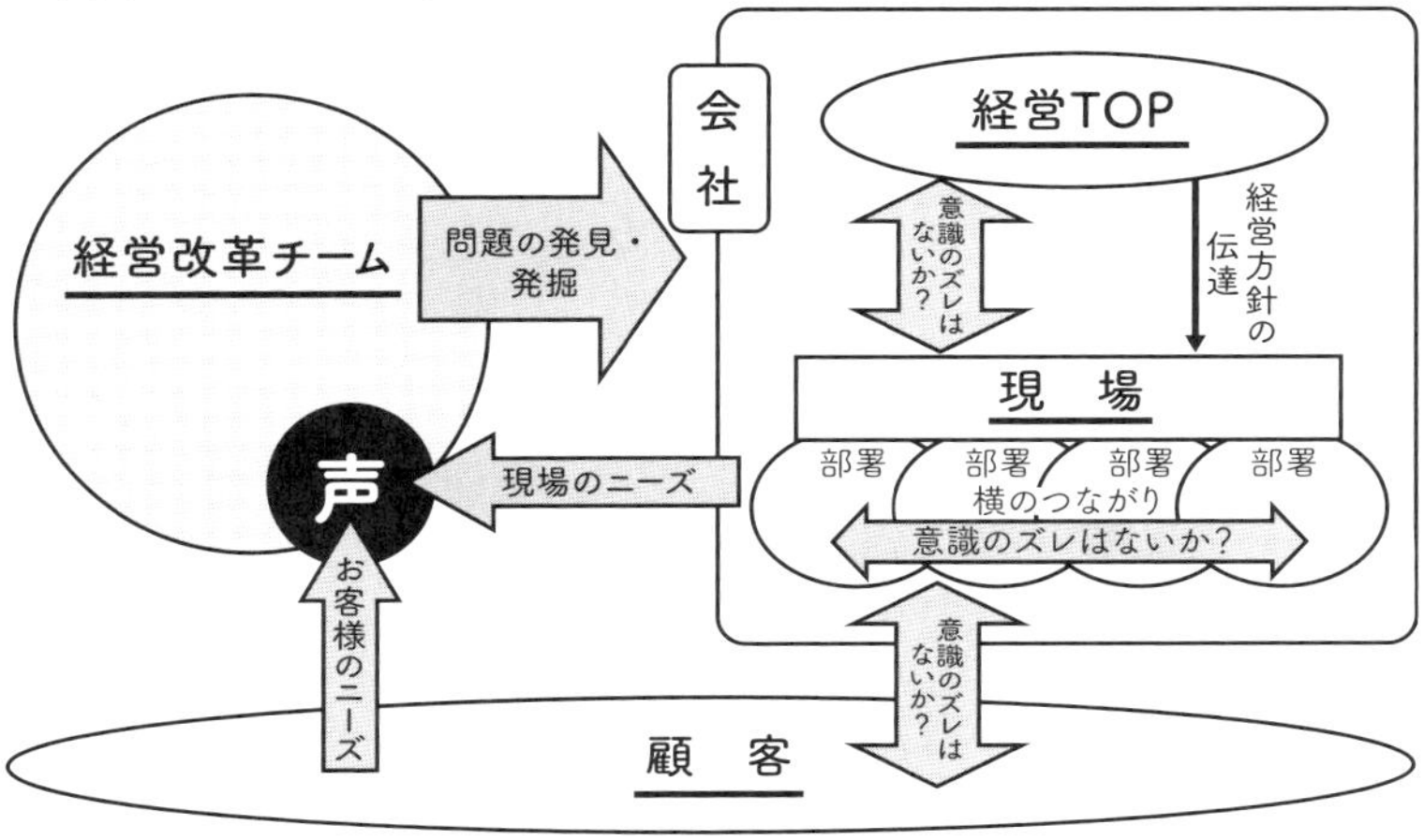

2

「マルと矢印」にはバリエーションがある

マルの大きさ、矢印の太さで重要度が表せる

図解は、基本的に「マル」と「矢印」だけで描き表すと述べました。もちろん、カテゴリー分けをするときのタイトルや、出来事の過程を表す言葉をシカクで囲ったりすることはあります。

ただし、これはあくまで図解を見やすくするための工夫です。シカクもマルの一種なのです。つまり、「マルと矢印を使う」という大原則さえ守れば、あとは自分なりの方法で自由に表現すればよいのです。

そこで、まずはマルと矢印の役割について知っておきましょう。

すでに述べたように、マルは大事な言葉や概念、つまりキーワードを囲むときに使い、矢印はキーワード同士の関係やものごとの流れを表すときに使用します。

図解の印象は、マルと矢印をどう使うかで、大きく変わります。**基本は、「大事なことほど、大きいマル・太い矢印で示す」**ということです。

69ページの図解は、ある学校の生徒数の減少を表したものです。上部に文字で示したものを下に図解しました。

高等部と中等部の生徒数が、マルの大きさで端的に表されているのがわかるでしょう。卒業・入学によって出入りする生徒数の大小も、矢印の太さから直観的に読み取ることができます。

このように、マルと矢印を効果的に使うことによって、ものごとの「規模・数量・関係の重要性」などをわかりやすく表現できるのです

「マル」は使い方で意味を変えられる

関係性を表すのは原則として矢印の役割です。しかし、マル同士の位置付けによって、ものごとの関わりを示すこともできます。

この囲み、つまりマルをいくつかの種類で描き表すことで、構造と関係を表現する機能が働きます。その最も単純なケースが、２つ以上のマルがあって相互の関係がどうなっているかという図解です。

これには、70ページの図「さまざまなマルの使い方①」に示したように、多くのパターンがあります。

大きいマルが小さいマルを含んでいる、あるいはマル同士が隣接をしている、マル

同士が重なっている、隣接しないで離れている、2つが並列で並んでいる、大きなマルと小さなマルが群れのように並んでいる、これが構造や関係をさまざまに表現しているのです。

複雑な図解の場合には、マルやシカクをたくさん使うことになります。この場合は同じようなマルでも、その描き方でレベルの異なりが表現できます。同じ描き方では、自分も相手も混乱してしまうからです。

つまり、**マルの描き方によってレベルの違いを整理して表現できる**のです。丸い形、楕円の度合い、あるいは大きさなどを変化させる、また八角形にするなど（これも囲みという点でマルの1つと考えます）、いろいろなやり方があります（71ページ）。

さらに同じ形のマルであっても、線の太さを使い分けることによって、見る相手に関係の強弱が一目でわかるような表現が可能となります。

また、強調したい部分が出てきたら、88ページにある図のように太く囲います。太く囲ってもそれだけではどうも表現不足だと思ったときには、斜線をつけるなど、立体的な表現にもトライしてみましょう。

これが標準的な強調のステップです。

■「生徒数の減少」を図解する

高等部の生徒数は600人、中等部は480人です。高等部の今年の卒業生は200人。新たに入学したのは中等部から持ち上がりの160人と、外部からの入学生20人で合計180人。在学する生徒数は前年より20人の減少です。一方、中等部は160人が卒業、150人が入学。在学する生徒数は10人の減少となっています。

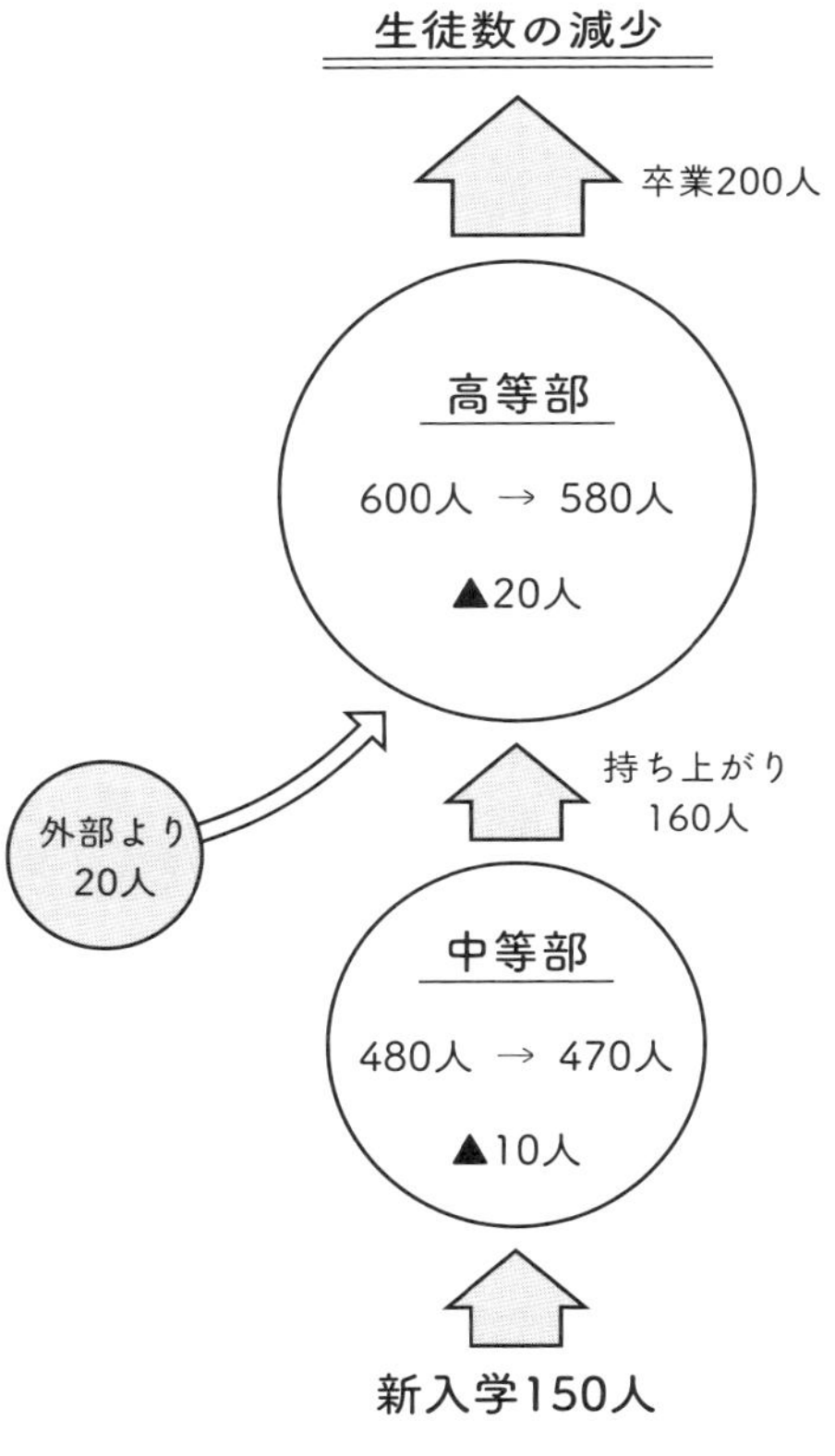

各学校の生徒数や出入りの数が、マルの大きさと
矢印の太さで直観的にわかる

さまざまなマルの使い方①

〈並列〉

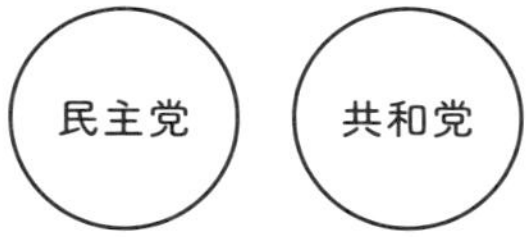

〈隣接〉

〈分離〉

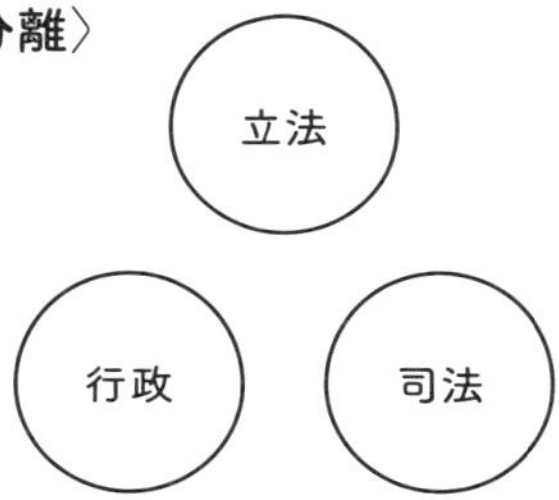

〈群立〉

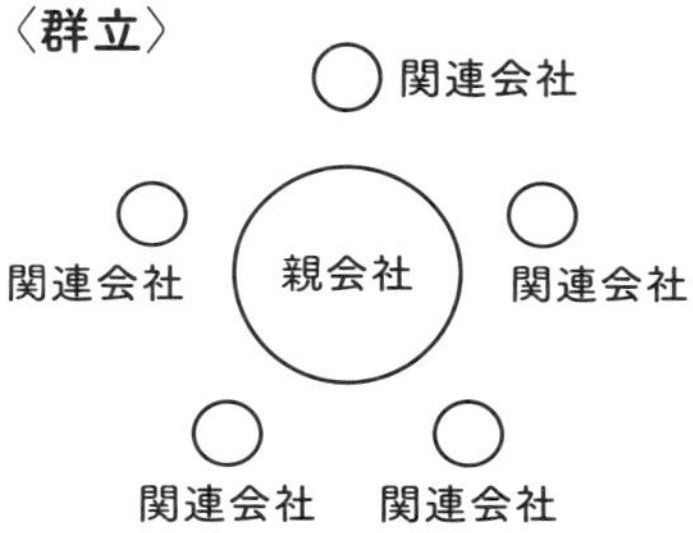

〈包含〉

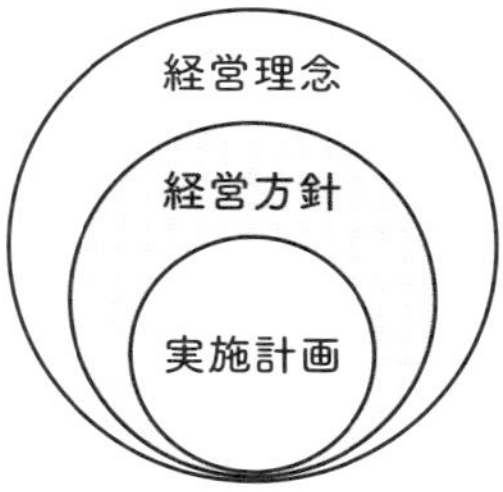

「経営理念」
「経営方針」
「実施計画」の関係

〈交差（重なり）〉

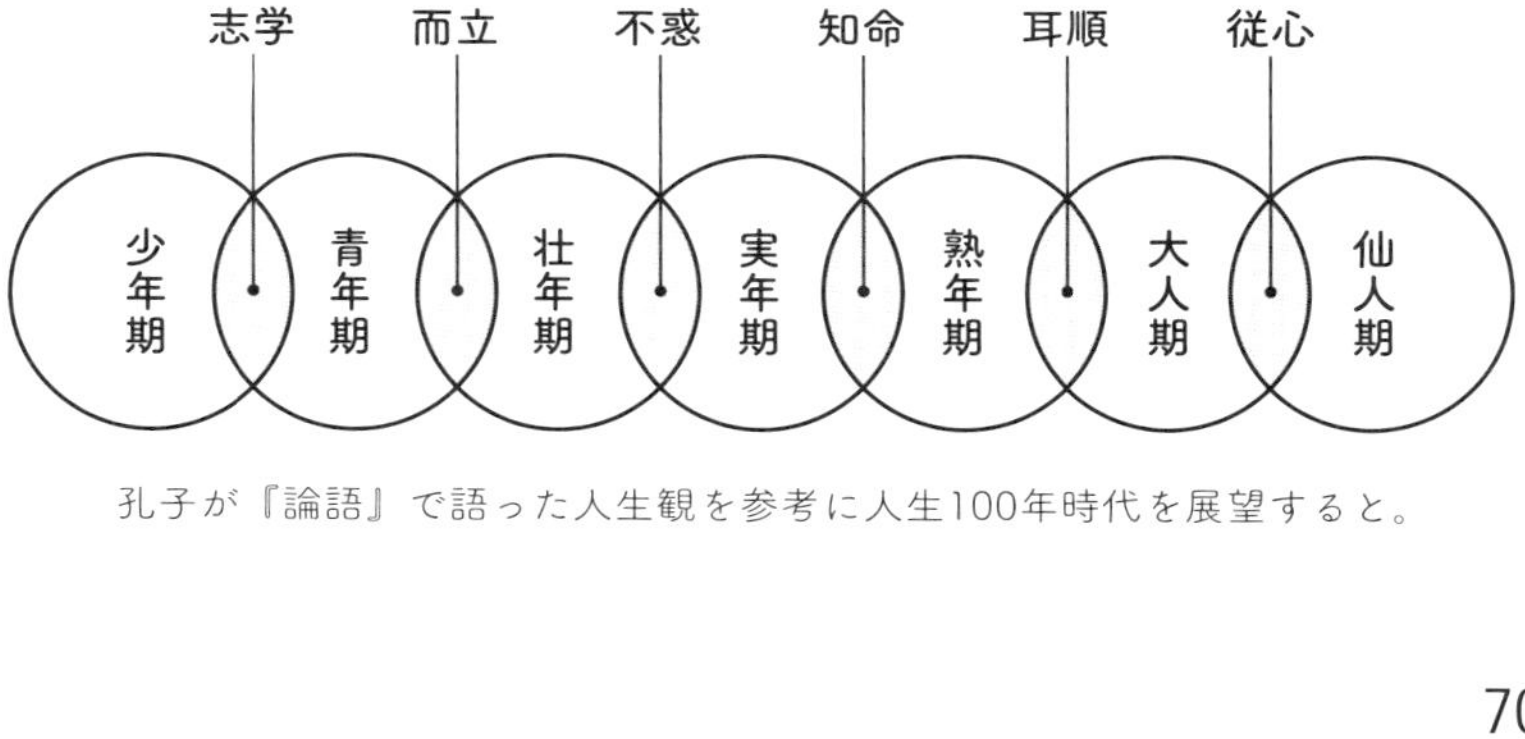

孔子が『論語』で語った人生観を参考に人生100年時代を展望すると。

さまざまなマルの使い方②

〈異なるレベル〉

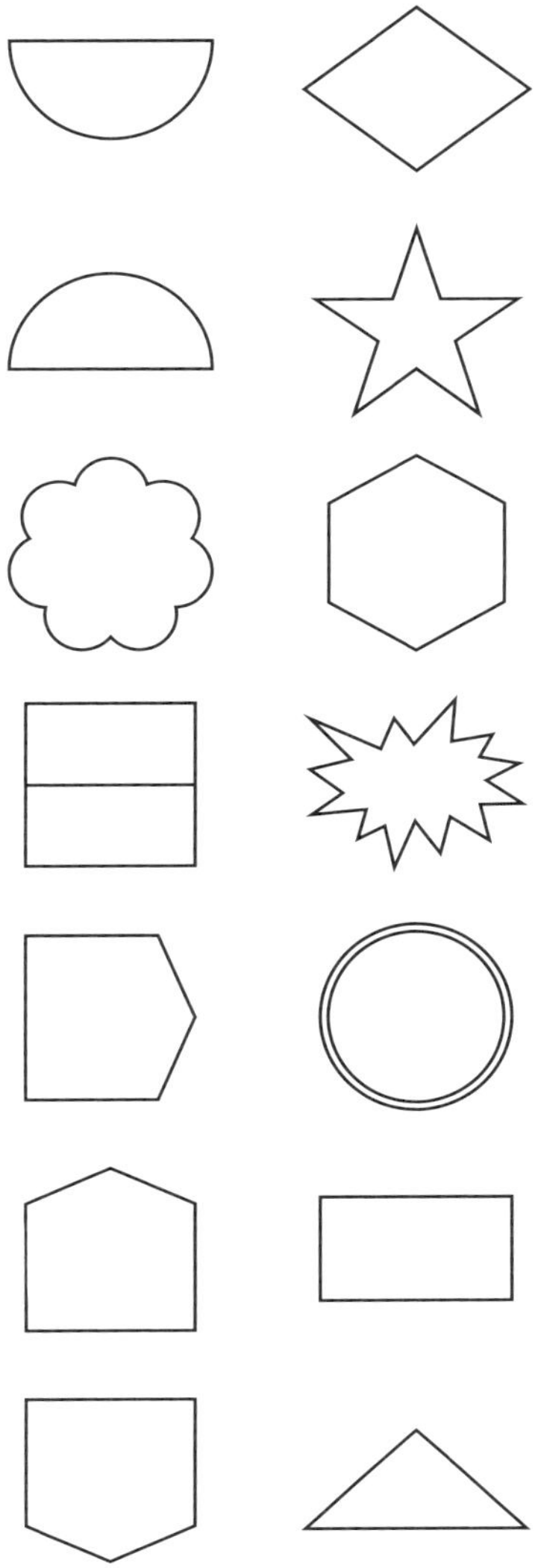

〈強調〉

要素のイメージに合った変形をさせる

複雑な関係を表現しようとするとき、マルとシカクだけでは絵柄が足りなくなってくることがあります。その場合には大きさを変えるなどの工夫以外にも、先に述べたように形を変形させていきます。

この場合、鋭角的なイメージの要素を扱うときに三角形を使うなど、要素のイメージに合ったマルの使い分けをすると効果的です。他にも星印や六角形、八角形、ギザギザの囲みなどがあります。

この描き分けは非常に効果的ではありますが、逆に、その術に溺れてしまいかねないという危険性もはらんでいます。形の違いの意味が相手に伝わらなければ、かえってわかりにくくなり、逆効果になってしまいます。

一見して意味のわからない形は相手を考えさせてしまい、思考を中断させ、混乱させます。一見した段階で考え込ませるような図解は好ましくありません。**ノイズを減らすことによって単純に中身に入っていける図解が、よい図解**なのです。

描き分けの指針として、存在感や安定性ならマルやシカクを、何かを象徴したり相手に何かを考えさせたりしたいのなら、それ以外の形を使ってみましょう。

3 雄弁な矢印

矢印の入れ方、線の種類、矢の先などを変える

関係性を表す矢印は「雄弁」です。シンプルに「↓」と書くだけで、「そして」「だから」「ということは」といった接続詞のような意味合いを伝えられます。そのほか、以下のように、あらゆる関係性を表すことができます。

65ページ上図のように矢印のそばに関係性の内容を書き添えてもOKです。また、矢印そのもののデザインによって表せる関係性もあります。

「対立」「双方向」「分岐」などは、内容を書き添えなくとも、読む人に意図が伝わるでしょう。

「仮定」的なことなら破線、「弱い影響力」を表すなら点線の矢印を使うなど、独自の決まりを作るのもアリです。オリジナルのやり方で自由にデザインしてください。

矢印の使い方しだいで、さまざまなニュアンスが表現できるはずです。

この場合でも未来の不確実性を表したければ、矢印の線を実線ではなく、点線や鎖《さ》線《せん》にすることでニュアンスを表現したりできるでしょう。またいくつかある矢印の1つにアミをかけたり、カゲをつけることによって強調することも考えられます。

因果関係も原因から結果へ向けた矢印の大きさや太さによって、関係の強弱を微妙に表すことができますし、逆に結果から原因へ向けて矢印を引くべきか、引くとしたらどういう矢印にしたらいいか、と考察が深まっていきます。相互の矢印の対比を見せることによって因果関係の複雑さも表現できるのです。

矢印の先の三角の形や角度を工夫することによっても、多彩な表現が可能になります。

「矢印」ひとつとっても、奥が深いことがおわかりいただけるでしょう。

また、矢印の線や形の工夫だけでは自分の意図した意味がうまく伝わらなそうなときは、「ゆえに」「したがって」「しかし」などの言葉を「↓」に添えて表現すると効果的です。

とくに最初のうちは、部分同士の関係を意識的に考えるための訓練として、ややしつこくはなりますが、関係を表す言葉を添えてみるのがいいでしょう。

■いろいろな矢印の使い方

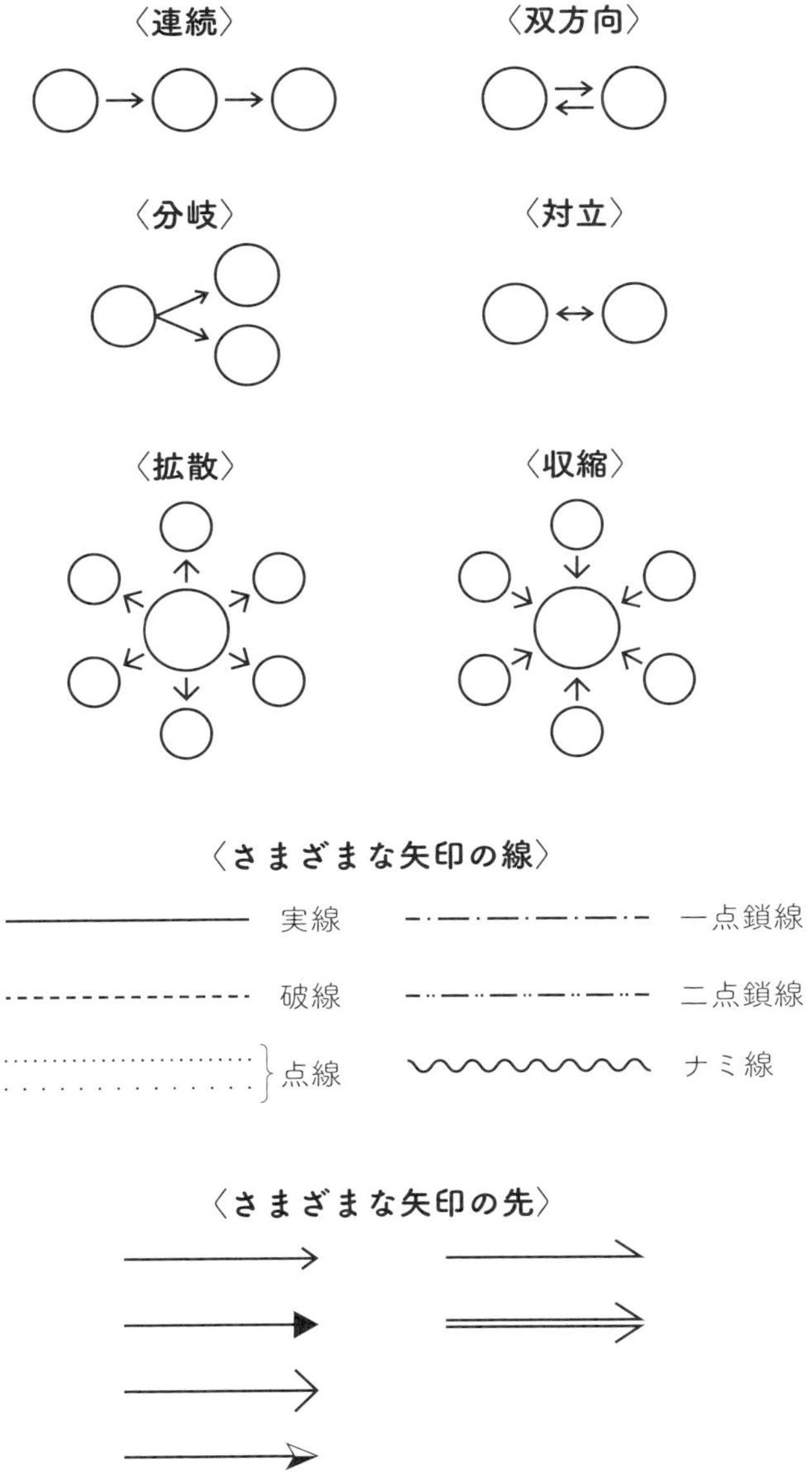

4 図解を描く2つの方法

❶「演繹的」描き方

全体の枠組みや大まかな構造を先に設定し、その後で細部、つまり部分や部分同士の関係を描くのが演繹的描き方です。

全体（大前提）から部分（結論）へと降りていく描き方です。

図にしようとする対象の「全体像」や「構造」が見えている場合は、大雑把に全体を2つ以上の部分に分けて、その全体の構造をざっくりと描いてみます。

たとえば、原因と結果、東側と西側、本社と現場、南と北、男と女、など……。

次に、それぞれの大きな部分を構成する中部分や小部分を描いていきます。そして部分同士の関係を丹念に検討し、最終的に全体の構造と部分同士の関係を描いていきます。

■演繹的論理の方法

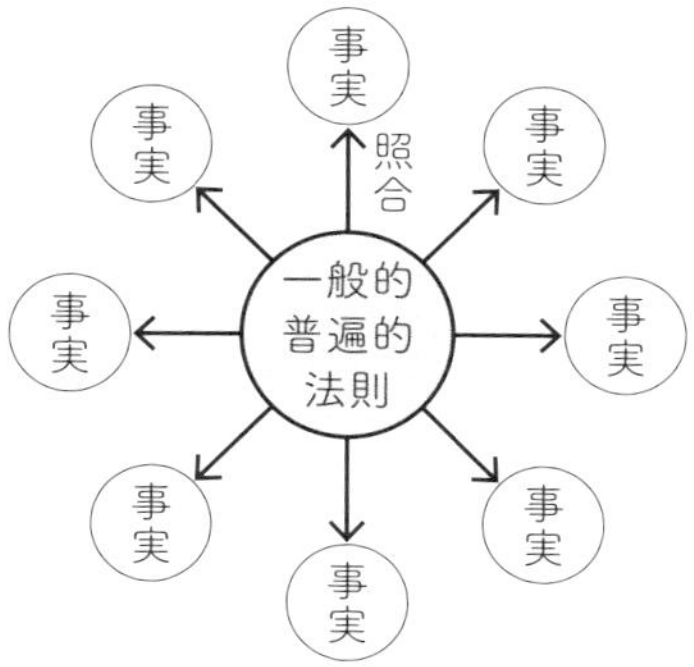

❷「帰納的」描き方

全体の枠組みや大まかな構造が不明の場合には、ある程度理解している部分から描き始め、理解を拡大しつつ、部分同士の関係を解きほぐしながら全体を展望していく方法をとります。

そのアプローチを帰納的描き方と呼びたいと思います。**部分から全体へと昇っていく描き方**です。

図にしようとする対象の「全体像」や「構造」が見えていない場合は、わかっている部分から図にしていくわけです。

いくつかの部分を描きながら、部分同士の関係を考えていく。それらを総合して全体の構造を描き出す方法です。

ここでは主に、❶の演繹的描き方を中心に解説しましょう。方法は、次の３ステップになります。

- **ステップ１　全体の骨格を大まかにつかむ**
- **ステップ２　ブロック同士、ブロックのなかの関係を明らかにする**
- **ステップ３　マル（◯）と矢印（↓）で関係づけて全体図を描く**

■帰納的論理の方法

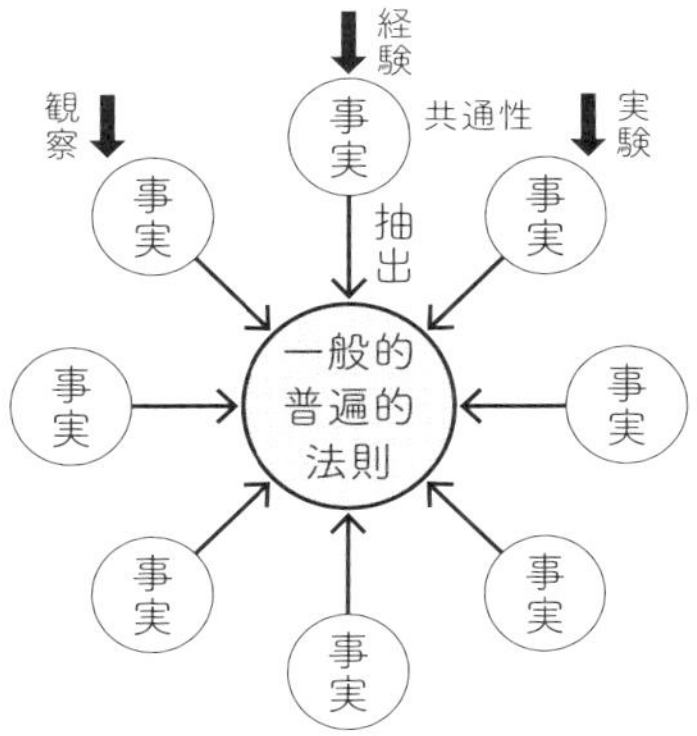

■「演繹的図解」を描く3ステップ

ステップ1

全体の骨格を大まかにつかむ

・キーワードを抜き出す

↓

・ブロックに分ける

⬇

ステップ2

ブロック同士、ブロックのなかの
関係を明らかにする

・ブロック同士をつなぐ

↓

・関係性を明らかにする

⬇

ステップ3

マルと矢印で全体を仕上げる

では、描き方の基本を順番に見ていきましょう（80、82、84ページ図参照）。

●ステップ1　全体の骨格を大まかにつかむ

1－1　題材からキーワードを抜き出す

全体からキーワードになっていそうなことを選び、それを抽出していきます。文章ならば、重要だと思う部分に下線やマーカーを引き、それをキーワードとして書き出します。

まず、キーワードとなる要素をマル（○）やシカク（□）で囲みます。これは、図解の構成要素が何であるかをわかりやすくするために、キーワードとなる要素を目立たせ、明確にするためです。

1－2　骨格を作る

抽出したキーワードを大まかに並べ、それをブロック（グループ）に分けていきます。大きく線で囲うなど、いくつかのブロックに分けましょう。

■ステップ1　全体の骨格を大まかにつかむ

1-1　題材からキーワードを抜き出す

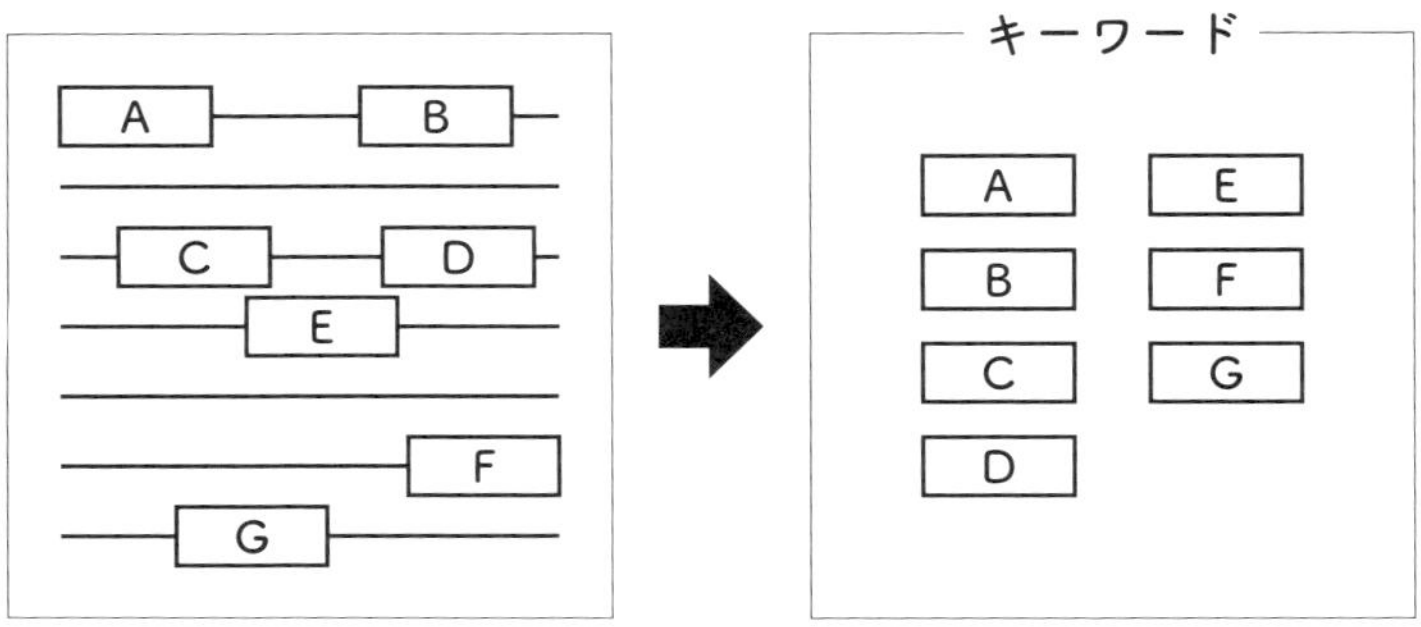

1-2　骨格を作る

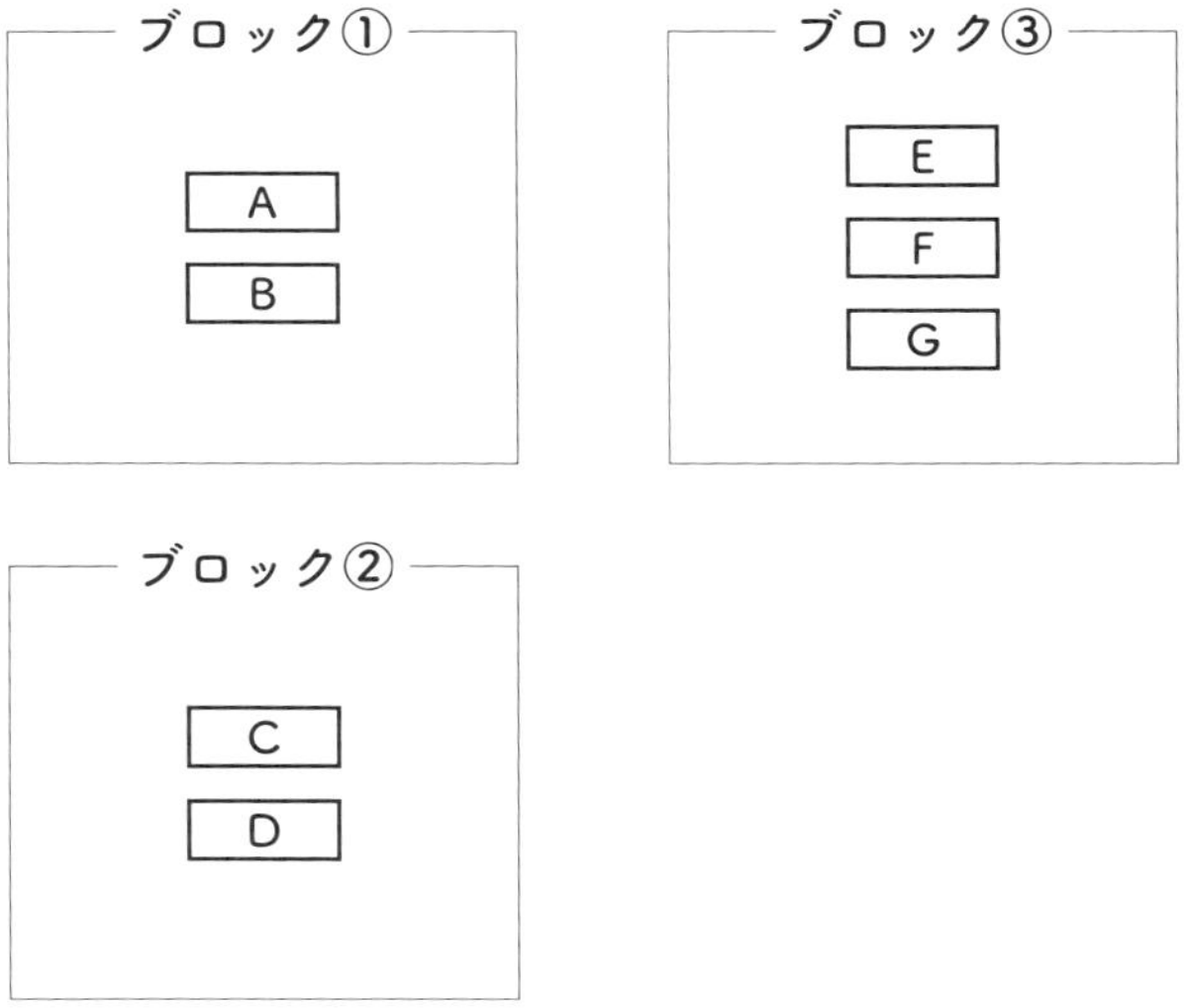

●ステップ2　ブロック同士、ブロックのなかの関係を明らかにする

2-1　ブロック同士をつなぐ

ステップ1-2で作成したブロック（グループ）同士の関係性を考えます。

ブロック（グループ）同士の関係性がわかったら、矢印でつなげてみましょう。図解を構成する要素と要素の関係、部分と部分の関係を、矢印（↓）を使って表します。

2-2　ブロックのなかの関係性を明らかにする

ブロック（グループ）のなかにあるキーワード同士の関係性を明らかにしていきましょう。

「これとこれはどういう位置関係なのか」を考えながら、それぞれのキーワードを配置していきます。

マルの配置には、いくつかの基本があります。

たとえば、図解のなかに２つのマルがある場合、その２つのどちらが大きいのか、どちらがどちらを含んでいるのかという関係等を考えながら、２つのものごとの構造を表現していきます。

キーワードがつながらないのは情報不足か論理矛盾

キーワードを箇条書きにしたときには気がつきませんが、それらを仮図解にしていくと、各キーワードを選別する意識が生まれます。「どのキーワードが大きいか小さいか、情報の質はどれが高いか低いか」と考えていくと、頭では何となく理解していたつもりでも、不足している部分や足りない情報が自然と見えてきます。どこのマルにも入らないキーワードがあったり、マルのブロックがどことも矢印でつながらなければ、その部分に疑問や問題があるということです。単純に情報が不足しているのか、論理的に矛盾があるのかをじっくりと考えます。

■ステップ2　ブロック同士、ブロックのなかの関係を明らかにする

2-1　ブロック同士をつなぐ

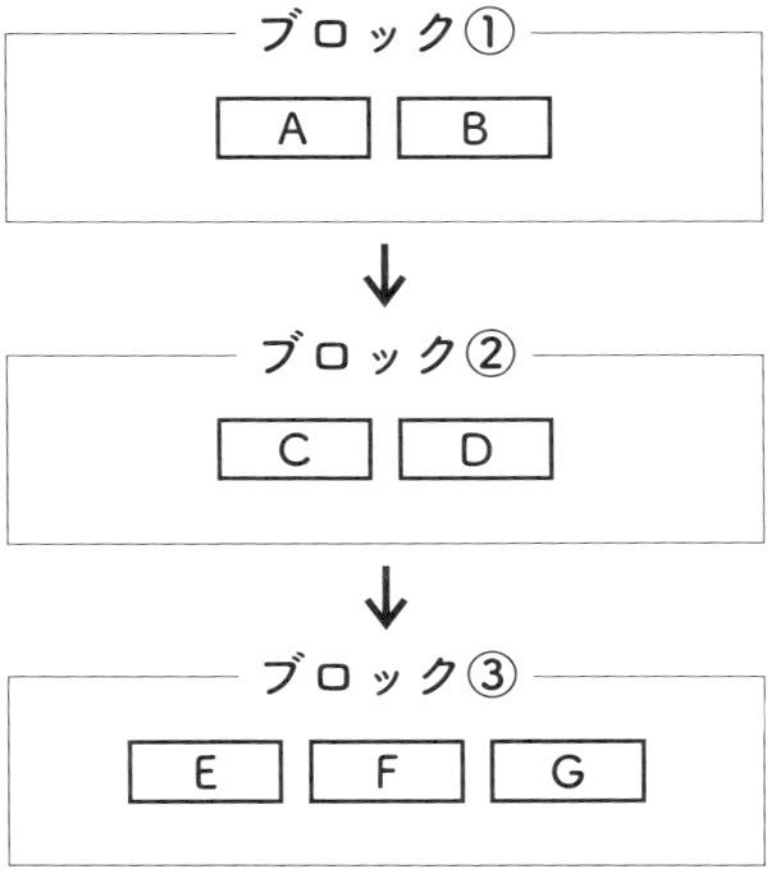

2-2　ブロックのなかの関係を明らかにする

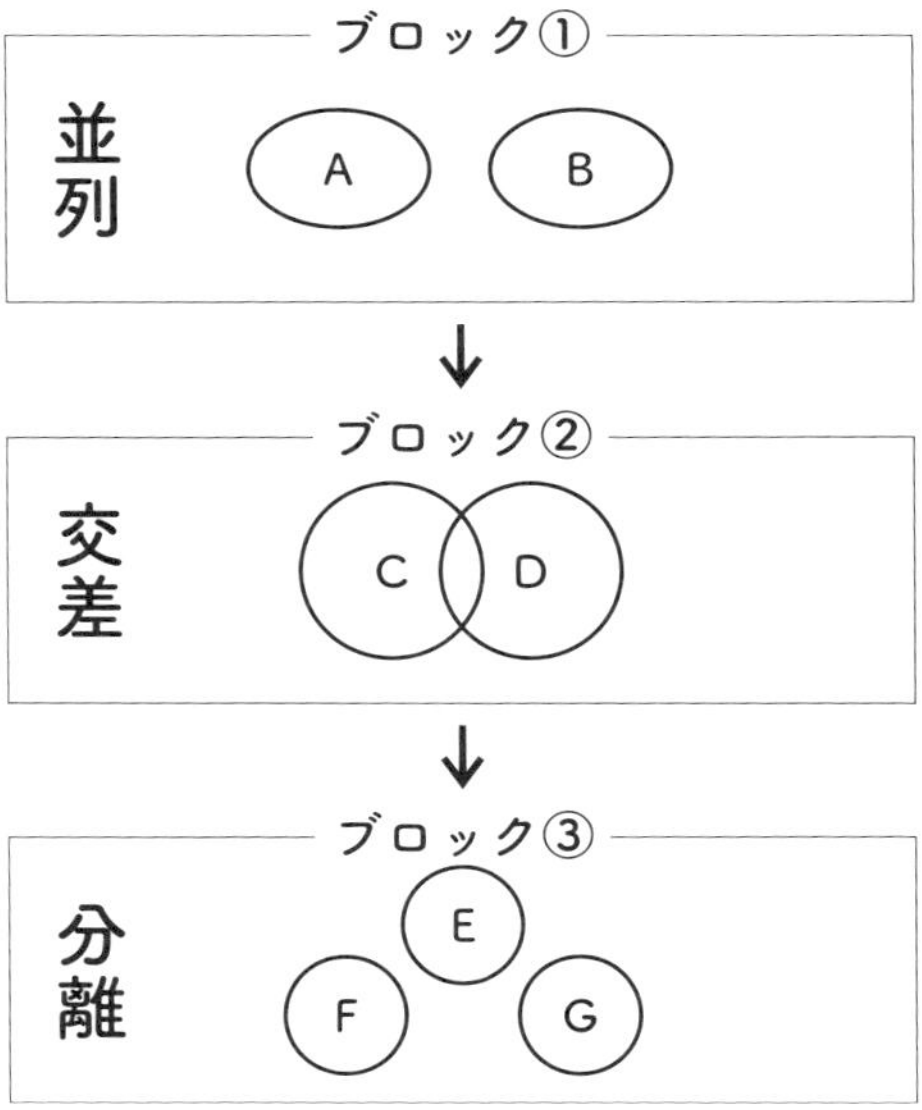

●ステップ３　マル（○）と矢印（↓）で全体を仕上げる

さらに、ブロック（グループ）内のキーワード同士の関係をマルや矢印で示し、最後に全体を仕上げて図解を完成させます。

部分と部分の関係には、上下関係、協力関係、相反する関係、因果関係など、さまざまなものがあります。

いずれの場合も基本的には矢印を使いますが、他に二重線（║）や点線（……）を使うこともあります

●イメージが浮かびやすい図解を描く

キーワードを抜き出していると、複数のマル（○）をどう配置すればよいのか、わからなくなることがあります。

マルの配置では、「重要な事柄」は中央に置くのが基本です。とくに、図解する内容に自分が関わっている場合は、自分を中心に描きましょう。

たとえば、中央から放射状に外向きの矢印を広げることで、中央に描かれたテーマや目的の「広がり感覚」を印象づけることができます。その矢印を「逆」にすれば、「縮まり感覚」を表現できます。これは、あらゆる要因を１つの問題に収束させる印象を与えるのに効果的です。

■ステップ3　マルと矢印で全体を仕上げる

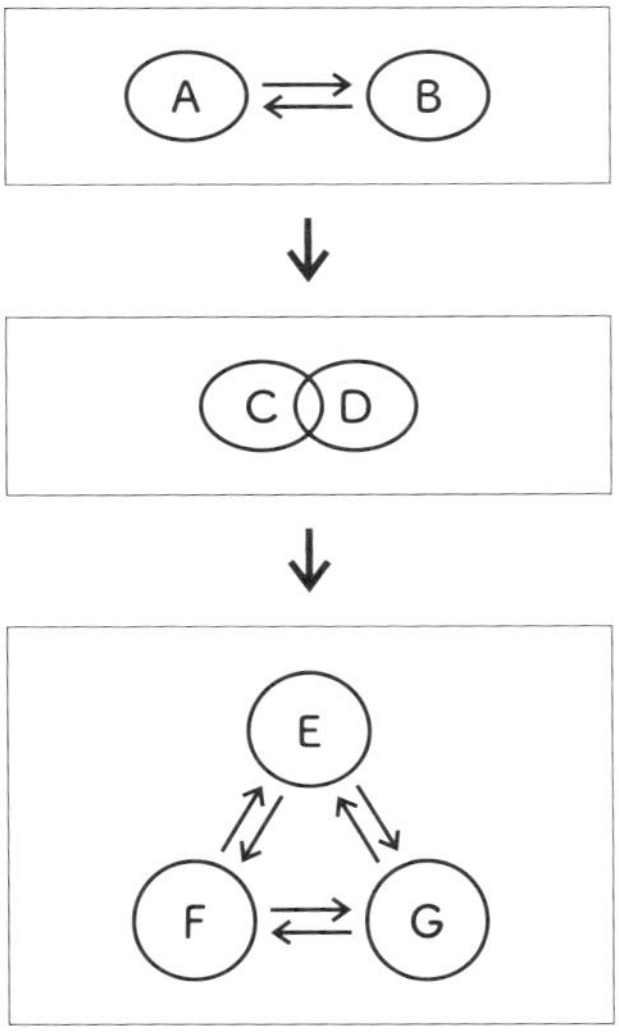

■イメージが浮かびやすい図解を描く

〈広がり感覚〉

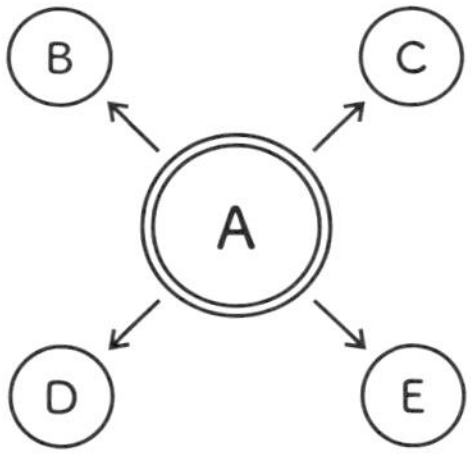

〈縮まり感覚〉

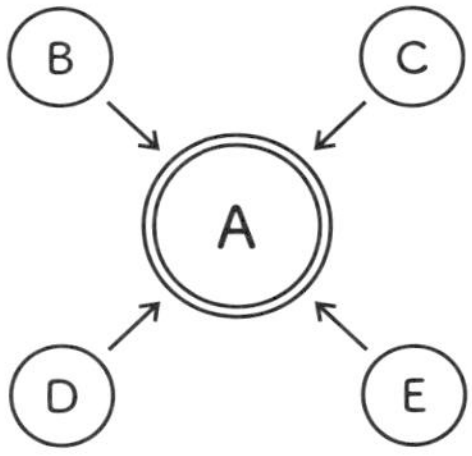

5 図解が〝独りよがり〟になっていないか

「よい図解」には２つの視点が必要

これまでの説明で、マルと矢印で図解を描けることはわかったと思います。でもそれだけでは、図解は〝独りよがり〟で実はわかりにくいものになってしまうかもしれません。そのワナに陥らないためには、次の２つの視点が必要です。

１つ目は、図解を描いている自分と全体との関係を**「鳥瞰的に見る視点」**です。たとえば、私と会社との関係、私と私が暮らす日本との関係……など、鳥の視点で上空から見渡すように、自分と全体との関係を意識してみましょう。いままで見えていなかった本質がわかり、図解の深みが増してきます。

２つ目は、この図解を見る**「他人の視点」**です。自分にしかわからない図解になるのを避けるため、読み手が見てもわかるかどうか、図解を仕上げるときに強く意識しましょう。

おしゃべりな図解にしてはいけない

安定感があり信頼感が湧いてくる図解が存在する一方で、饒舌《じょうぜつ》すぎる図解、おしゃべりな図解というものがあります。

おしゃべりな図解には、非常にたくさんのパーツが脈絡なく1つの空間に点在しています。こういう図解ができてしまうのは、描いた本人が全体をまだ把握していないまま図解化に取り組んだ結果です。

逆に、**安定感があり、信頼感があり、説得力のある図解は、骨太な論理で筋がきちんと通っているは**ずです。

骨太とは、骨格がしっかりしているという意味です。5つから多くても10ぐらいのきっちりとしたパーツがあって、それが全体にうまく組み合わされている図解です。美しい姿になっているともいえます。

しかし実際には、非常におしゃべりな図解で、でも相手に何の印象も与えていない図解、そういう図解がたくさんあるので気をつけなければいけません。とくに描きたい内容、描くべき要素が多い場合に、こういった図解に陥りやすいのです。

もともと人間の頭というのは、さほどよくできていないと思います。KJ法の創始者である川喜田二郎氏は「経験的に、10個以内の島ならば一応話をつなげたストーリーができる」とおっしゃっています。

KJ法とは

文化人類学者の川喜田二郎氏が考案した手法で、１つの情報（データ）を1枚のカード状の紙に記し、カードをグループ化したりすることで、情報を整理する方法。文化人類学のフィールドワークで得た情報をまとめるために考案された。「KJ」は川喜田二郎氏のイニシャル。

いろいろな本を読むと、７が安定した物語にしやすいらしい、ということがわかってきました。

これをマジックセブンといいます。

次ページ図は、「一度に認識できる対象の数」を、短期記憶の保持できる項目数について触れているアメリカの心理学者ジョージ・ミラーの論文「マジカル・ナンバー７±２」を参考に作成しました。図にしてみると、10個ではちょっと多すぎる感じです。５つ以下だとやはり全体としてのストーリーがもの足りない。７つぐらいをメドにまとめるのがベストでしょう。

したがって情報が多すぎる場合には、描いた図解をもう一度見直して、「図解的に」まとめる必要があります。それぞれの部分についてどの部分とどの部分がどういう関係にあるのかを見直して、大きく集合的にとらえ直していくのです。

作ったら再考するクセをつける

図解に慣れていない人の図でよく見かけるのは、それぞれのマルを矢印でつなぐだけでコト足れりとしているケースです。

部分が少なくとも１桁の数で、それらがきっちりとした意味を持った矢印でつながれている場合に、私たちは安心できます。ですから一度図解を作ったら終わりではな

一度に認識できる数は７±２

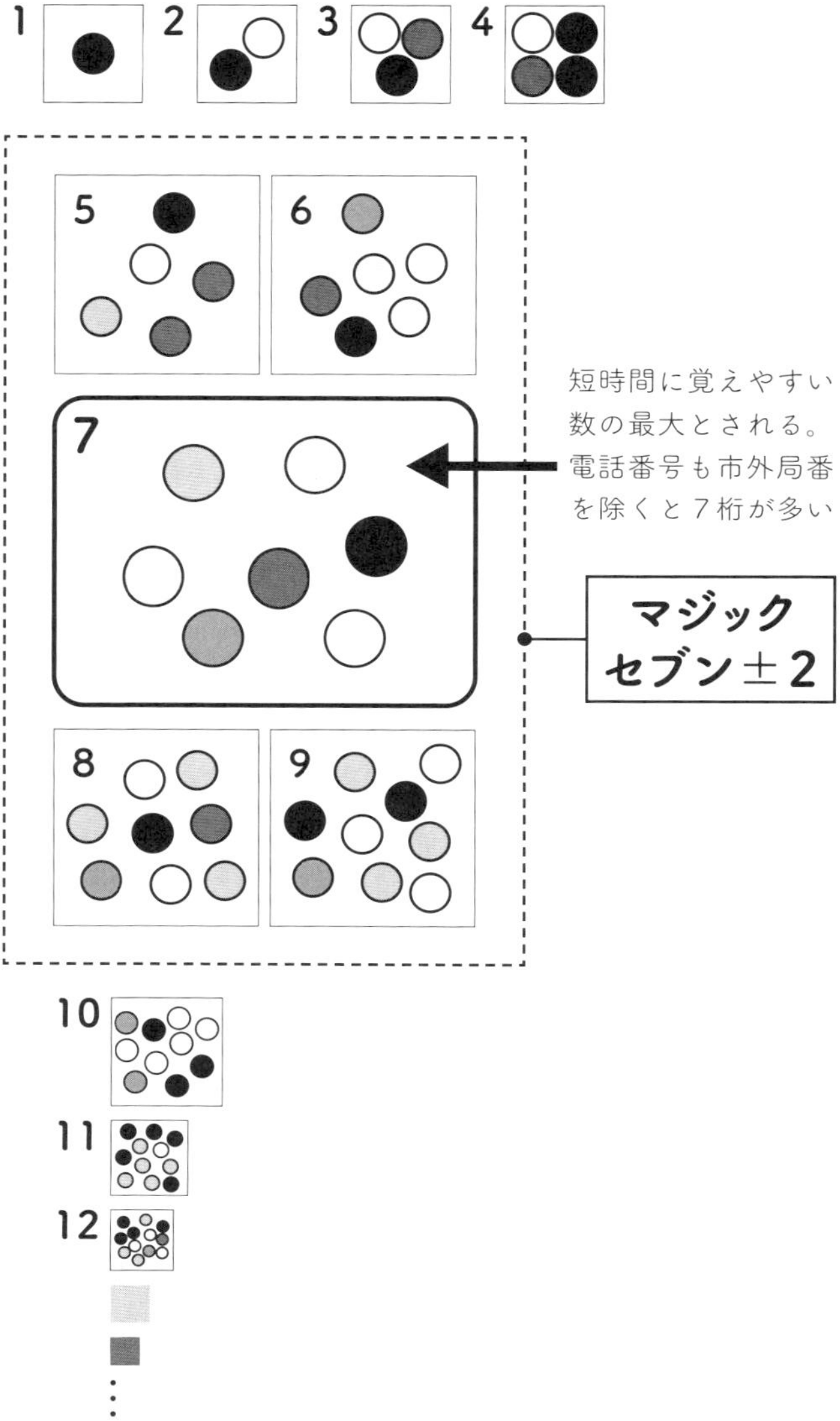

く、次にもう一度全体を見ながら再考するというクセをつけましょう。

ある飲み屋に行ったときのことです。席に座ると「お品書き」というのが出てきました。そこには、まぐろの刺身とか、モツ煮込みとか、いろいろ箇条書きにずらっと並んでいました。この「お品書き」は、値段の順に並んでいるわけでもないようだし、お勧めの順番で並んでいるわけでもないようでした。しかしよくよく見ると、最初のほうは、どうも刺身らしい。

それから次のところを見ますと、揚げ物や煮物があったりします。要するに、この飲み屋は、知らず知らずにお品書きの理解のための努力をお客様に強いているということになるわけです。

次ページの「メニューの見やすさの違い」では、試しに箇条書きと図解でこの「お品書き」を作った場合ではどのように違うのか、例示しています。どちらがスムーズに理解できて、注文しやすいと感じるでしょうか。

私たちはこういうことも何気なく見落としているわけですが、明らかに1つのまとまりを持ったもので区切りながら、図解的に表示をするほうがわかりやすいはずです。

図解コミュニケーションは、飲食関係ではもっと活用できるのではないでしょうか。

■メニューの見やすさの違い

お品書き

まぐろ刺身	600円
タコ刺し	400円
刺身盛り合わせ	1200円
トリの唐揚げ	500円
カキフライ	700円
モツ煮込み	400円
肉じゃが	400円
サンマ塩焼き	450円
おにぎり	300円
おしんこ	300円
みそ汁	200円
キムチ	350円

図解的にメニューをまとめてみると…

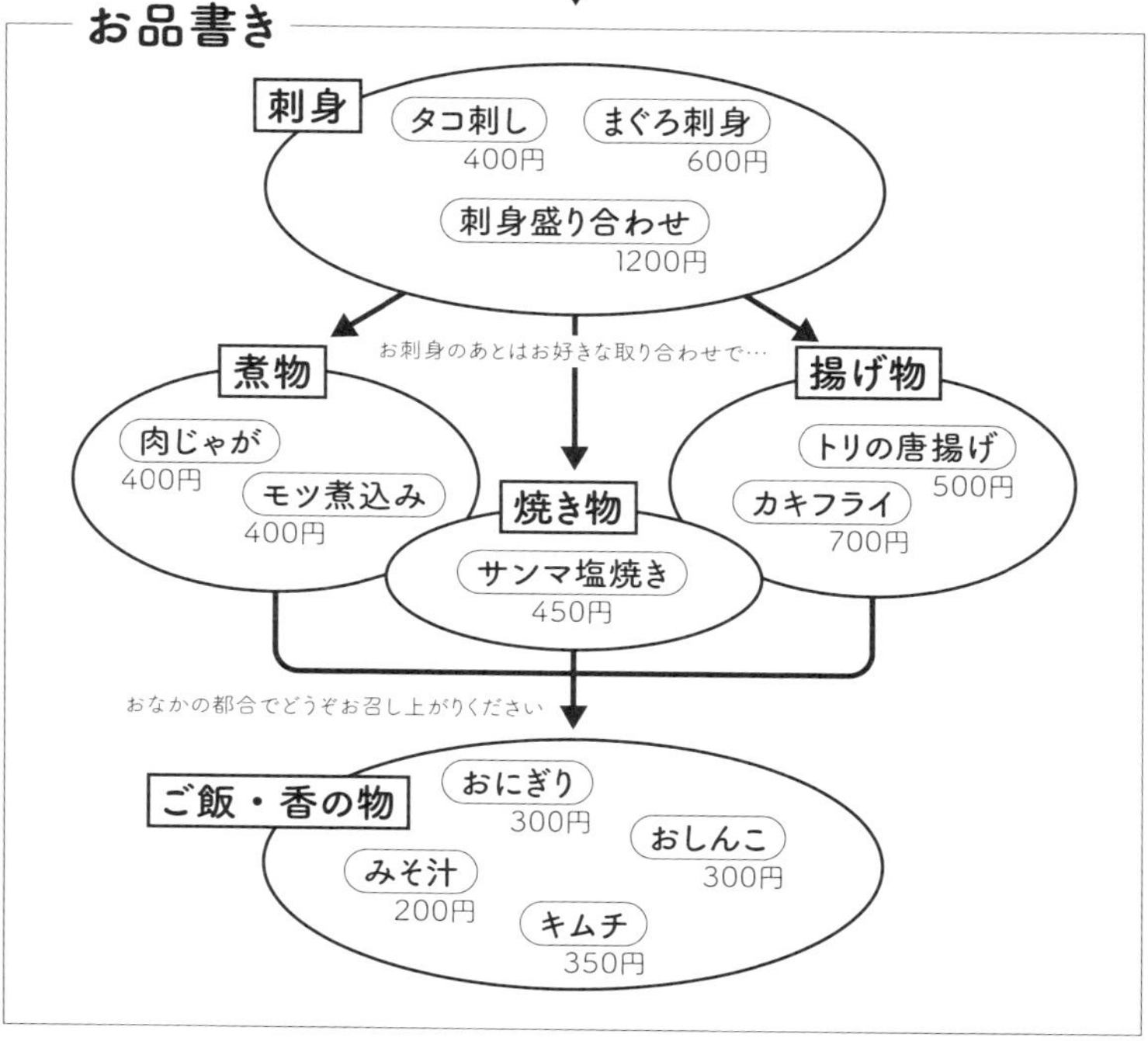

ものごとの順番を明確に伝える

図解に慣れていない人が陥りやすいパターンとして、自分ではわかっているつもりだけれども相手にはわからない、というケースがあります。

その理由として一番大きいのは、読み取る要素のかたまりの順番がわかりにくいことです。そういう**わかりにくさや誤解を避けるためには無理に矢印の工夫にこだわらず、見てほしい順番を①、②、③というように明記するという手法があります**（92ページ図）。

また時間の経過を正確に表現したい場合、番号で示すことはきわめて効果的です。たとえば、「こっちが殴ったから相手も殴り返した」のか、「同時に殴った」のかは、関係を示す「⟷」だけではわかりません。

大規模な疑獄事件や汚職事件などでも、金銭の授受の順番などを間違えないように確認する必要が出てきます。ただし、順番を示す場合でも、図解の見方を強制している感じが強く出すぎないようにしたいものです。見る者が自発的に読み取ることができる図解が一番いい図解だからです。

ものごとの関係は「大づかみ」から入ろう

よく失敗するのは、細部から入っていくケースです。自分の立っている地点から描

■見てほしい順に番号をつける

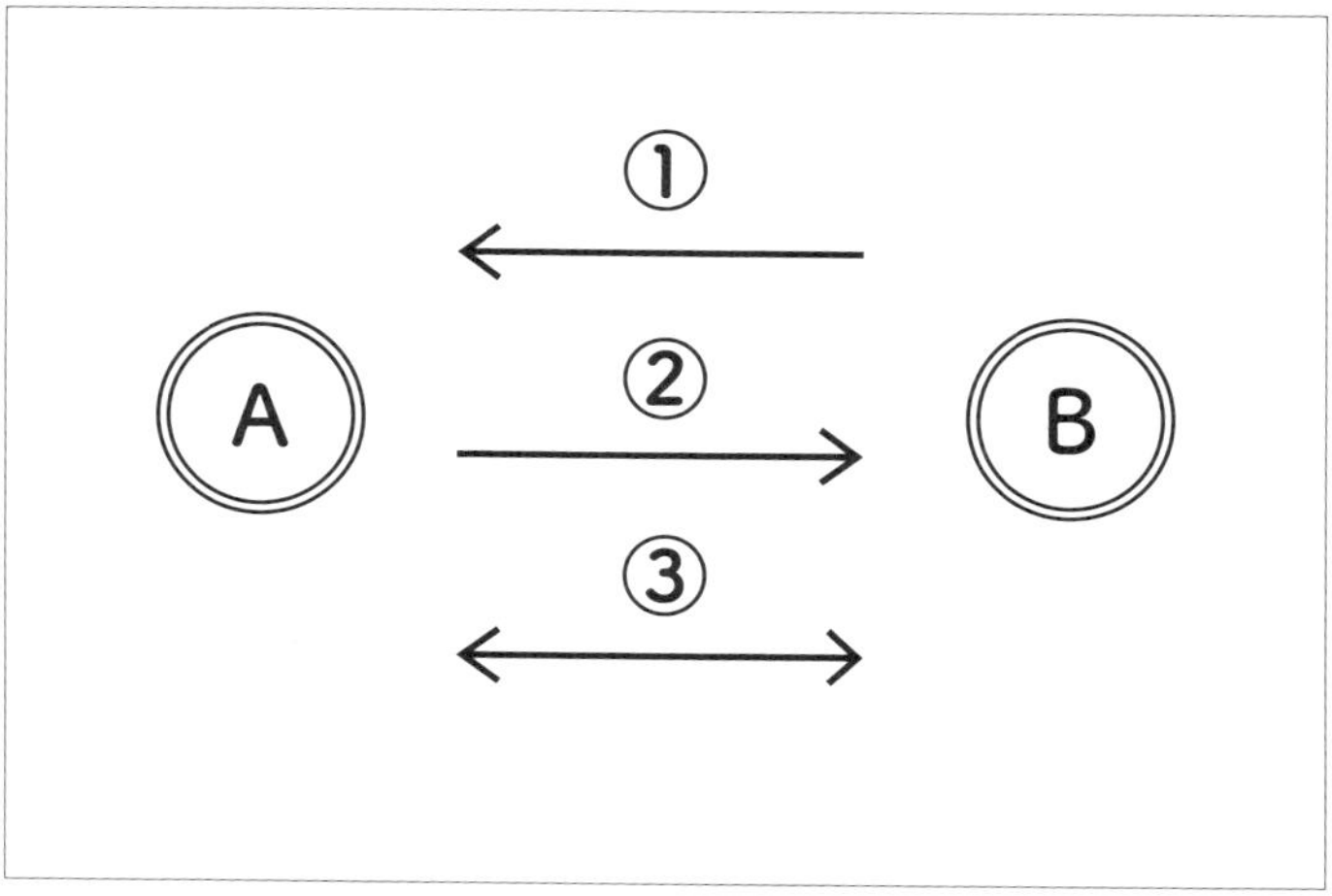

① Ⓑが Ⓐを殴った

② Ⓐが Ⓑを殴った

③ Ⓐと Ⓑが同時に殴った

き始めると、結果的にすごく細かくなってしまって、何が何だかわからなくなってしまいます。

図解の場合は、大づかみから入っていくのがいいと思います。76ページで解説した描き方です。

まず、全体がどうなっているか。たとえば、まずこの業界がどうなっているか、あるいは日本という国はどういう仕組みでできているのか、また国連の話が出た場合には、国連組織の全体はどういう構造になっていて、誰がトップなのか、意思決定に向かうさまざまな会話の関係はどうなっているのか。そういうところから入っていかないと、全体の仕組みが見えてきません。

94ページの図「産業革命の歴史」では、時代の大きな流れである産業革命を第一次、第二次、第三次と分けています。19世紀は軽工業革命、20世紀は重工業革命、21世紀は情報産業革命にあたります。

結果的にこの3つの革命は、それぞれ広く社会に浸透することによって、ライフスタイルが大きく変化していくと結論づけています。

このように、巨大なテーマであっても大づかみすることによって、その根本的な課題や内容が理解できるようになります。

■産業革命の歴史

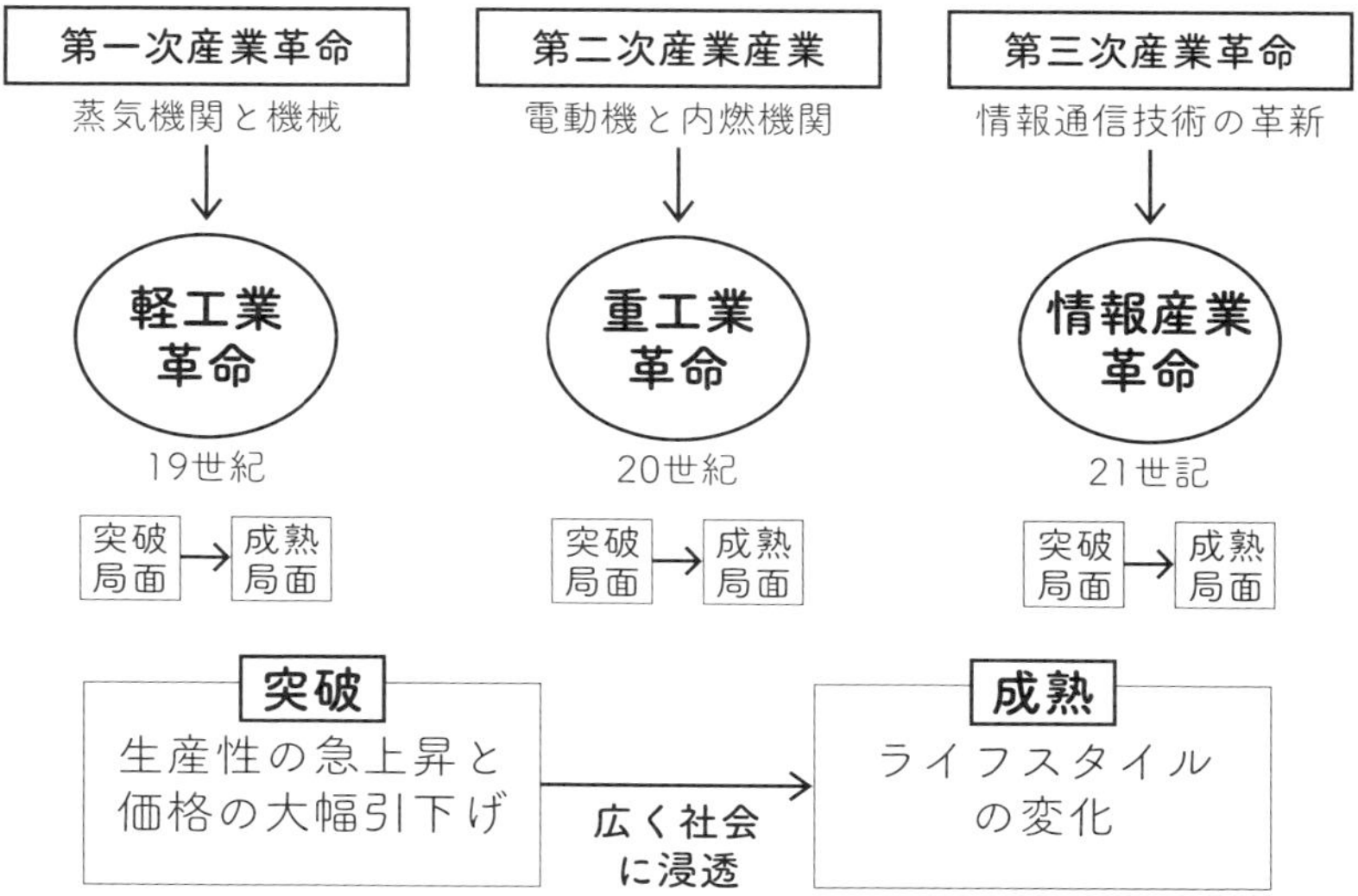
第一次産業革命
蒸気機関と機械
軽工業革命
19世紀
突破局面
成熟局面
第二次産業産業
電動機と内燃機関
重工業革命
20世紀
突破局面
成熟局面
第三次産業革命
情報通信技術の革新
情報産業革命
21世記
突破局面
成熟局面
突破
生産性の急上昇と価格の大幅引下げ
広く社会に浸透
成熟
ライフスタイルの変化

これは、仕事についても大いにいえることです。

たとえば取引先のことを知りたいとしましょう。最初はどこからとりついてよいのかわかりません。そこをどう理解していくか。まずその会社の組織図を思い浮かべます。そして、その組織図全体のなかでこの部門はどこに位置するのか、社長に近いのかどうか、あるいは重要なラインを構成する一部分であるのかどうか、そういうことを考えます。

その段階で、組織的あるいは構造的に、その組織に力があるのかどうか、こういう見極めをします。これが第1段階です。

組織というものはダイナミックに動いていますから、そのときどきの長によって随分パワーが違ってきます。これは隣の部との関係とか、社長がどの部署から出ているかなどにも関係します。そうなってくると今度は、その長とか担当者が、どういう学校を出て、社内のどういう分野から出てきたのかなどを調べていく必要が出てくるかもしれません。これが第2段階です。

全体の構造を理解し、次に部分同士の関係を把握する。

ここまでくると、取引先についてある程度わかってくると思います。あとは時間とともに、もっと細かいニュアンスが次第にわかってきます。

6 紙と鉛筆を用意して図解を描こう

図解に必要なものは紙と鉛筆だけ

では、いよいよ図解にトライしてみましょう。用意するものは、紙と鉛筆の2つだけです。

準備ができたら、次ページ上に示した例題文「ネットショッピングのメリット」を図解してみてください。

まず、文章内の「キーワード」と思われる部分に下線を引いたり、囲ったりします。次に、これらを眺めながら、キーワード同士の関係性を考えていきます。

「テーマは『ネットショッピングのメリット』」

「まずテーマを描いて、各メリットを矢印でつなごう」

「『複数の店を同時に……』と『歩き回らなくていい』は因果関係だ」

「ほかに因果関係で結べるキーワードは？」

このようにイメージしていくうちに、全体の構図が見えてくるのです。

■例題文「ネットショッピングのメリット」

ネットショッピングのメリットは、出かける手間を省けること。複数の店を同時に画面上に出せるから、歩き回って商品を探す必要もない。比較して、いちばん安い店で注文できる。そういう意味では節約にも役立つ。第一、ネット上の商品は実際の店頭で売られているより断然安い。つまり、手間いらずで経済的にもお得だ。

文章の大意は……、

「ネットショッピングは、
手間いらずで経済的にもお得」

最初はラフに何度も描き直していく

描いている間に、「この要素が入るスペースがない！」「こっちにも矢印を結びたかったのに……」などと思うことが必ず出てきます。

ラフな「仮図解」を何度も描き、修正し、そして必要に応じて新しい紙に変えながら、何度も描き直して、完成に近づけていきましょう。

そのためには、**最初から丁寧に描こうとはせず、気楽に描き始めることが大事**です。慣れてくれば、描き直しの回数もだんだんと減ってきます。

図は凝りすぎずシンプルに

自分で工夫し、新たに創造した自分独自の図解の段階になると、多くの人が陥りがちなのが図に凝りすぎることです。しかし、凝りすぎると問題点がわからなくなってしまいます。描くことによって考え、考えることで発見することが目的ですから、図はできるだけシンプルを心掛けてください。

7 「鳥の目」を使って描く

細部にとらわれず、まずは全体を見渡そう

前項の例題文を図解していて、「何度『仮図解』を描いてもうまくいかない！」という状態になる人もいるかもしれません。そういう人は、おそらく細かい部分にとらわれているのです。

図を描き始めると、キーワード同士の関係をマルや矢印で表すのに懸命になり、細かな関係はわかるものの、大枠でどんなことをいっているのかがわかりにくい図になる、ということもあります。そこまで極端でなくとも、図を描くと自分がよくわかっているところは詳しく描く、という「クセ」は誰にでもあるようです。

図解を描くときには、「この図全体で何をいいたいのか」を考えることが大切になります。

つねに図の全体像を意識しながら部分を描く、つまり序章で述べた「鳥の目」を意識する、ということです。大切なのは大意をつかむことです。森の上空を飛ぶ鳥のよ

うに、鳥瞰的な視点で文章全体を読んでみてください。

ここで再び、先の「ネットショッピングのメリット」の例題文を見てみましょう。大意を読み取るにはいくつかのコツがありますが、この場合は「文章の最初と最後を見る」ことが有効です。すると、「ネットショッピングは、手間いらずで経済的にもお得」が大意であることがわかります。

この方法はあらゆるケースで使えるわけではありませんが、大意を読み取る方法のひとつとして覚えておくと便利です。

描きながら考え、細部を詰めていく

こうして文章の大意がつかめると、キーワード選びが楽になります。「手間いらず」で「経済的にもお得」な項目を探し出せばよいからです。それをピックアップしたものが次ページの上図です。

ここからは、「鳥の目」から「虫の目」にチェンジしましょう。キーワード同士を矢印でつなぐために、細部をチェックしてください。ただしそれは、細かい言い回しを見るわけではありません。「キーワードの原因や結果になっている言葉を見落としていないか」を確認するのです。

たとえば、「歩き回って商品を探す必要もない」の理由は「複数の店を同時に画面

線を引いたり囲んだりすると文章が立ち上がる
一見、平面的に見える文章でも、大事だと思われるところに下線を引いたり、そのなかでも重要と思われる言葉を線で囲ったりすると、文章全体が立体的に立ち上がってくることを感じられるでしょう。

全体を概観して文章の大意をつかもう

ネットショッピングの[メリット]は、[出かける手間を省ける]こと。[複数の店を同時]に画面上に出せるから、歩き回って商品を探す必要もない。[商品を比較]して、[いちばん安い店で注文できる。]そういう意味では節約にもなる。第一、ネット上の商品は実際の店頭で売られているより断然[安い]。つまり、[手間いらず]で[経済的にもお得]だ。

・キーワード同士をつなぐ

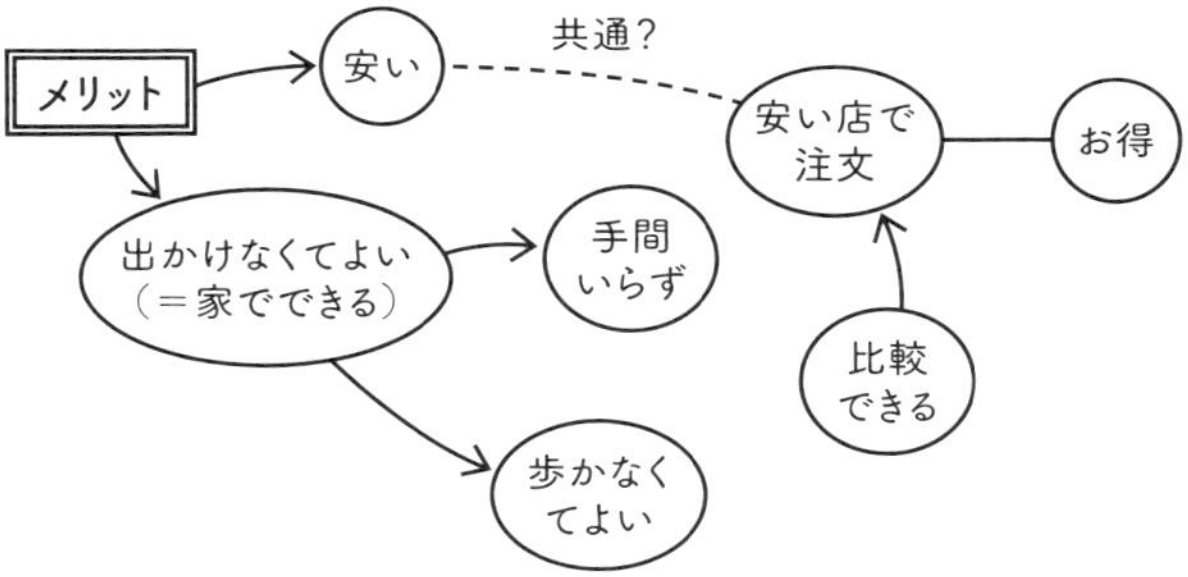

〈図解の例〉

ネットショッピングはお得！

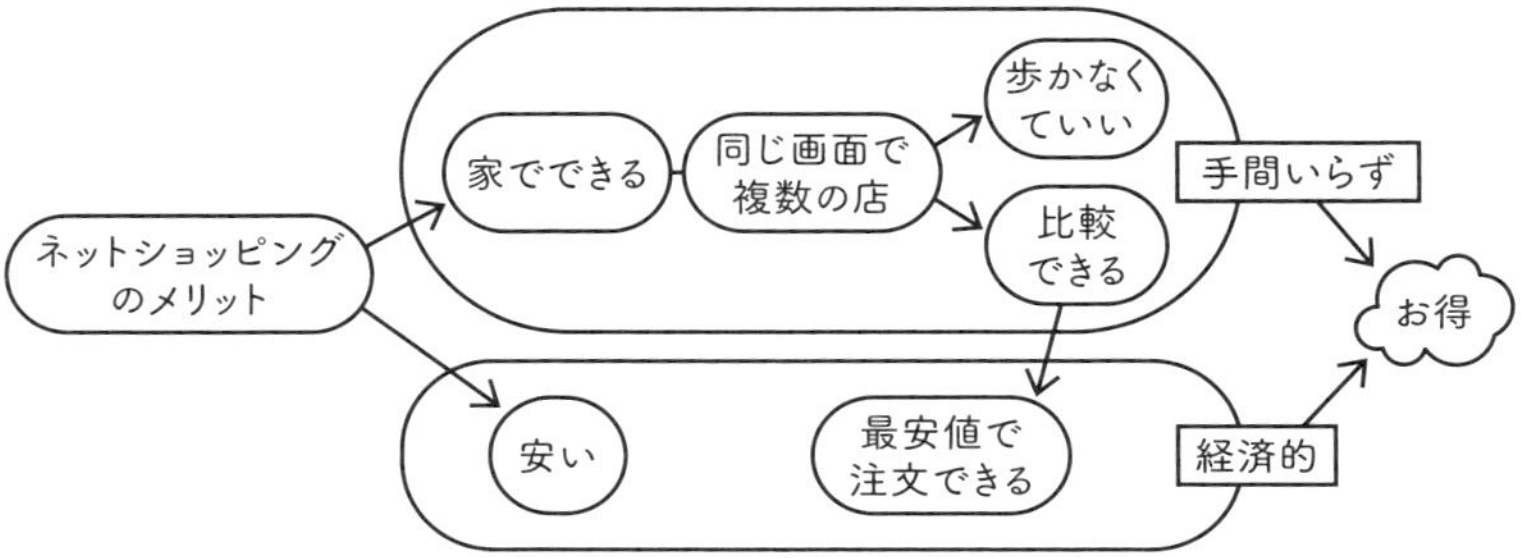

上に出せる」ことです。さらに、この言葉は「比較して……」の原因にもなっていることがわかります。

図解の基本は地図にして考えてみること

図解の描き方として応用範囲が広いものが地図（マップ）です。空間的な関係を地図に表すことは、考えることの基本でもあります。

何でも地図にしてみましょう。たとえば、次ページの図「オフビジネス人脈マップ」は、学校の同窓会の「学の人脈」、家族や親族などの「血の人脈」、勉強会で知り合った「知の人脈」、遊び仲間である「遊の人脈」などで構成した図です。

この図では、人脈をうまく組み合わせながら、自分にとって最も役に立つ、あるいは大切にしたい人脈を若い頃から構築するという視点、心がけを表しています。こういう人脈図に自分の友人、知人を書き込んでいき、毎年1回見直していけば、仕事の成果や行動の仕方が変わってくるはずです。

このように人脈地図や経済の地図など、さまざまな地図を作ることによって、全体と部分との関係が把握でき、見晴らしがよくなり、それぞれの部分の軽重も判断できるようになります。空間のなかにそれぞれの項目を位置づけることで理解しやすくなるのです。**地図を描く手法は時系列手法と同様に、図解の初歩の手段として有効**です。

■オフビジネス人脈マップ

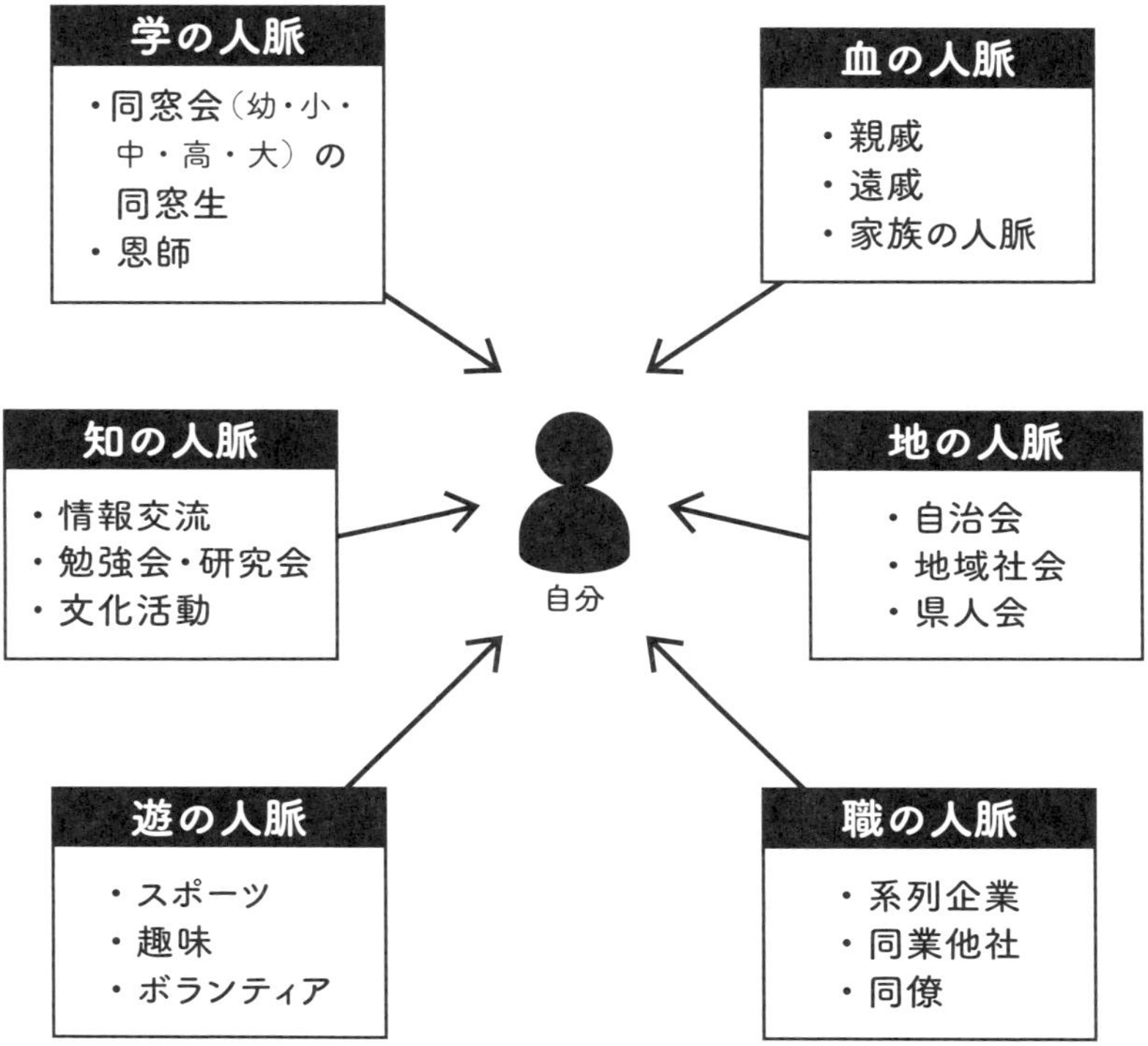

Column

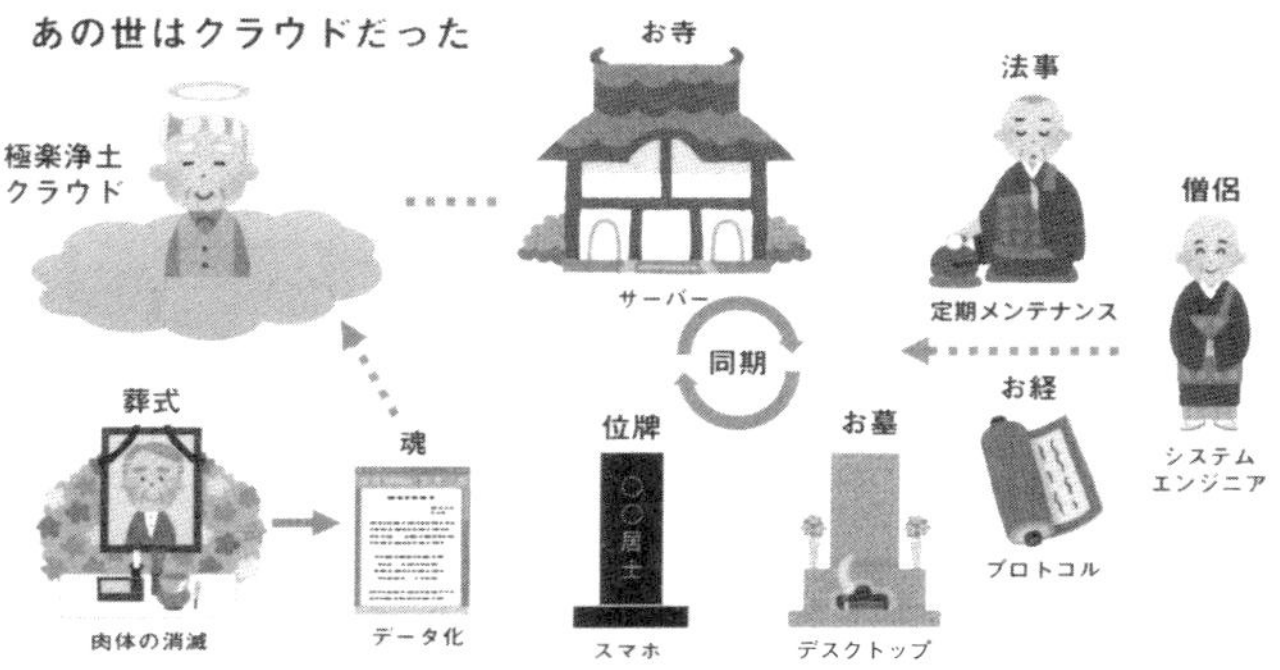

※『ワクワクを探してLet'sお墓参り』（藤原巧＆お墓参り委員会　監修 勝桂子
啓文社書房）より。

あの世をコンピュータ世界で表すと

あらゆることを図解する、という視点から、「死後の世界」の図を見つけました。『ワクワクを探してLet'sお墓参り』という本にある図解です。

「あの世」はクラウドの世界。亡くなった人の魂は葬式で「データ」化され、戒名という名の「URL」を振り分けられる。僧侶は「システムエンジニア」、お経は「プロトコル（手順）」。お寺は「サーバー」で、魂は極楽浄土の「クラウド」にのぼっていく。僧侶は魂を、お墓という「デスクトップ」、位牌という「スマホ」などの「デバイス」に同期してくれる。お墓参りとは、先祖をアップデートして身近に置いてもらう行為です。

8 全体の流れを考えて描き始める

大枠から描くか、小さい部分から描くか

具体的に図解を描き進める場合、流れをとらえることが重要になってきます。

以前も説明したように図解する対象が重層的に絡み合っているときには、大きいものから描いていき、次に中くらいのもの、最後に小さいものを描いてみましょう。

地図でたとえると、日本全体の絵を描いて、都道府県を描き、そして自分の町を描いていくというような流れです。

大づかみ、中づかみ、小づかみという流れで描いていきましょう。

逆に小さいものから中くらいのもの、そして大きいものへ、という順番に描いていく手法もあります。大きいものに比べ、小さいものは比較的理解しやすいからです。自分の理解しやすい、よく知っていることから描いていく方法です。

何度か述べているように、このとき図解的考え方ではなく、細部に気をとられて一部分だけがやけに詳しくなるなど、文章的な考え方に陥りがちですので注意してください。

大きな構造がわからない場合、わかっている小さい部分をまず描いていきます。それを重ねて中くらいの概念がどうなっているかを考えていきます。最後に大きな図解に仕上げていく。これは、小図解を組み合わせて大図解を生み出す、わかっているものをだんだんと積み上げていくという帰納的な図解の方法です。

大きな図解は小さいところから

もし要素数の多い大きな図解を作りたいのであれば、積極的に小さい部分から取り組む手法が有効です。

人間の能力は限られていますので、最初から数多くの部分を集めて描くのはとても難しいことです。対象が大きすぎて、全体を作り上げる自信がない場合には、小さなものから描いていくのがいいのです。

まず、部分図解をきっちり描いていきます。そしてその部分図解を組み合わせていき、その図を見ながらもうひとつ大きな概念を作っていきます。

大きいほうから描き始めるか、小さいほうから描き始めるかは、図解の複雑さとか、対象の大きさ等に関係してきます。対象を見きわめながらどちらから描いていくか、決めることになります。

図解は自分がわかっているところから

図解を描こうとする場合、具体的にはどこから描き始めたらよいのでしょうか。最も描きやすいのは、自分がわかっている部分から描き始めるという方法です。わかっているところを描いてから自分の知らない部分を描いていくのが、最もオーソドックスな手法でしょう。

9 わかりやすいキーワードに置き換える

キーワードの設定方法

図解の出来映えを決定する大事なポイントは、「キーワード」です。

79ページで、図解するためにキーワードを抜き出す、と書きました。

ここでいうキーワードは、そのキーワードとは少し違い、「ある概念を的確に表した言葉」のことです。問題の解明や内容を理解する上で、重要な手掛かりになる言葉です。

図を描く際は、このキーワードの設定が重要になります。キーワードの設定には、いくつかの方法があります。

1つは、現象や事態の本質をつくキーワードです。その言葉を目にしたり聞いたりすることによってパッと視界が開けたり、目からウロコが落ちるといったような言葉です。

もう１つは、奇抜さで気を引くものです。まったく違う分野から新鮮な言葉を導入するなど、ワードを目にした人に驚きを与える言葉です。

さらにもう１つ、誰でも知っている言葉をあえて使う方法もあります。相手の知っている知識や、それで組み立てられている知識の枠組みを利用して伝達力を高めるのです。

特定の業界や特定の分野の人たちに図解を示すのであれば、その範囲で通用する常識や知識の枠組みが一定の幅のなかに収まっているので、その人たちになじみのあるキーワードを使って説明すると、より効果が上がります。

キーワードはひとひねりしたい

キーワードがよく考えられ、洗練されていれば、読み手に与えるインパクトは強くなり、伝達力が増幅されます。

コンビニエンスストアについて示した109ページの図「コンビニの魅力とその支え」と110、111ページの図「コンビニエンスストアの魅力」を見てください。これはコンビニが登場してきた当時に作った図解です。109ページが最初に作った図で110、111ページは修正した図です。当時と比べていまのコンビニエンスストア業界はかなり様変わりした感もありますが、キーワードの作り方の説明には適していると思いますので、あ

キーワードは相手によって使い分ける

「伝える」ための図解が、「わかる」ための図解、「考える」ための図解と違うのは、伝える相手のことを強く意識しなければいけない点です。自分が理解して企画をするためだけなら、自由に図解をして構いませんが、「伝える」相手を意識した場合は、相手が受け入れやすい形に表現を工夫する必要があります。最も重要なことは、誰が読み手で、誰に見せるのかを考えることです。たとえば、お客様に見せる図であれば、お客様を図の中心に配置するとか、タイトルをインパクトのあるものにするなど、さまざまな工夫が必要です。

えてご紹介することにします。

さて、なぜコンビニに魅力があるのかについて「すぐ買える」「いろいろ買える」「選びやすい」といったキーワードを最初の段階で挙げました。これは悪くありませんが、キーワードをもうひとひねりする必要があります。切れ味がいまひとつです。「すぐ買える」「いろいろ買える」「選びやすい」というのは、次元の違うものを一緒にして並べています。

図解を読むほうの人は、違った項目、違った概念、違ったレベルのものが並列的に置かれていると混乱をきたします。わかりやすいようにキーワードのレベルを合わせてあげなければなりません。

キーワードは言い換える

「すぐ買える」というのは、近くに店があるので「行きやすい」ということではないでしょうか。また「いろいろ買える」から、結果的に「選びやすい」ということになります。修正した110、111ページの図解では、「買いやすい」という言葉を入れました。ここではキーワードの発明をしているのです。

結果的に、「選びやすい」「買いやすい」「行きやすい」という同じレベルの項目を3つ並べました。しかしこの3つのキーワードにも順番があります。お客様の立場か

コンビニエンスストアの図解

《コンビニの魅力とその支え》

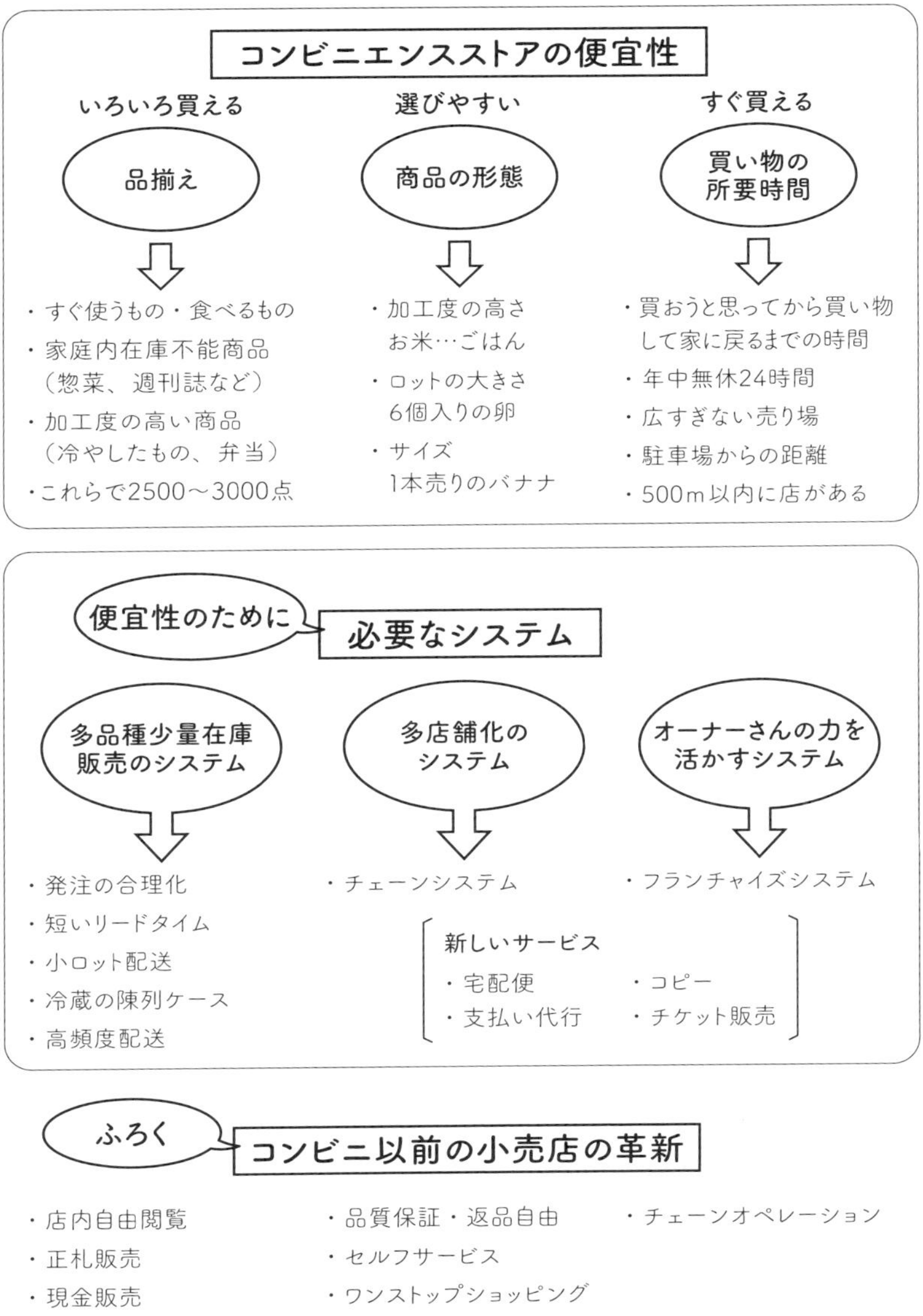
コンビニエンスストアの便宜性
いろいろ買える
品揃え
・すぐ使うもの・食べるもの
・家庭内在庫不能商品
（惣菜、週刊誌など）
・加工度の高い商品
（冷やしたもの、弁当）
・これらで2500～3000点
選びやすい
商品の形態
・加工度の高さ
お米…ごはん
・ロットの大きさ
6個入りの卵
・サイズ
1本売りのバナナ
すぐ買える
買い物の
所要時間
・買おうと思ってから買い物
して家に戻るまでの時間
・年中無休24時間
・広すぎない売り場
・駐車場からの距離
・500m以内に店がある
便宜性のために
必要なシステム
多品種少量在庫
販売のシステム
・発注の合理化
・短いリードタイム
・小ロット配送
・冷蔵の陳列ケース
・高頻度配送
多店舗化の
システム
・チェーンシステム
オーナーさんの力を
活かすシステム
・フランチャイズシステム
新しいサービス
・宅配便
・支払い代行
・コピー
・チケット販売
ふろく
コンビニ以前の小売店の革新
・店内自由閲覧
・正札販売
・現金販売
・品質保証・返品自由
・セルフサービス
・ワンストップショッピング
・チェーンオペレーション

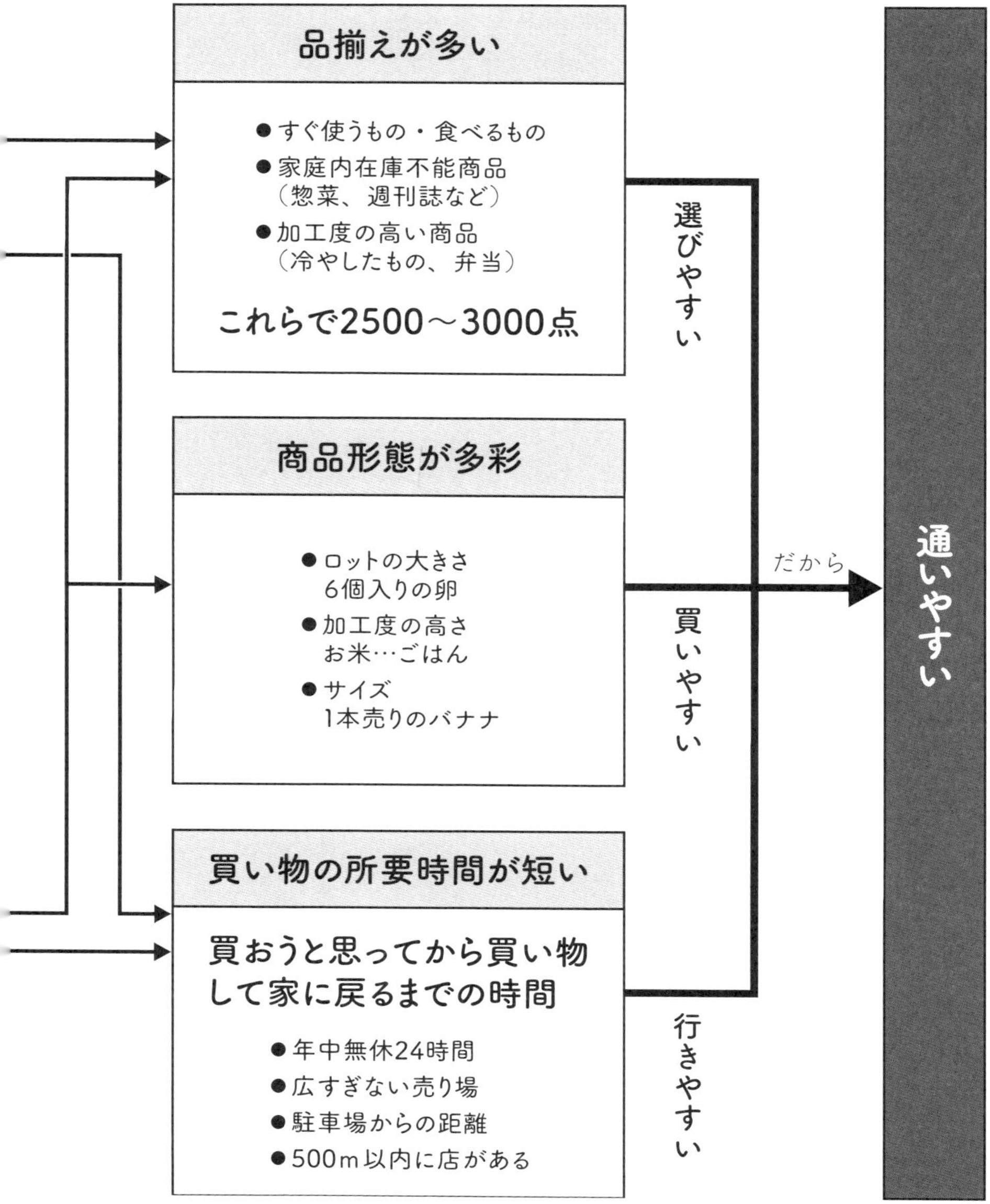
品揃えが多い
●すぐ使うもの・食べるもの
●家庭内在庫不能商品
（惣菜、週刊誌など）
●加工度の高い商品
（冷やしたもの、弁当）
これらで2500～3000点
選びやすい
商品形態が多彩
●ロットの大きさ
6個入りの卵
●加工度の高さ
お米…ごはん
●サイズ
1本売りのバナナ
買いやすい
買い物の所要時間が短い
買おうと思ってから買い物して家に戻るまでの時間
●年中無休24時間
●広すぎない売り場
●駐車場からの距離
●500m以内に店がある
行きやすい
だから
通いやすい

■改訂図解「コンビニエンスストアの魅力」

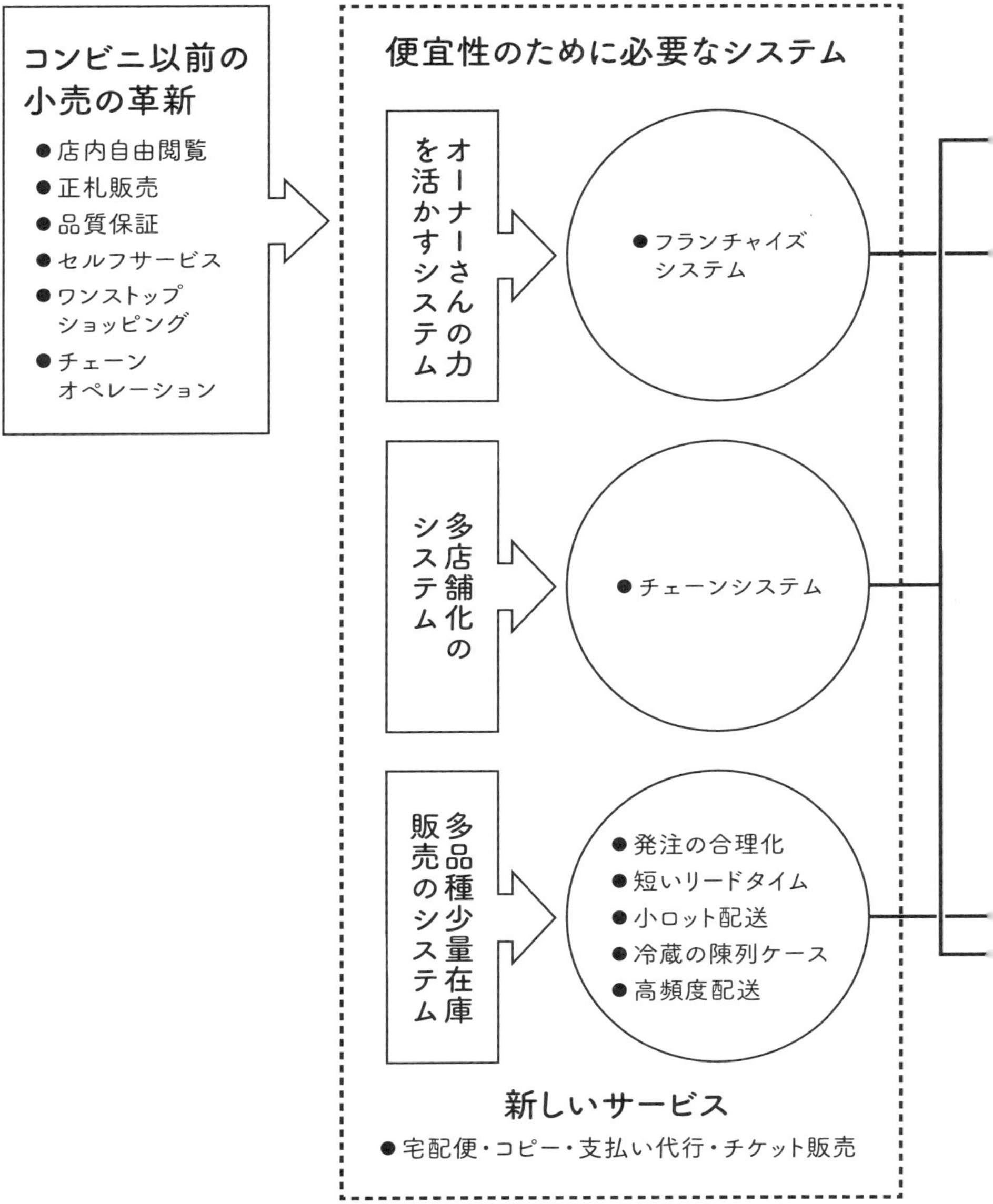
コンビニ以前の小売の革新
●店内自由閲覧
●正札販売
●品質保証
●セルフサービス
●ワンストップショッピング
●チェーンオペレーション
便宜性のために必要なシステム
オーナーさんの力を活かすシステム
●フランチャイズシステム
多店舗化のシステム
●チェーンシステム
多品種少量在庫販売のシステム
●発注の合理化
●短いリードタイム
●小ロット配送
●冷蔵の陳列ケース
●高頻度配送
新しいサービス
●宅配便・コピー・支払い代行・チケット販売

ら見ると、「行きやすい」「選びやすい」「買いやすい」と並べ替えるべきでしょう。

そして、この3つのキーワードから何が出てくるのか、という議論になります。つまり、「だから、何なのか」ということです。

この例では、「だから、通いやすい」という言葉が出てきました。

これはリピーターになる率が高いということです。利便性が高いというキーワードを「通いやすい」という言葉に置き換えたのです。結果的に、「行きやすい」「選びやすい」「買いやすい」、だから「通いやすい」といった具合に、コンビニの持つ特徴が極めて明確にアピールされています。

自分の経験からキーワードを見つけ出す

キーワードの設定については、原案の言葉についてさまざまな角度からとらえ直しながら自分の理解の及ぶ範囲で言葉をそろえていくことが大事になります。平仮名でそろえるとか、カタカナを必ず入れるとか、あるいは先のコンビニの例では、「○○しやすい」というように韻を踏みました。こんなふうに工夫したキーワードは、頭にすんなりと入っていきます。

図解は、新しい概念や考え方を発明していく、あるいは構築していく、そういう作業であるともいえます。では、いかにしてこの発明を行ったらいいでしょうか。

いままで自分が読んできた本、あるいは仕事のなかでの経験、生活のなかでの体験、そういった蓄積からテーマにふさわしいキーワードを抜き出したり、発明したりすることになります。

図解のタイトルやキーワードを考えるとき、どの言葉を使うか、選択するか、あるいはどの言葉が自分の口を突いて出てくるかが勝負になります。**図解が上手な人は、こういう場面での言葉のセンスがいい人**です。

したがって、もともと文章が得意な人や、文章あるいは言葉に対して鋭敏な感覚がある人と、そうではない人が図解を描くと、どうしても文章のうまい人のほうが上達も早いようです。

キーワード設定の手順について、上司と部下との関係で考えてみましょう。最初、部下が書いてきた原案を見て上司は、韻を踏んだ「○○しやすい」という言葉を３つ挙げ、そこから「通いやすい」というキーワードをその場で提案してあげることが大切です。

これは、「このコンセプトや言葉がダメだ」というような否定的な意味ではありません。このコンセプトをこのように発展させて考えるとさらによくなるという指導ですから、部下も納得し上司自身も満足できます。

このように考えると、新しいキーワードを見つけやすくなるのではないでしょうか。

同じ階層は同じデザイン

同じ階層にある図は、同じ種類のデザイン（シカクやダ円形など）を使うのが基本ですが、それにプラスして階層の意味を入れてあげると、もっとわかりやすくなります。たとえば、ひとかたまりになっている星形の一群の上に、「懸念」と書き入れたり、別のダ円形の一群の上に、「具体的な事実」と入れたりすれば、わかりやすくなります。階層ごとにそれをくくる言葉を入れる習慣をつけていくとよいと思います。

10

ポイントがつかみやすい図解とは?

重要なことは中央に置くとわかりやすい

いくつものキーワードを抜き出していると、マル同士をどう配置すればよいかわからなくなることがあります。そんなときに効力を発揮するのが配置のパターンです。これらをいくつか知っておけば、状況に応じて明解な図解を作成できます（70、75、129ページはその一例）。

最もよく使われるのが、「重要なことは中央に描く」というパターンです。

「話のテーマ」や「目的」「目標」を大きく真ん中に据えたり、「一番の問題点」「最も重要な原因」などを中央に置いたりするのもいいと思います。

図解する内容に自分自身が関わっているときは、「自分」を中央に置きましょう。思考している本人である「自分」を中央に置くことで、考えていることをうまく図解に反映できます。

図解にも、文章と同じように前段、本論、まとめなどの部分があります。図解は全体のどこから描き始めても別によいのですが、気をつけたいことは、**本編にあたる部分は図の真ん中に持ってくるように配置する**ことです。

人間の視線は、誰でも図解の中心にまず行くものです。そこに最も大事なことを配置すべきなのです。そして、周辺に向けて理解の幅を広げていきます。

■ポイントは真ん中に置く

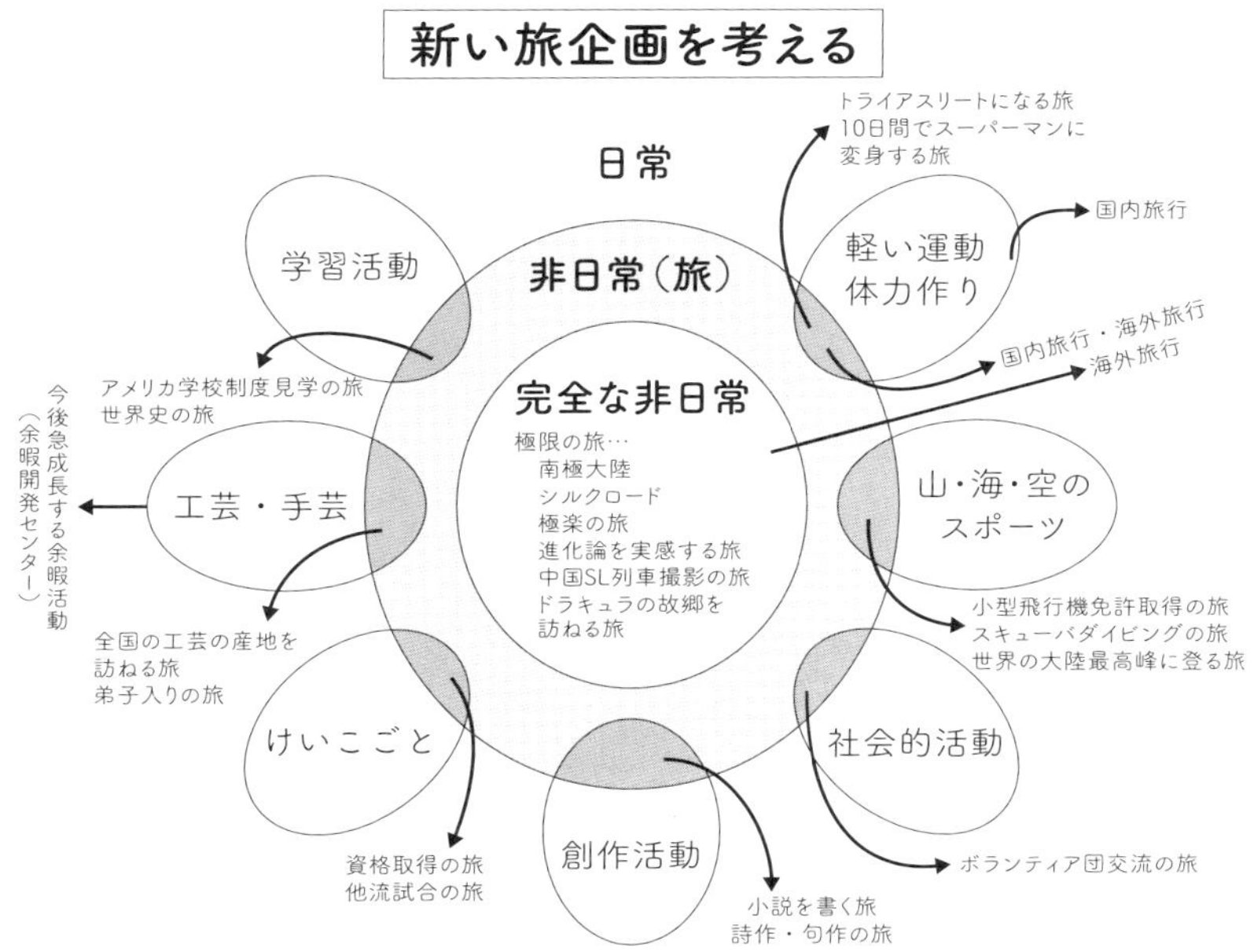

11 図解の極意「○○感覚」

展開を示す「広がり感覚」

大事なことを中央に置くのは、中心部分が最も目に入りやすいからです。これを応用したものに、「中央から放射状に矢印を広げる」パターンがあります。
118、119ページの図解はその一例です。こうした「広がり感覚」の図解は、中央に書かれたテーマや目的を印象づけてから、具体的な方法を説明するときの典型的な手法といえます。

動きを表現できる「広がり感覚」の図

私が主宰する「図解塾」で梅棹忠夫著作集全22巻の図解化に取り組みました。梅棹忠夫著作集第5巻「比較文明学研究」の「諸文明における宗教の層序学」という論考の図解を「広がり感覚」の例として紹介します（118、119ページ）。

全世界の宗教の歴史と地理を、「地域対応の仮説」と「段階対応の仮説」の2つの組み合わせで説明しようとする壮大な仮説です。これを図解したものです。

「地域対応の仮説」は、巨大文明の発祥地であるインドから東に向かう仏教を１つの主軸とし、中東から西に向かうキリスト教をもう１つの主軸としています。この２つの流れは対応しているとの説明です。

「段階対応の仮説」は、１つの地域において宗教の交代があり、それが他の地域における各段階に対応しているという「層序学的」な説明となっています。

巨大文明の発祥地から地理的に東西に広がっていく、１つの地域で宗教の層が歴史的に重なりながら現在まで広がっていく様子が、この１枚の図解で示されています。

問題提起に役立つ「縮まり感覚」の図

「広がり感覚」とは逆に、大きな視野から次第に焦点を絞っていくという理解の仕方があります。この場合は、目は周りから包囲網を狭めていくように、図解の中心に向けて降りてきます。

遠心的な広がりの理解に対し、求心的な理解の仕方といえ、これを「縮まり感覚」と呼びましょう。

121ページ上の図解は、近藤啓太郎という作家が、「囲碁」について説明した文章を

層序学とは

地質学で、地層のできた順序（新旧関係）を研究する分野のこと。層序というのは、地層の順序をいい、長い年月を経て変化したり、わかりにくくなった地層から、元の地層の順番を復元し明らかにする学問です。層位学ともいいます。

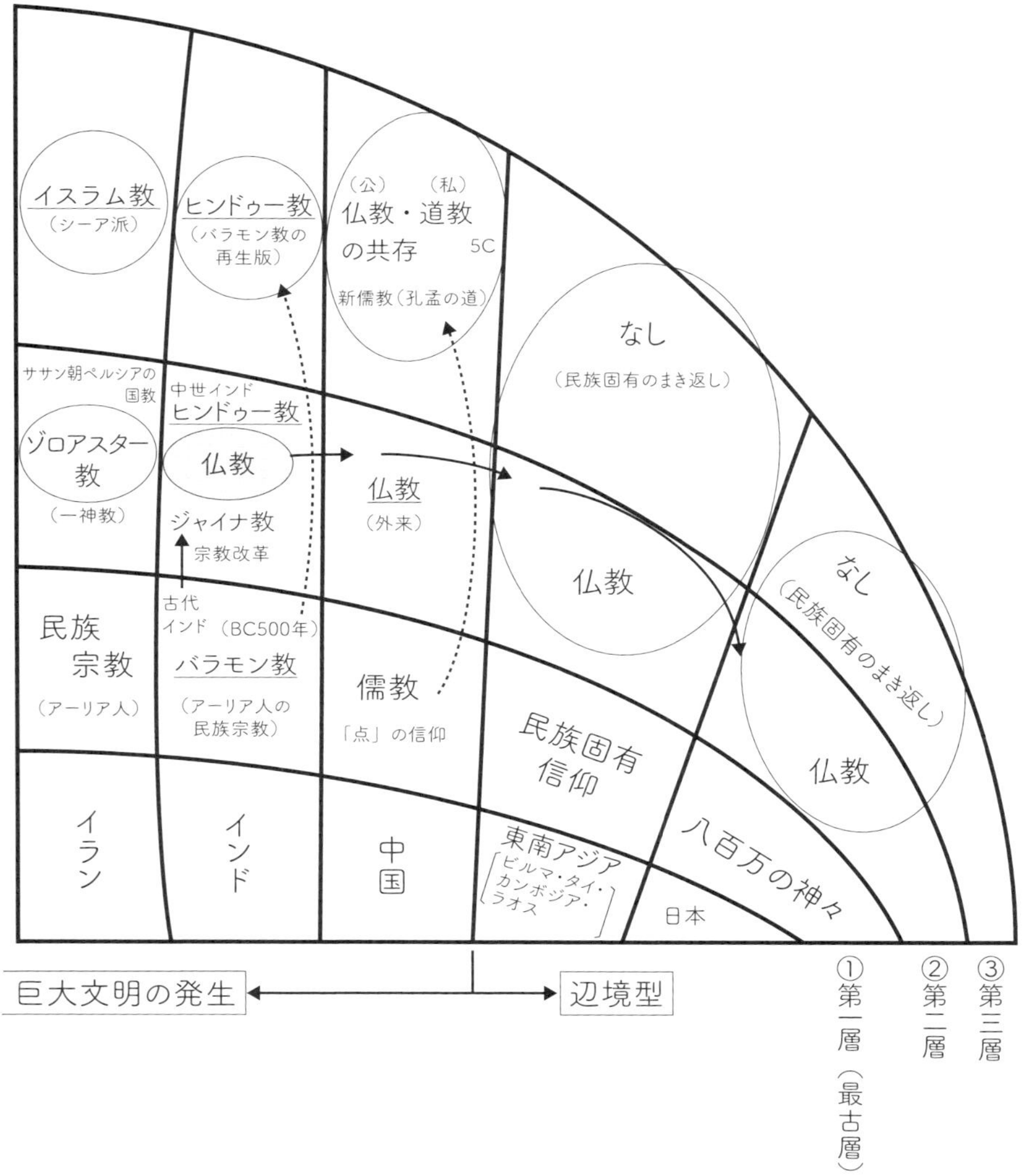

✕　深く耕されていない

朝鮮・ベトナム・インドネシア？

■「広がり感覚」の図解例：諸文明における宗教の層序学

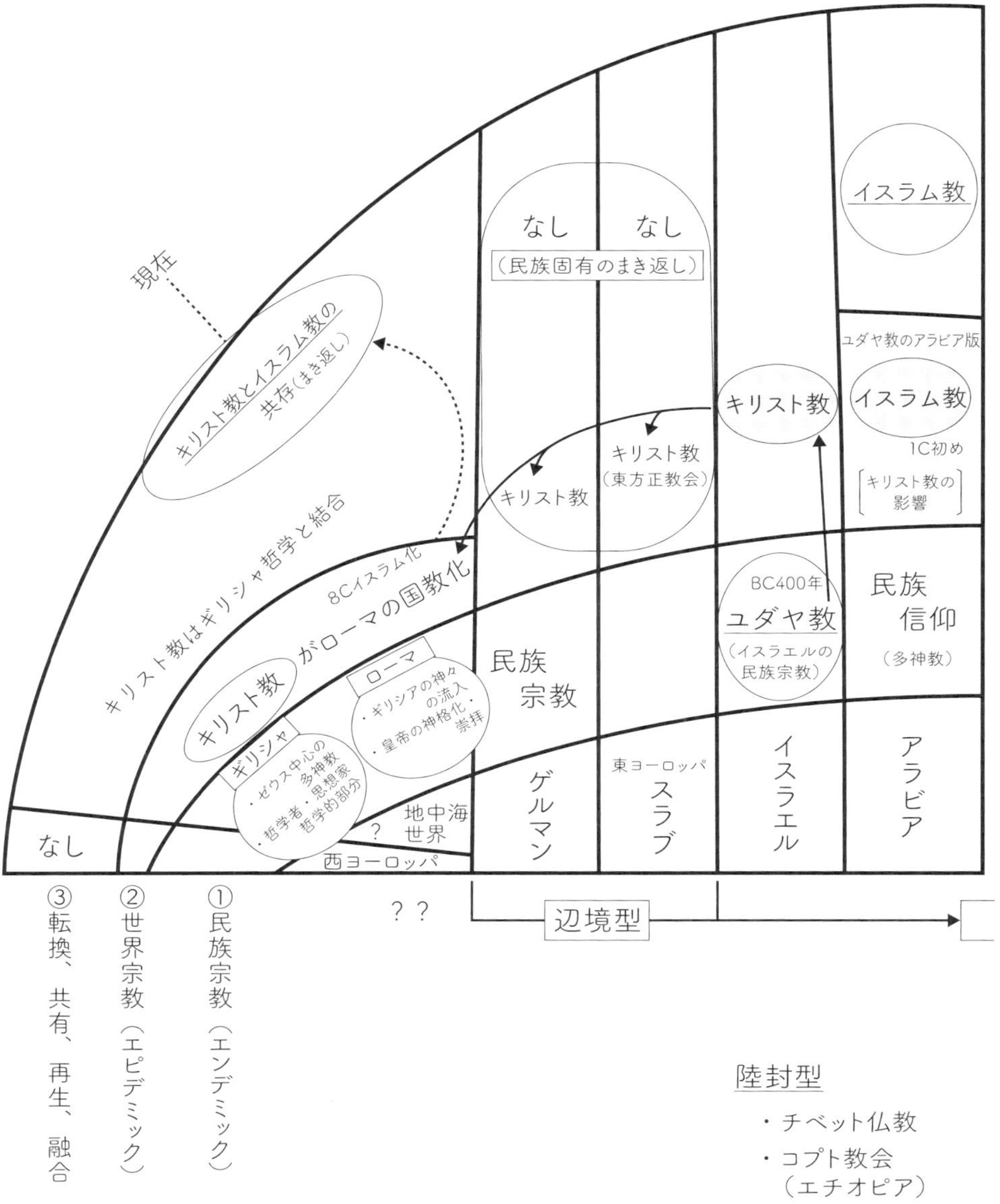

図解塾の塾生が図解したものです。囲碁をめぐる歴史、言葉、人口、プロ組織などを背景に配置し、中心で囲碁のルールの説明を行う図であり、全体がよくわかるものになっています。

未来への流れが見えてくる「歴史感覚」の図

誰にでもすぐできる**オーソドックスな図解の技術の1つは、時系列でことがらを並べてみること**です。時間の経過に沿って並べてみると、毎日発生する事件や人々の動向の奥底にある真実や時代の大きな流れが見えてきます。

何かわからないことがあったら、まず時系列で整理することから始めてみてください。時系列で理解していくと、思いがけない大きな副産物が手に入ります。

現在の状況に関する理解が深まり、その状況に対して適切な対応策をとることが可能となるだけではありません。過去から続いてきた流れの延長線上に、未来の姿が現れてくることが期待できるのです。

過去を分析することは、現在の、そして未来のとるべき行動を考えることになります。そうした意味では、真の歴史家は未来のための仕事をしているといえましょう。

歴史感覚のある図解を描くことによって、３次元の地図感覚は時間軸を加えて、過去と未来を覗くことができるようになるのです。

■「縮まり感覚」の図解

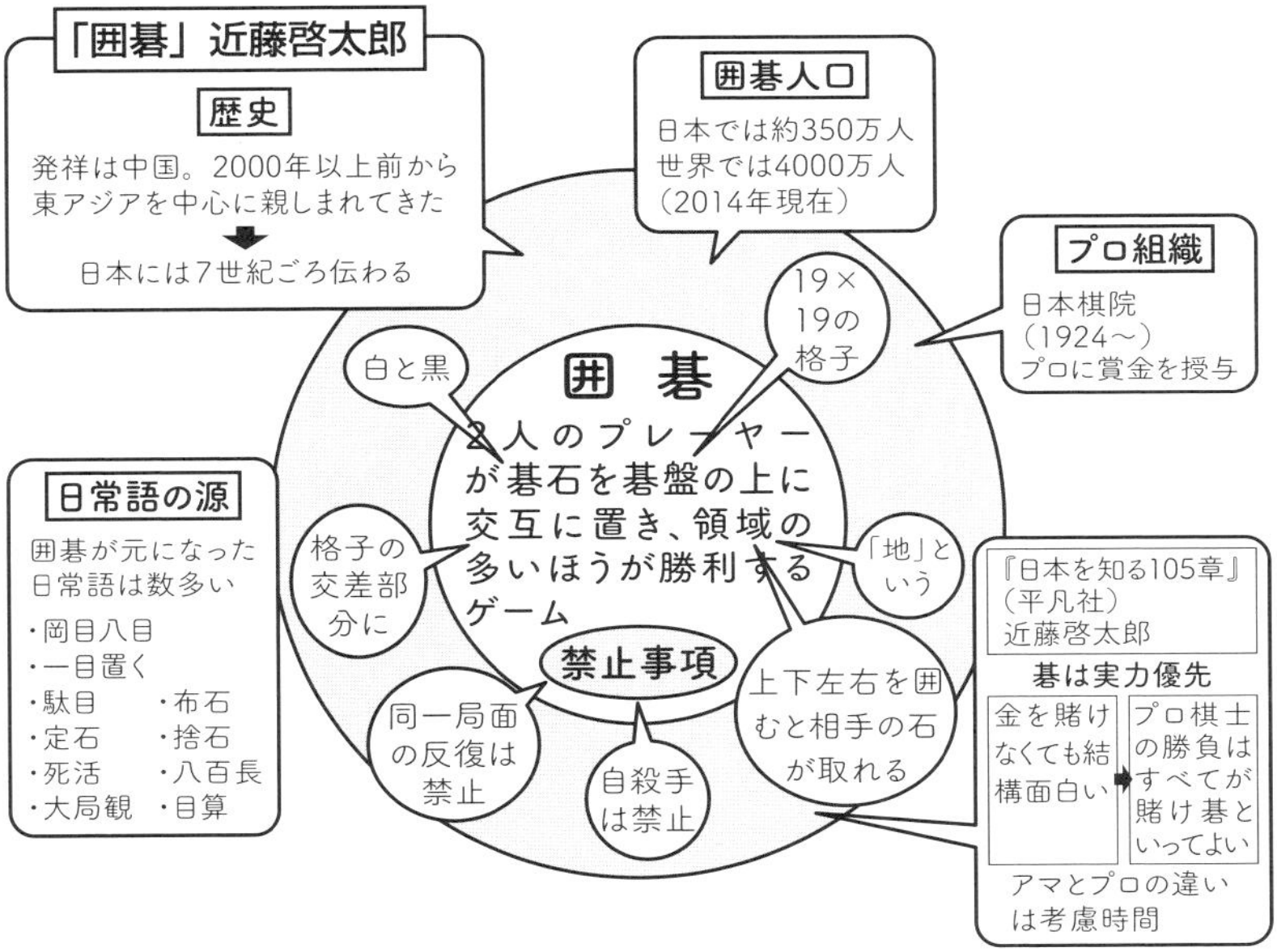
「囲碁」近藤啓太郎
歴史
発祥は中国。2000年以上前から
東アジアを中心に親しまれてきた
日本には7世紀ごろ伝わる
囲碁人口
日本では約350万人
世界では4000万人
（2014年現在）
プロ組織
日本棋院
（1924〜）
プロに賞金を授与
囲碁
2人のプレーヤーが碁石を碁盤の上に交互に置き、領域の多いほうが勝利するゲーム
白と黒
19×19の格子
格子の交差部分に
「地」という
禁止事項
同一局面の反復は禁止
自殺手は禁止
上下左右を囲むと相手の石が取れる
日常語の源
囲碁が元になった日常語は数多い
・岡目八目
・一目置く
・駄目
・布石
・定石
・捨石
・死活
・八百長
・大局観
・目算
『日本を知る105章』
（平凡社）
近藤啓太郎
碁は実力優先
金を賭けなくても結構面白い
プロ棋士の勝負はすべてが賭け碁といってよい
アマとプロの違いは考慮時間

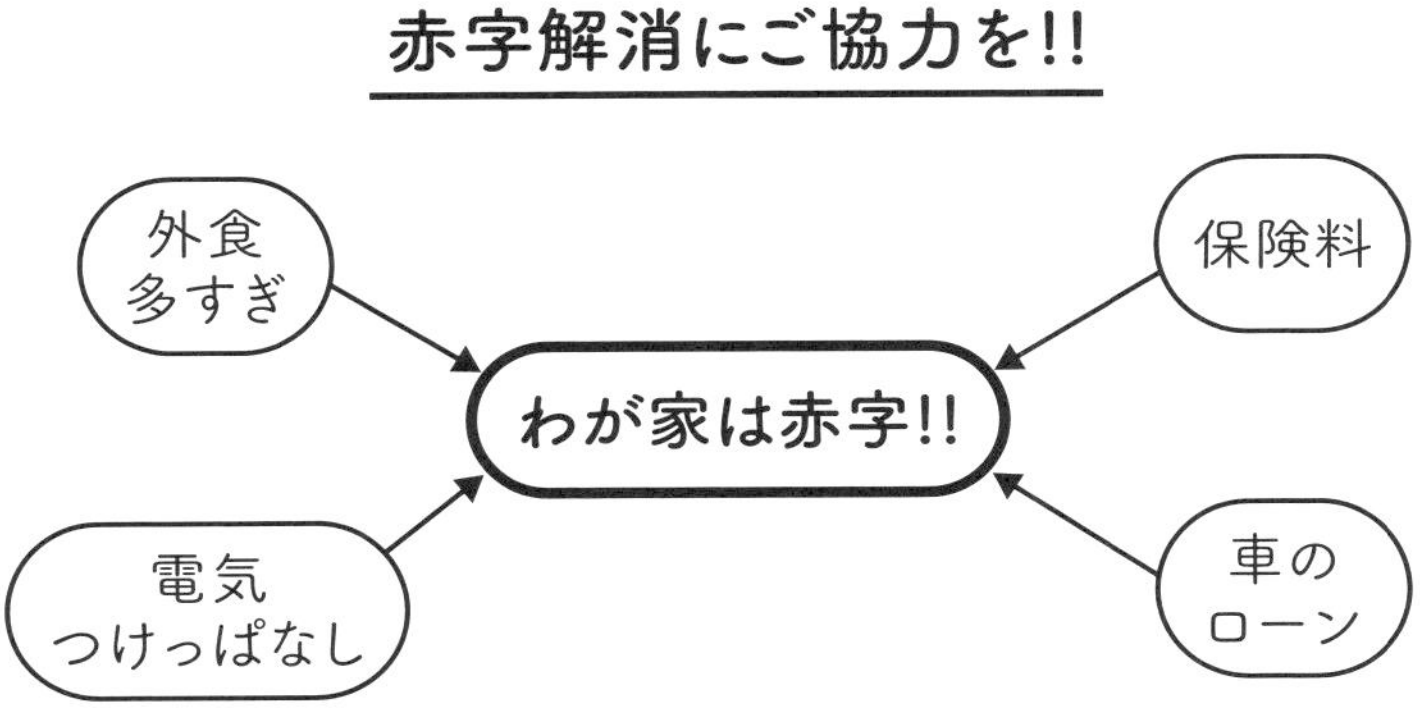
赤字解消にご協力を!!
わが家は赤字!!
外食多すぎ
保険料
電気つけっぱなし
車のローン

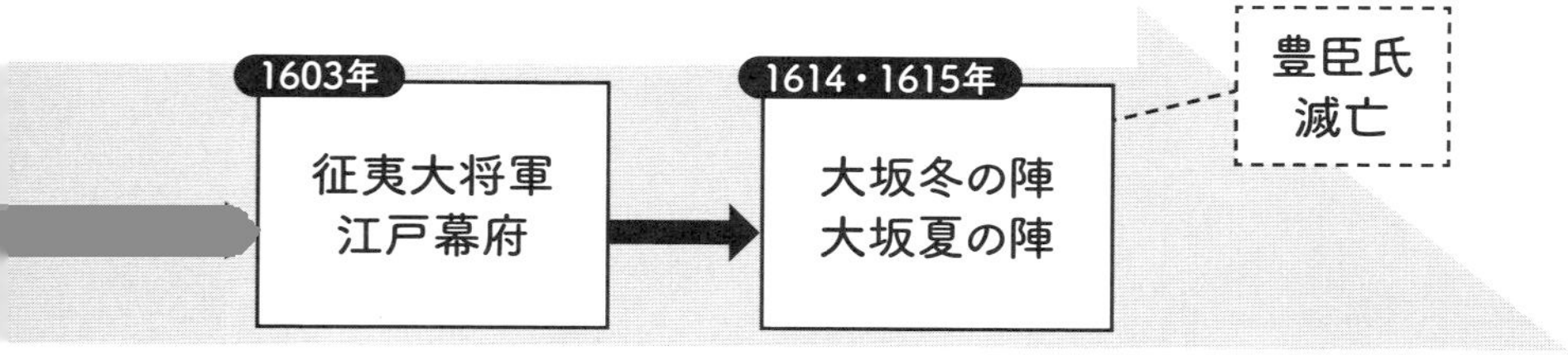

1603年
征夷大将軍
江戸幕府
1614・1615年
大坂冬の陣
大坂夏の陣
豊臣氏
滅亡

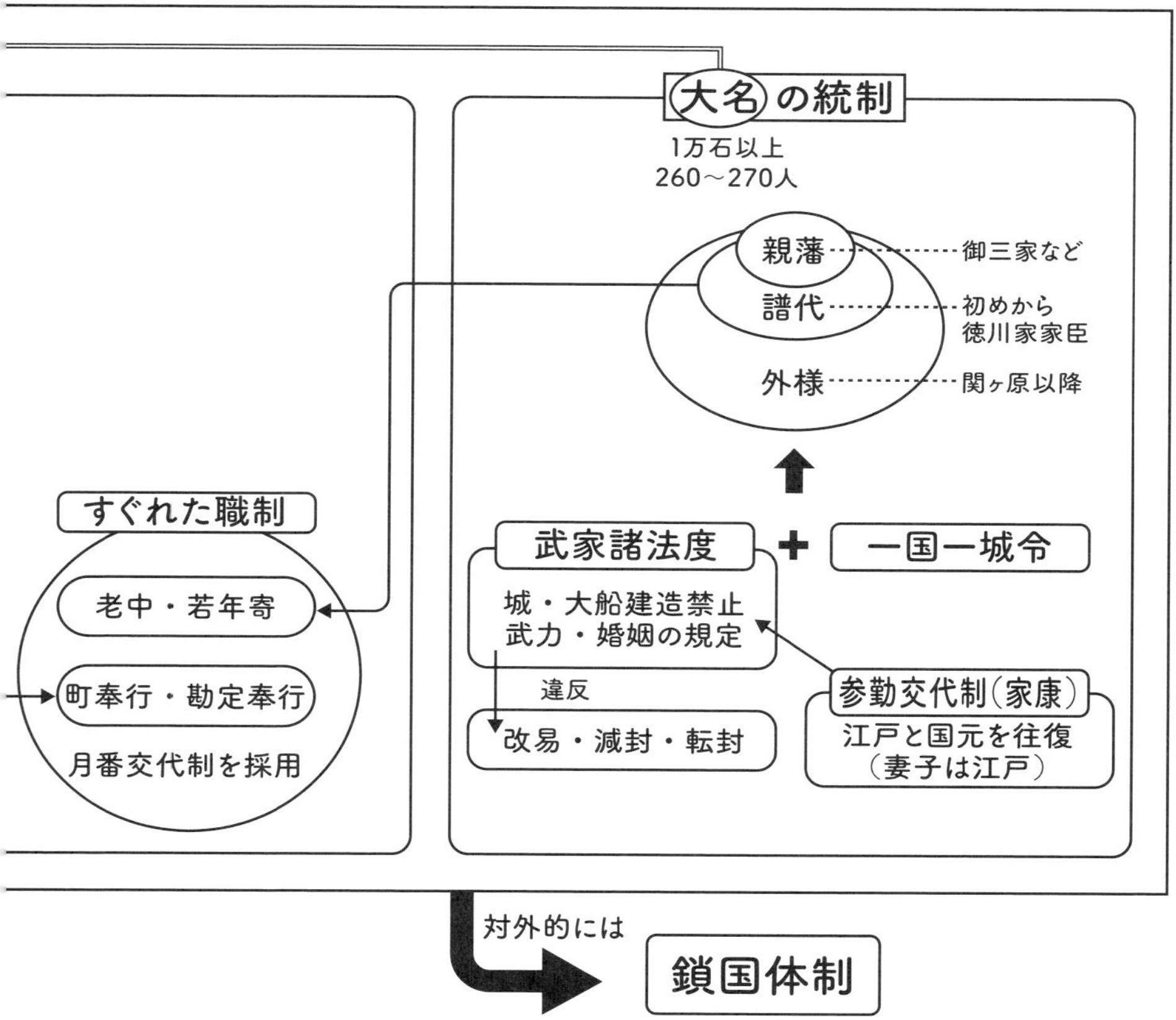

大名の統制
1万石以上
260〜270人
親藩
御三家など
譜代
初めから
徳川家家臣
外様
関ヶ原以降
武家諸法度
城・大船建造禁止
武力・婚姻の規定
違反
改易・減封・転封
一国一城令
参勤交代制(家康)
江戸と国元を往復
(妻子は江戸)
すぐれた職制
老中・若年寄
町奉行・勘定奉行
月番交代制を採用
対外的には
鎖国体制

■「歴史感覚」の図解例：江戸幕府の成立

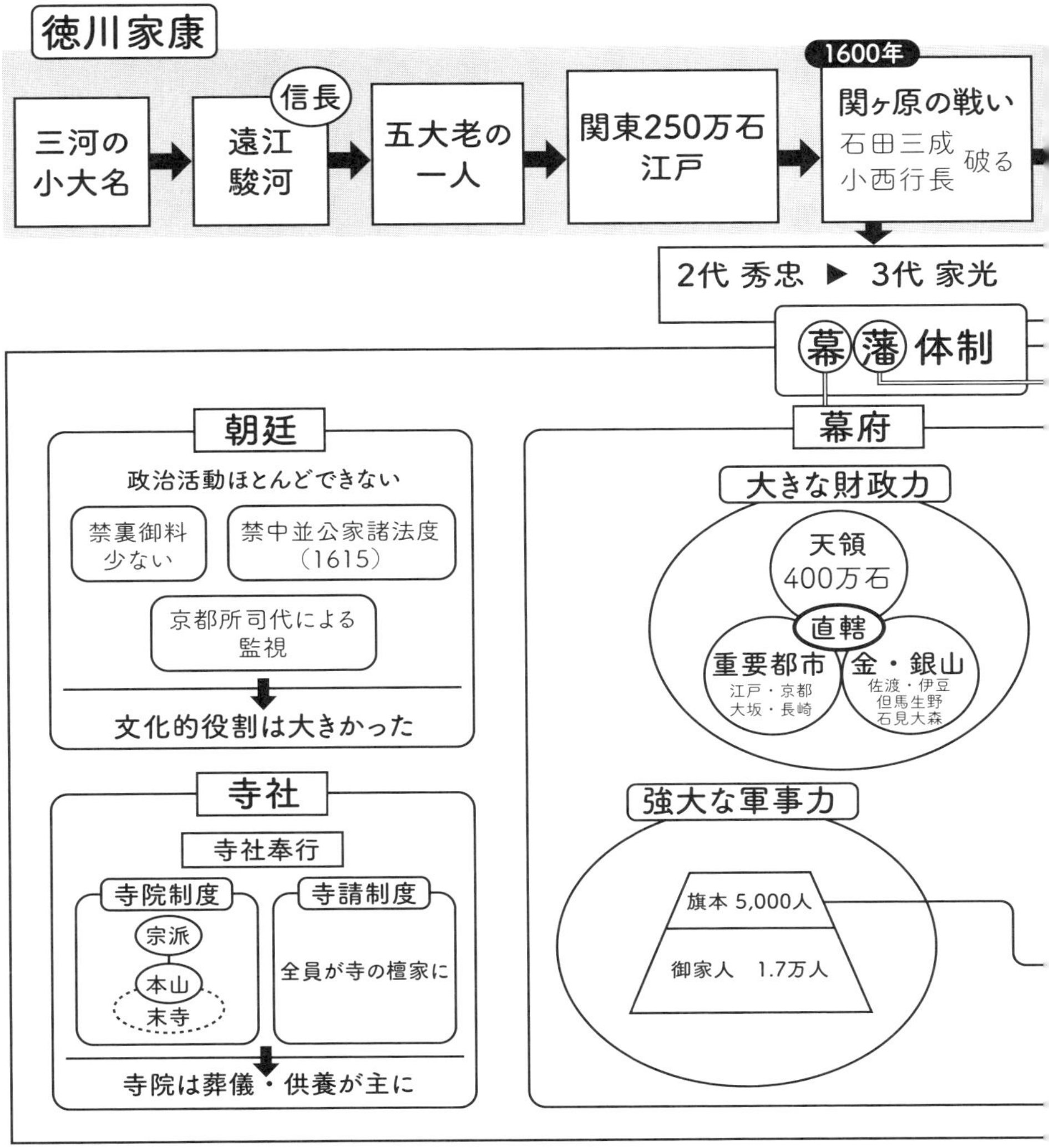

12 みんなに伝わる図解とは？

読み手の視線の流れを考えよう

項目を配置する際には、読み手の視線を意識することが重要です。前項で紹介した「中央から周囲へ」という配置も、「周囲から中央へ」という配置も、読み手の視線を意識しています。

そのほか、**人がものを見るときには、「上から下へ」「左から右へ」と視線を動かしていく習性もあります。**

どのパターンを選ぶかは自由です。それでも、シンプルにプロセスを明示したいときには「左↓右」、仕事内容を明確にして指示体系を作りたいときには「上↓下」を使って配置する、といった方法が比較的ポピュラーだといえるでしょう。

ヨコ書きは左から右へが基本

図解に使う文字は数字やカタカナ、そして英語などの外来語を用いることが多いので、基本的にはヨコ書きにするのが基本となります。そのため、読み手は図解の個々の部分に書かれた文字については左から読むことになります。

したがって読み手への伝達効率を考えると、図解を描くときの心得としては、流れは左から右方向へというのが一般的な描き方になります。

127ページは大乗仏教の「唯識論」の人間観で、この人間観を私なりに図解してみたものです。あらゆる存在は唯（ただ）、八から九の識によって成り立っていると考える人間観です。

外界の情報の収集にあたる触覚、嗅覚、視覚、味覚、聴覚によって認識できる身識、鼻識、眼識、舌識、耳識が、「前五識」です。人間はそれらの前五識に接することによって、心の世界が開かれていきます。

情報の統合と直感で判断や分別ができる第六識は、苦・憂・楽・喜を感じる意識。その意識下に存在する４つの煩悩にまみれた自我意識である第七識は、末那《まな》識と呼ばれています。

そして、過去のあらゆる行動情報がおさめられている第八識（阿頼耶《あらや》識）があります。ここからあらゆることがらが生起されてくるのです。

さらに、その下には無垢清浄の世界である第九識（阿摩羅《あまら》識）が存在します。

第六識、第七識は煩悩の世界であり、第八識、第九識は清浄の世界です。

前五識を仏教では「色」と呼んでいます。「色即是空　空即是色」の「色」です。第六識以降が「心」で、第六識までを顕在意識、第七識以降は潜在意識の世界です。

この図では、タテとヨコに流れています。ヨコ書きでは、文字は左から右に書くので、流れを意識した図解は、左から右を意識しましょう。

ここで例示した図解とは異なり、まれに右から左に流れる図解も見かけることがあります。ただ、読み手の目は部分に書かれた文字を左から読み、図解全体は右から左方向に向けて読むことになり、混乱をまねくおそれがあります。

また、流れが上から下方向、あるいは下から上方向に向いている図解も相当数存在します。上下の流れでしか表現できないものもあるのです。

こんなときA４用紙に描くのであれば、タテ置きで使うと上下の流れは描きやすくなります。

安定感、安心感のあるレイアウトにする

図解におけるレイアウトは、部分としてのかたまりをどのように組み合わせて配置

唯識論の人間観

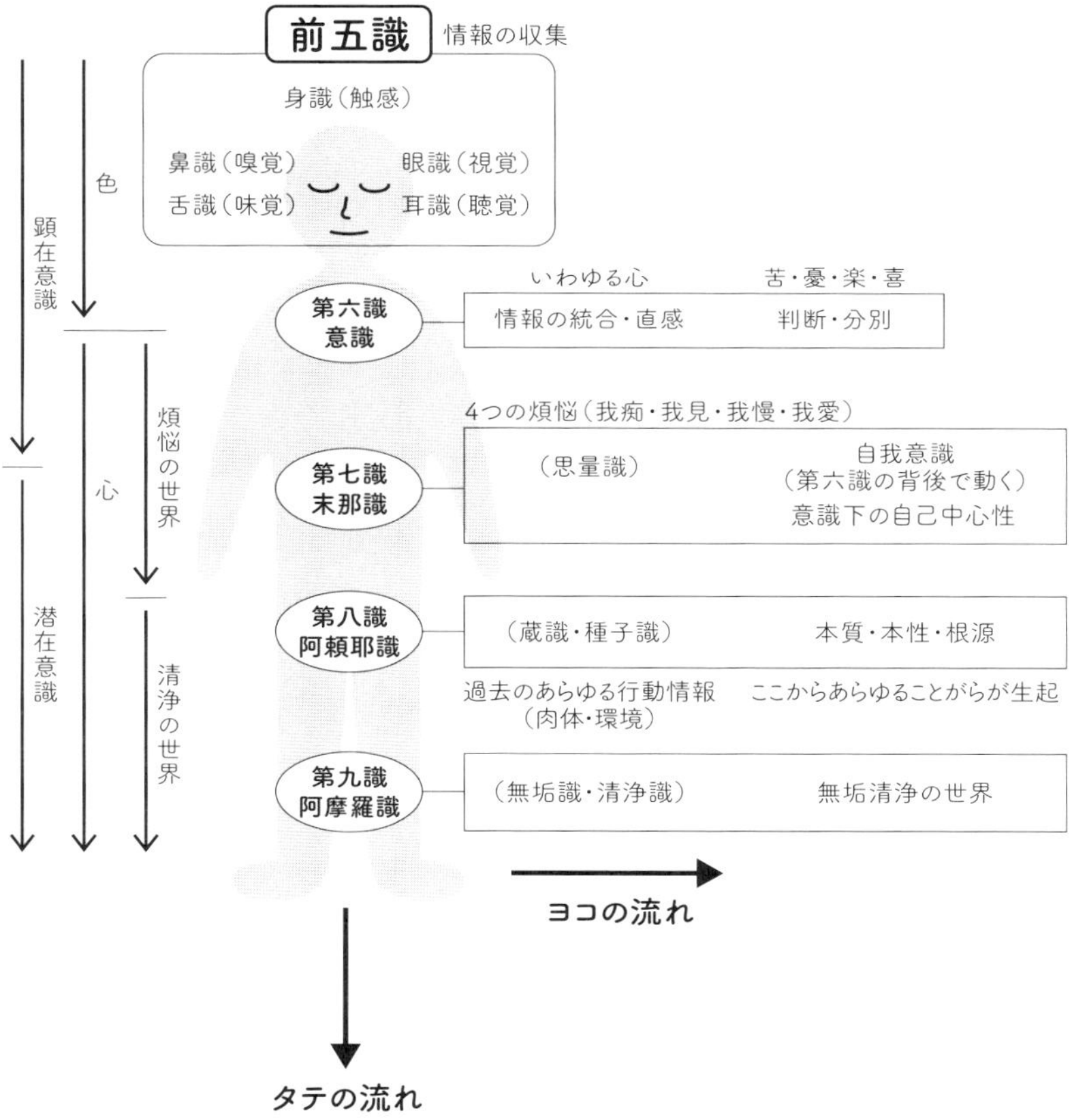

前五識
情報の収集
身識（触感）
鼻識（嗅覚）
眼識（視覚）
舌識（味覚）
耳識（聴覚）
顕在意識
色
第六識
意識
いわゆる心
情報の統合・直感
苦・憂・楽・喜
判断・分別
心
煩悩の世界
4つの煩悩（我痴・我見・我慢・我愛）
第七識
末那識
（思量識）
自我意識
（第六識の背後で動く）
意識下の自己中心性
潜在意識
清浄の世界
第八識
阿頼耶識
（蔵識・種子識）
本質・本性・根源
過去のあらゆる行動情報
（肉体・環境）
ここからあらゆることがらが生起
第九識
阿摩羅識
（無垢識・清浄識）
無垢清浄の世界
ヨコの流れ
タテの流れ

するかが大事です。与えられた空間のなかに、大小の部分をバランスよく配置して全体としての美しさを追求するのです。

図解の部分としての個々のかたまりの良し悪しのレベルを超えて、全体的な配置が安定感を醸し出しており、見る人に違和感がなく、むしろ安心感を抱かせる図解はバランスがいいといえます。

具体的に安定感のある図解のレイアウトをいくつか挙げてみましょう。**左右や上下の対称性の高いレイアウトは、見る人に安心感を与えます**。

三角形を用いる場合は正三角形であったり、二等辺三角形であったりすると安定感が得られます。3つのマルを使った図解であれば、それぞれが同じ大きさのときに安定感が得られます。

また、**図解にも「重さ」という感覚が存在します**。全体的に見てかたまりが上方に寄っている場合は不安定な感じがしますし、下方に集まっている場合は安定感があります。やや下方に厚めにかたまりを配置することで安定感が増してきます。

どういう形であれ、ある種の秩序を感じることができると安定感や安心感が得られます。

■安定感のある図解の例

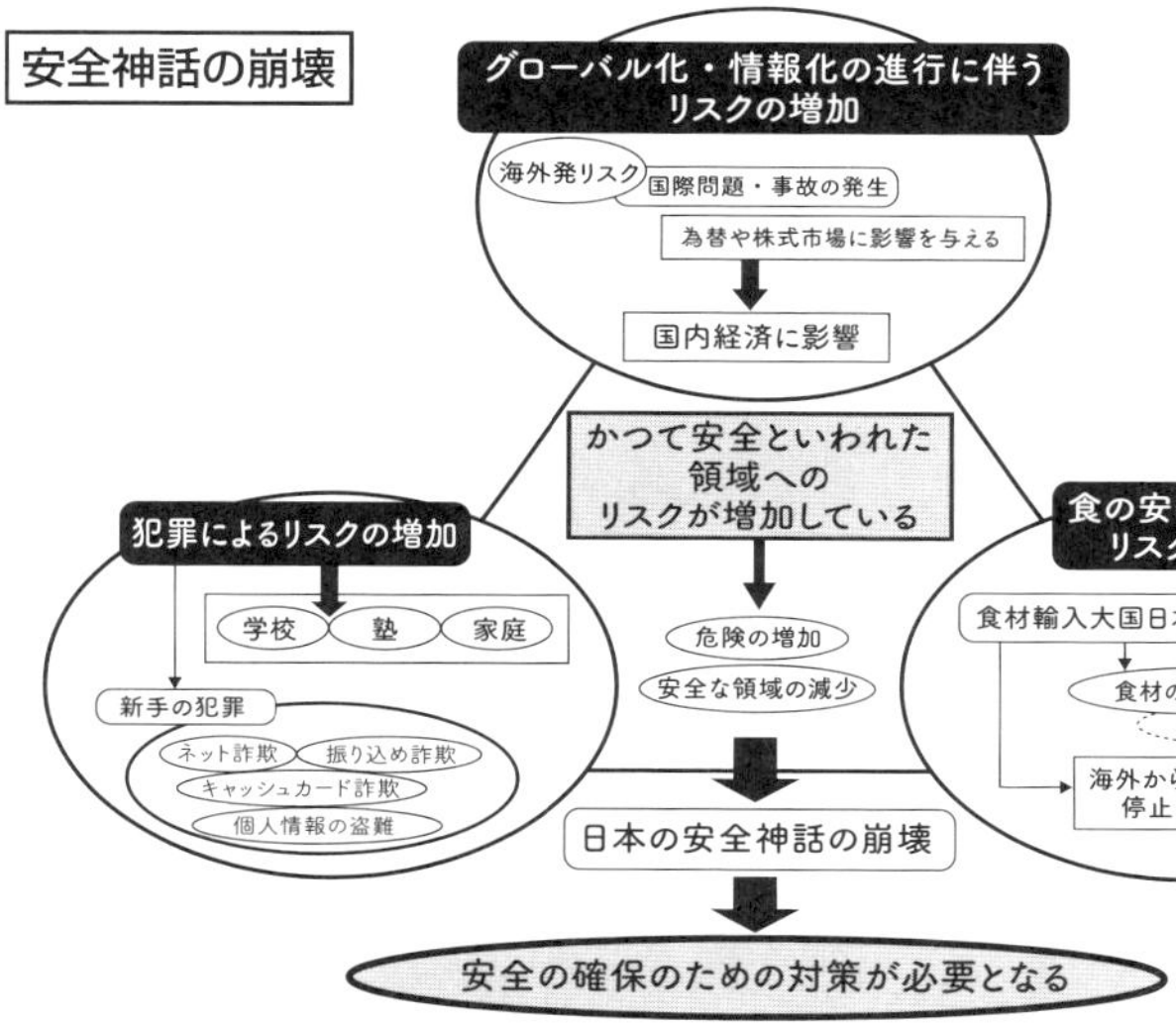

■安定感のある図解の形（一例）

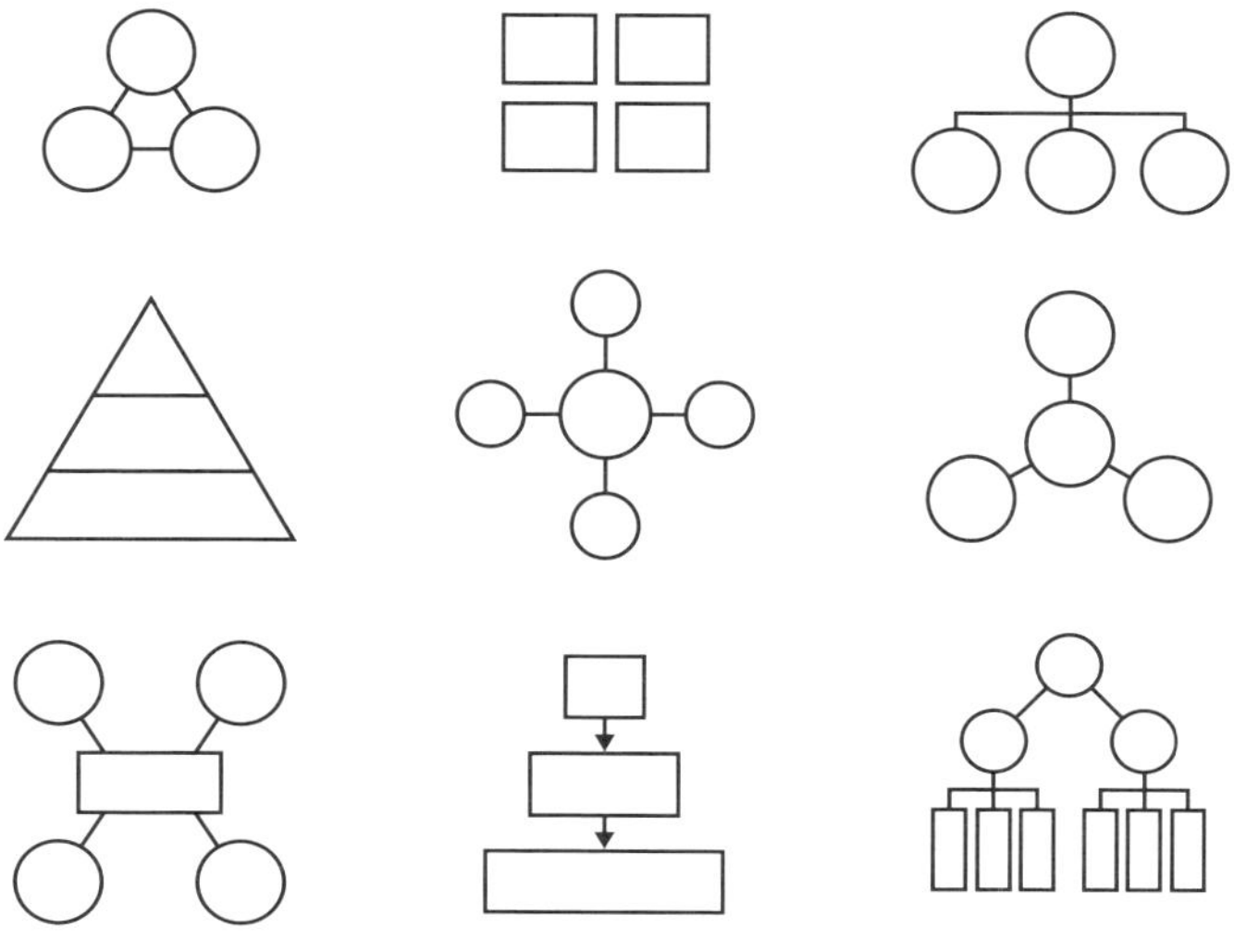

いくつか紹介しますと、時系列で情報を整理した図解、中心に向けて矢印が集中している図解、中心から矢印が何本も伸びている図解、ナナメ方向に向かう流れがよく見える図解、いくつかあるかたまりにつけたアミや斜線の濃さのバランスがいい図解などです。

イメージを表すには絵を、説得力をアップするには数字を使う

「キーワードをマルで囲むだけでは、インパクトが足りない！」

そんなときには、少しだけ「絵」や「イラスト」を取り入れるのもよいでしょう。

次ページ下部の図解は、あるカルチャースクールが「ペットのしつけ方教室」の開講によって収益がアップした、という報告を図解したものです。ペットが話題になっているので、猫や犬のイラストを使っています。

こうしたひと工夫で、図解がさらに親しみやすくなるのです。

ただし、描き込みすぎには注意しましょう。**絵やイラストはあくまでも、内容をよりわかりやすくするためのアクセント**にすぎません。

ちなみに、この図解では「数字」も効果的に使っています。

何人の顧客にアピールし、結果として何人が集まり、どれだけ収益が上がったかが印象的に示されています。

こうしたデータ上の数字を明記することによって、さらに説得力のある図解が作れるのです。

図解は、関係や構造を表しますから、**図解のなかに数字を当てはめることによって、数字はより現実的なものになり、図解はイキイキと躍動を始めます。**

図解のトレーニングの第一歩は、まず数字を使ってモノゴトの関係を、より具体的に表す訓練を重ねることから始めればよいでしょう。

■絵や数字を入れた図

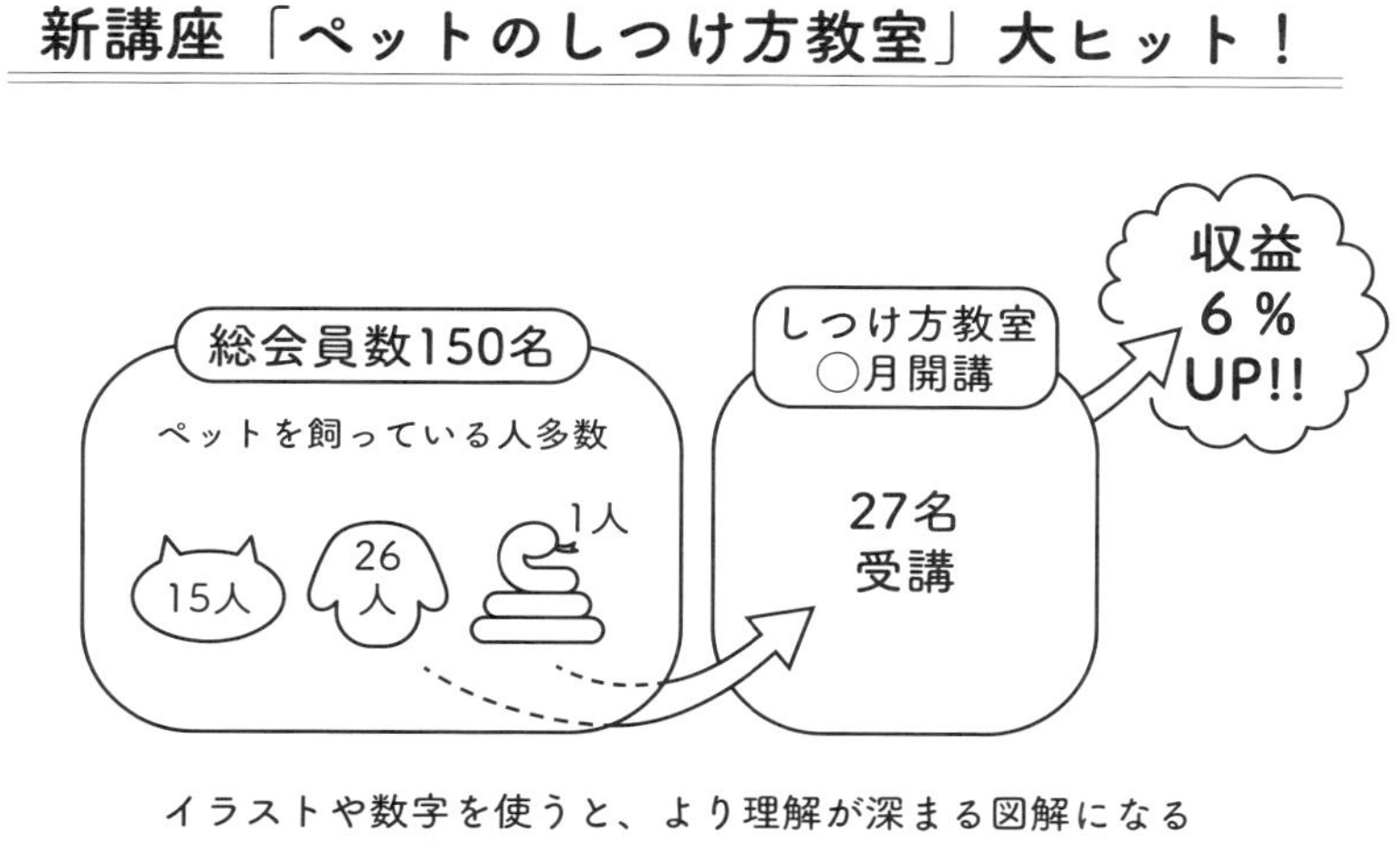

イラストや数字を使うと、より理解が深まる図解になる

13

タイトル、コメントは図解に不可欠

タイトル、図解、コメントはパッケージで考える

図解には、いくつかの部品があります。大きく分けて、「タイトル」「図解そのもの」、それから「コメント」です。

タイトルがない図解というのは、マイナスのポイントが大きいのです。なぜなら、私たちは自分で図解を描いて全体を理解したように思いますが、人に伝える場面や自分の再理解という観点からもう一度見直したとき、タイトルをつけてみて初めて本当の理解に達することがあるからです。

最終的にその図解にふさわしい本質的な部分を示したタイトルをつけることで、相手への伝達のパワーは高くなりますし、自分の理解も深まります。したがって、タイトルは必ずつけるようにします。

もう1つはコメントです。

図解は、読み手の想像力をかき立て、考え方を広げてくれる力があります。しかし、

コメントにはその拡散をある部分で止めて、一番大事なポイントをビシっと将棋のコマのように打ち込んでいく役割があります。

素晴らしいタイトルとすぐれた図解、そして的確なコメント、この三者でいい図解が構成されます。三者がうまくかみあうことによって、相手の納得感が高まります。

この三者をパッケージで考えるクセをつけましょう。

タイトルをつけることで図解がイキイキする

まずタイトルについて解説していきましょう。

図解の作り手は手間と時間をかけて完成させるので、図解が示している内容を十分に理解しています。ところが、その図を見る側は初めて見るのですから、タイトルがついていないと、その図の意味することがすぐにはわかりません。つまり、読み手によけいな負担をかけることになります。

また、タイトルをつけることは、読み手だけでなく、作り手側にも大きな意味を持ちます。

タイトルをつける段階になると、改めて「この図で自分は何をいおうとしていたのか」と、本質的なところを自問することになります。営業部の営業推進策についてなのか、営業部と開発部の連携強化だったのか、はたまた営業部の編成替えなのか……

結論が不明瞭になるイラストは使わない

読み手に合わせて、数字やグラフと同様にイラストやクリップアートを使うのも効果的です。イラストがあったほうが柔らかい表現になるので、一般消費者向けの図解等を作るときには、取り入れるといい場合もあります。ただし、最初からイラストを使ってはいけません。なぜなら、イラストのイメージに引きずられて考えが深まらず、全体の論理がぼやけてしまうからです。また、イラストは、イメージを伝えやすくする反面、読み手に先入観を与えてしまい、本来伝えたかったメッセージが伝わらない危険性があるので、仕上げの段階で最小限に使うことを原則としましょう。

といったことを、出発点に戻って考えることになります。

長い時間（あるいは期間）思案していると、気づかないうちに最初の目的から離れてしまうことがよくあります。

さらに、タイトルをあれこれ考えているうちに、新たな発見をすることもあります。たとえば「売上げ不振解消の妙案　営業部と開発部の連携強化の方策」とタイトルづけすることによって、図解自体もそのタイトルの意味合いをはっきりさせる必要性があります。それが、さらに図をよくすることにつながります。

では、タイトルはどの段階でつけるのがよいのでしょう。

最終的には、図を描き終えた段階です。タイトルを決めることによって、図に息吹が与えられるというか、図がイキイキし、かつ締まることになります。

ただし、最初に仮のタイトルをつけてから図を描き始めることをお勧めします。仮タイトルも何もつけずに図を描き始めると、目的が何だったのか見失ったり、目的から離れていくことがあるからです。

インパクトのあるタイトルを

図にはどんなタイトルをつけるのがいいのでしょうか。最初のうちは「○○について」「△△の概要」といったおとなしいタイトルをつけがちです。

しかし、これでは面白みに欠け、見る人を瞬時に惹きつけることは難しいでしょう。タイトルは図解の入口です。ショッピングセンターもスーパーも、入口が寂れていてはお客さんの足は向かいません。図解にも、これと同じことがいえます。

つまりタイトルは図の顔です。キレのよいインパクトのあるタイトルで図解のパワーを高め、見る人を惹きつけたいものです。

では、具体的にはどんなタイトルが考えられるでしょうか。以下にいくつかの例を紹介します。上にあるのが比較的おとなしいタイトル、下はインパクトが出るように書き換えたものです。

○日本経済の近未来　↓　２０４０年の日本経済を大胆予測！
○グローバル経済を検証する　↓　グローバル経済の核心に迫る
○営業戦略の見直しについて　↓　売上げを２倍に伸ばす営業戦略
○人材活用と能力主義　↓　能力主義でわが社は生まれ変わる！
○ビタミンは体にどのように効くのか　↓　最新！　ビタミンの効力＆底力

どうでしょうか。受ける印象はかなり違うでしょう。下のほうがよりいっそう興味

最も伝えたい部分を目立たせる工夫をする

図解を装飾することに気を取られてしまうと、焦点がボケてしまいます。多くのキーワードのなかから相手に伝えたいことを吟味し、それが最も目立つように強調することが重要です。図解の初心者が陥りやすいミスは、この前提を忘れてしまうことです。つまり、図解の完成度を上げようとするあまり、パーツパーツの装飾に気を取られてしまって、相手に伝えたい内容が抜け落ちていたり、結論がまったく目立たない図解になったりするのです。

をそそられるのではないでしょうか。

次ページの図は、ミネラルウォーターの消費量を表した棒グラフです。左側の図のタイトルは、「ミネラルウォーター消費量の推移」とついており、右の図には「人気急騰のミネラルウォーター！」というタイトルがついています。

どちらのほうが、インパクトがあるでしょうか。印象に残るでしょうか。同じグラフでもタイトル次第で随分とイメージが変わりますね。

タイトルは、図解が示す本質を考えてつけるものだと述べましたが、そうではないタイトルのつけ方もあります。

それは、人目を引くようなインパクトのあるタイトルです。あまり凝りすぎたり言い過ぎてしまうのは、かえってよくありませんが、読み手に驚きを与えたり、「これ何だろう」「どう展開するのだろう」といった興味を抱かせるようなタイトルづけもときには大事です。本質を抜き出したタイトルだけではなく、印象に残るタイトルをつけるトレーニングもしておきましょう。

図解のタイトルのつけ方で最も凡庸なのは、「〇〇について」「〇〇の概要」とするものです。官庁の発表する資料に多いパターンです。内容を正確に表しているかもし

インパクトのあるタイトルをつけよう

ミネラルウォーター消費量の推移	→	人気沸騰のミネラルウォーター！

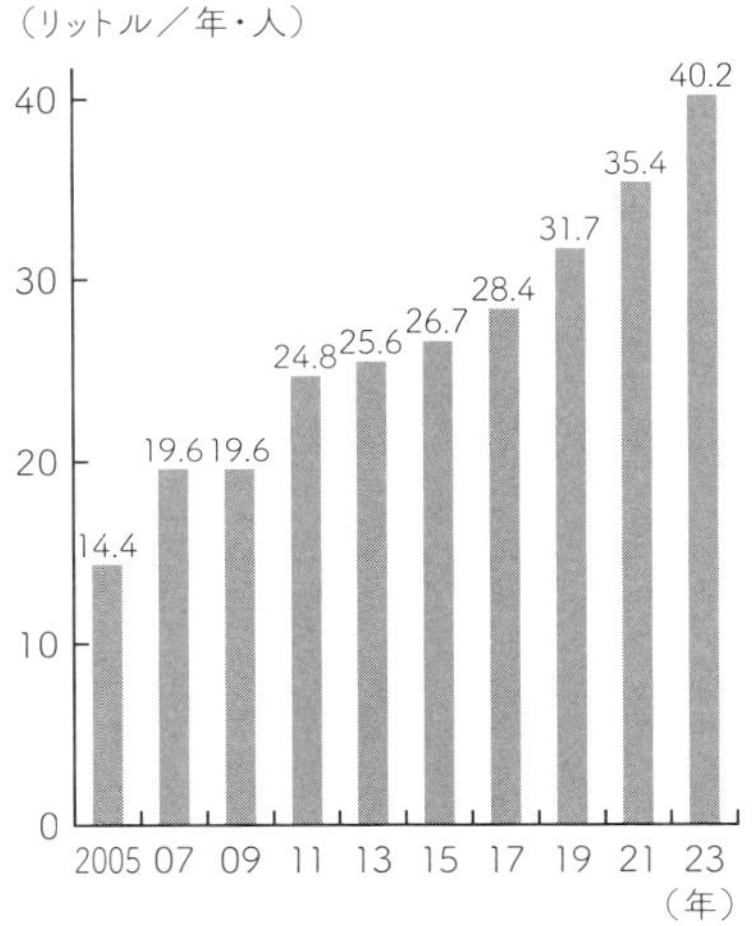

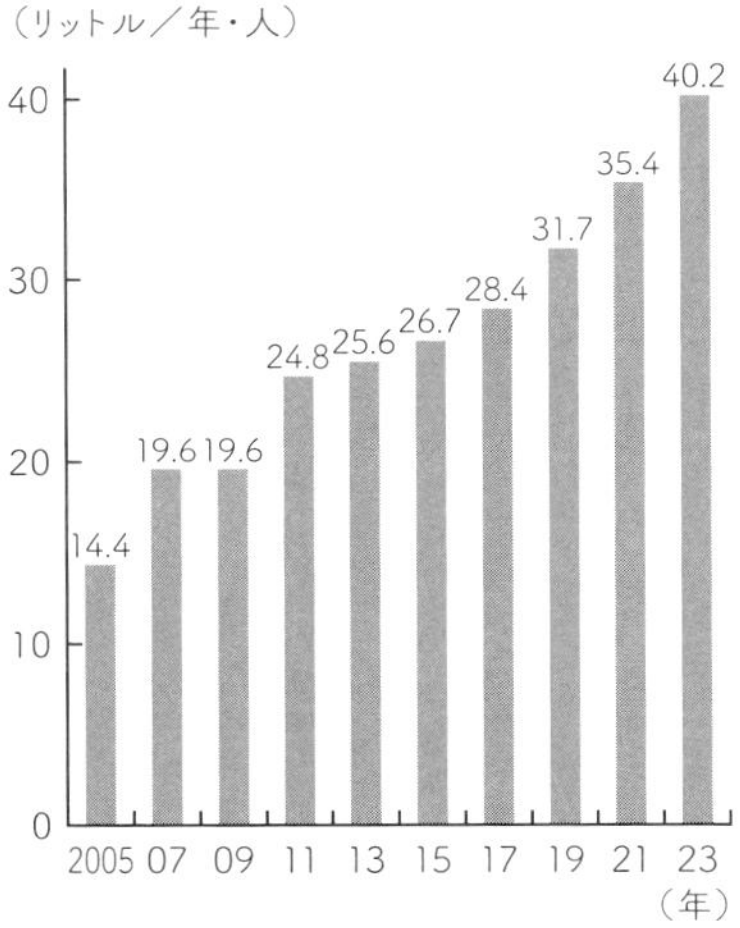

※「日本ミネラルウォーター協会」資料より

れませんが、これではほとんどインパクトがありません。キーワードにしてもタイトルにしても、興味を持ってもらうことはとても大切です。

私は、キーワード探しやタイトルのつけ方の勉強をするために、書店に行くことがよくあります。そこでいろいろな本のタイトルを眺めていると、キーワードやタイトルづけのヒントが見つかります。目を引くタイトル、そうでもないタイトルと、本の狙いにもよりますが、差があって面白いものです。

ただしタイトルは、図を示す相手や場のことも考慮してつけるようにしましょう。相手が取引先か職場の同僚か、年齢は若いか高齢か、などによって変化させる柔軟さも必要です。

コメントは30字程度まで

コメントとは、結論です。

とてもうまく図解されているのに、結論が述べられていない図をときどき見かけます。試行錯誤して図解をまとめた人からすれば、「図を見ればわかるじゃないか」という気持ちになりがちですが、見る側は図を見ただけでは結論までは読み取ることができないのが普通です。

「プレゼンテーションのときに説明すればわかる」という人もいるかもしれませんが、

サブタイトルをつけるやり方もある

たとえば、前ページであげた「人気沸騰のミネラルウォーター！」というタイトル。これに「約20年で2.8倍の消費量に」というサブタイトルをつけると、これから見てもらう（説明する）図の意図することが入口の段階でいっそう鮮明になります。

それはお勧めできるやり方ではありません。**図を見ただけでいいたいこと、伝えたいことがわかるのが、よい図解**といえます。

プレゼンの場で補ったほうがよいのは、図に入りきらなかった細かい部分であって、最終的な結論までプレゼンテーションで補うようでは、欠陥のある図だといわざるを得ません。

あえて結論をはずしておいて、後から述べるというのも作戦かもしれませんが、少なくとも、結論のコメントは図解のなかに示しておくべきでしょう。

コメントの字数は30字くらいまでが適当だと考えています。私たちの国には「和歌の文化」があります。和歌のなかでも短歌は「５・７・５・７・７」の31音で、ものごとの全体像や人間の心情を表しています。これは言葉に対するセンスを磨くのにとてもすぐれています。

こうした素晴らしい文化の影響を受けていますから、30字前後の言葉というのは、私たちの感性にとても合った表現形態ではないかと思うのです。おそらく30字前後のコメントがいちばん落ち着きがよいと思います。

もちろん、それ以下の文字数にできれば、それに越したことはありません。最大で30字前後と考えたほうがいいと思います。

コメントはわかりやすく

　コメントは、どういうスタイルで書いたらよいでしょうか。主語と述語のない体言止めで終わりにすると、メッセージとしては曖昧になってしまうおそれがあります。キレが悪くなって相手に訴えかける力が弱くなってしまうのです。タイトルは名詞で止める場合もありますが、コメントは主語と述語をはっきり意識して、わかりやすく書くようにしましょう。

図解は「借図」から「創図」へ

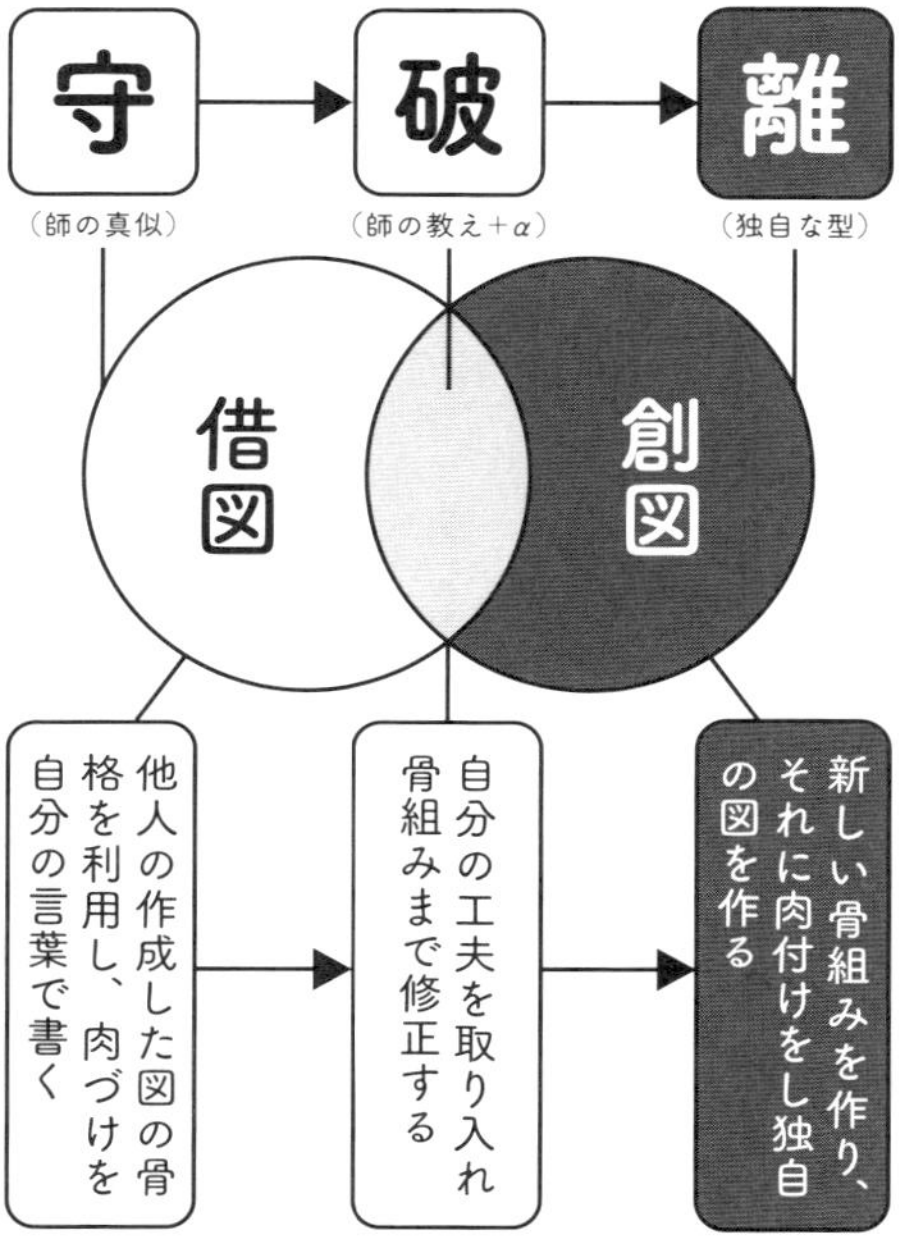

※「肉づけ」とは、複雑化する作業のこと。

図解のポイントの１つは「借図」です。つまり、他人が作った図を借用するのです。まずは、図に記された事項を、自分に関する事項に入れ換えてみる。たとえば、「家族問題」であれば、具体的に自分の家族の名前を記入していく。そこでさらに、家族それぞれの特徴だとか、友人あるいは親戚のことなどを書いていくと、最後は他人が作った図が、骨格だけ残して、中身は完全に自分に関する図解になる。ここまでが、借図のステップで、次が「創図」です。

武道などで「守・破・離（しゅはり）」という表現が使われます。習得達成の段階を表す言葉で、「守」は師の動作や作法を真似し、なぞり、教えを守る段階。「破」は、師の教えを守るだけでなく、ときに自分なりに創意工夫して独自な発展を試みる段階です。そして、「離」に至り、師の教えから離れ、独自の型を編み出していく。図解に当てはめると、「借図」が「守」に対応し、「創図」は「破」から「離」の段階に当たります。

第3章

図解で「よむ・かんがえる・かく」技術

第1部　図解で「よむ」技術
第2部　図解で「かんがえる」技術
第3部　図解で「かく」技術

第1部　図解で「よむ」技術

1

図を使って読む

読んだ内容がなぜ頭に残らないのか

何のために本を読むのか。それはいかに生きるか、いかに働くか、を考えるためでしょう。教養を身につけたいと思って、先生や先輩にどうしたらいいかと聞くと、答えは決まって「本を読め」でした。

考えてみると、いままで膨大な本を読んできました。しかし読んだ本の内容はすぐに忘れてしまう。本棚を見ると同じ本が存在していることもあります。内容はもちろんですが、その本を読んだことさえ忘れて買い求めている。

どうして読んだ本の内容が頭に残っていないのか。その答えは自分の頭がわるいせいだ、と永年思い込んでいました。しかし、本当にそうなのか。自分だけではなく、そもそも人間の頭は読んだ本の内容を記憶するほどよくないのではないか。

だから**読み方を工夫すべき**なのです。

江戸時代の本居宣長が、こう言っています。

「道をまなぼうとこころざすひとびとは、第一にからごころ、儒のこころをきれいさっぱり洗い去って、やまとたましいを堅固にすることを肝要とする。」

「総じて漢籍はことばがうまく、ものの理非を口がしこくいいまわしているから、ひとがつい釣りこまれる。」

中国の書籍を軽々しく信用してはいけない。日本本来の考え方を大事にすべきだと主張しています。

「から」（唐）を欧米、「漢籍」をヨコ文字の翻訳書と読み替えれば、いまの時代への痛快な批判ともとれます。

図解は理解や思考に最適な手法

私は「図解コミュニケーション」を提唱してきました。その本質は「考える人間」を作るためのすぐれた考え方であるということです。

これまでは文章と箇条書きを中心とするコミュニケーション社会でした。文章は他人と、そして自分自身をもごまかせるところがあります。企業で企画書を書いたりする場合、中身の議論よりも文章の添削の議論になってしまいがちです。官庁になるとその傾向はもっとひどくなります。そして本質的な議論は忘れ去られてしまう。

また箇条書きでは、項目同士の大きさの違いもわからないし、重なり具合も示せないし、項目相互の関係も見えません。箇条書きという整理の方法は、ものを考えるのに不十分な手法なのです。

文章と箇条書きにこだわりすぎるあまり、内容そのものに対する理解が不十分な状態で書き、それを受け取った現場が違う解釈をする。そういったトラブルがあらゆるところで起こっているのです。「全体の構造と部分同士の関係」を表現できる図解を用れば、そうした問題は減らせるはずです。

仕事の本質はコミュニケーション活動であり、それは「理解」と「企画」と「伝達」のプロセスで成り立っています。理解と伝達は他人とのコミュニケーションであり、企画は自分（知識・経験）とのコミュニケーションです。

書籍についても図で内容を理解し、図を用いて自分で考え、図を使って人に伝える。このプロセスをへることで、読んだ内容がしっかり頭に記憶されるはずです。

図解の技術を身につけることによって、ものごとを理解する力、ものごとを企画する力、ものごとを伝達する力が向上するのです。

■「理解」と「企画」と「伝達」のプロセス

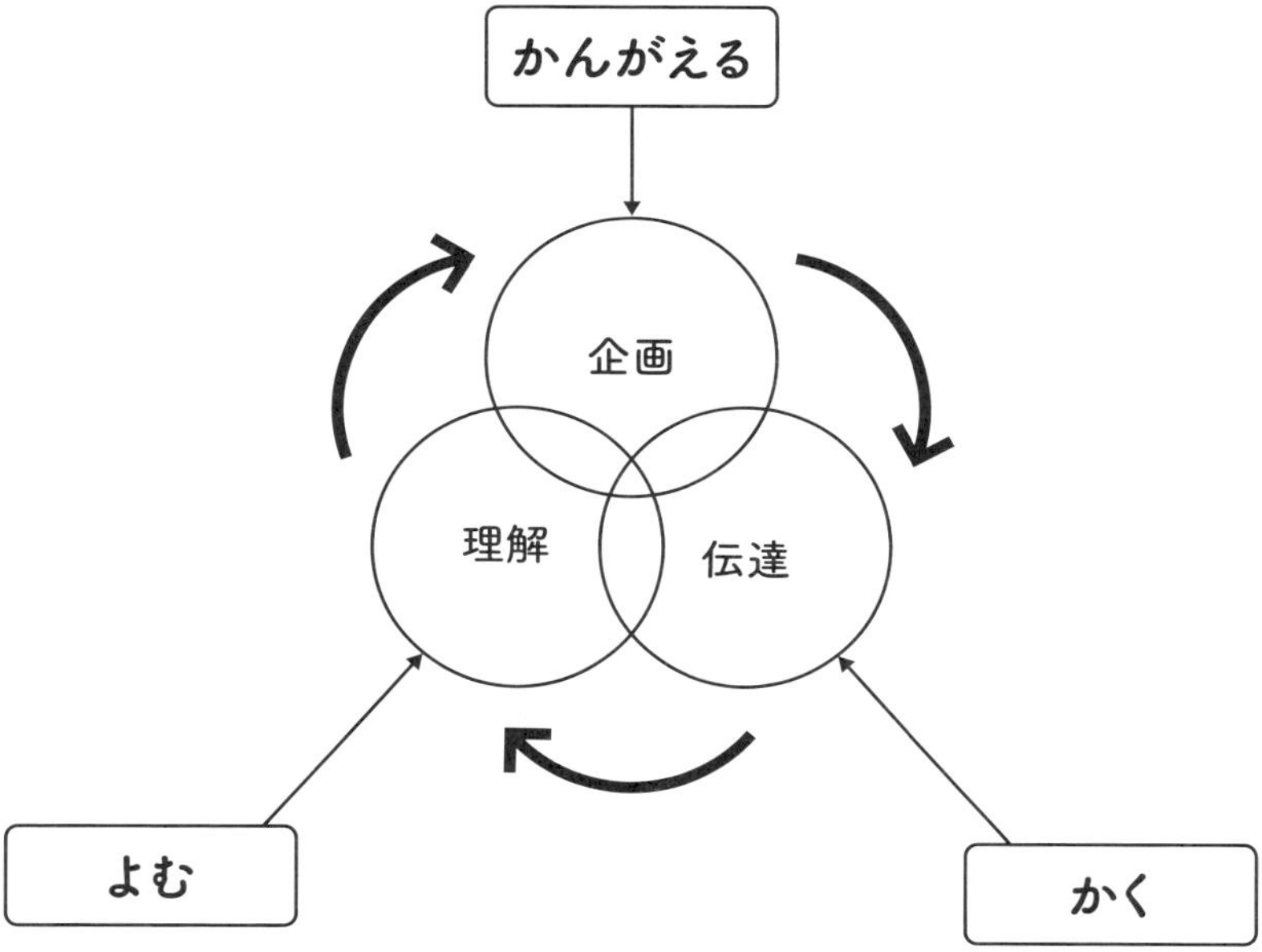

2

「図読」のすすめ

頭に内容を定着させる「図読」

本は、あるまとまりを持った大変長いストーリーで出来上がっています。

小説などでなければ、本を読むときには鉛筆やマーカーを片手に読む人が多いでしょう。気になったところ、大事なポイントにしるしをつけたり線を引いたりするのですが、読み終わるとそれで終わりというのがよくあるパターンです。

もう少し真面目な人は線を引いた部分を抜き出してカードに書き込んだり、パソコンに打ち込むこともあるかもしれません。そして仕事の場面で言葉を引用するかもしれません。

また、本を読んだ後は友人にその内容を話して聞かせることによって、本の内容を自分の頭のなかに定着させるという方法をとる人もいます。人それぞれです。しかし読書の成果を意識的に活用している人は稀ではないでしょうか。

本を深く読み、**頭のなかへの定着度を高めるために、「図読（ずどく）」という本の**

読み方を提案したいと思います。

本というものは数百ページ全体を通してつじつまの合ったある主張をしています。結論に至る思考の過程を明らかにし、主張を裏付ける材料を並べていますが、それを**まるまる一冊全部、１枚の図解にしてしまおうというもの**です。

❶ まず、「仮図解」を作る

本を、まるまる1冊図解してしまおうというのが、ここでいう「図読」という方法です。まず最初に目次を眺めて、全体としてどのようなことが書かれているのかをつかみましょう。目次は、いまから読む本がこうなっていますよというディレクションであり、よい本にはよい目次がついています。また、各章ごとの内容がスムーズに流れるように示しているため、目次を見るだけで、書かれていることを、ある程度想像することができます。そして次に、本の全体を通読していきます。

目を皿のようにして読みすすむというのではなく、気楽に鉛筆やマーカーを片手にポイントと思われる部分、自分にとって面白かった部分、気になった部分、わからない部分、キーワードと思われる部分に印をつけていくのです。

ここでは、軽い気持ちで、さらさらと読んでいきます。意味のわからない部分も、気にする必要はありません。

図読をしたら文章を読み返す

一度図を描いたならば、その図を見ながらもう一度先ほどの文章を読んでみてください。最初に読んだときに比べて、びっくりするくらい内容がわかりやすくなっているでしょう。全体の論理構造と部分同士の関係がわかってきたので、理解力が格段に上がったのです。

■本書の「図解を描く」手順

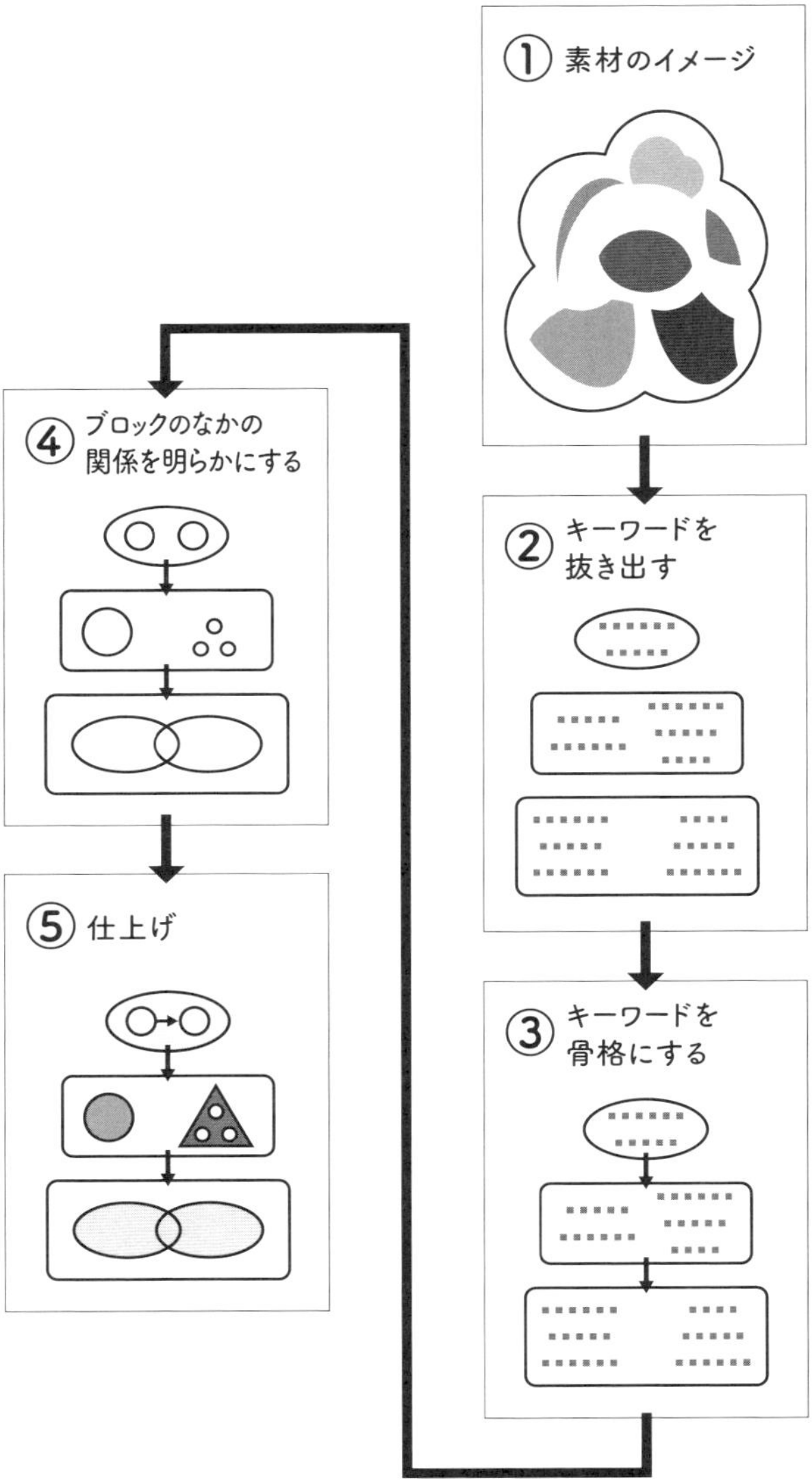

①素材のイメージ
②キーワードを
抜き出す
③キーワードを
骨格にする
④ブロックのなかの
関係を明らかにする
⑤仕上げ

具体的な「図読」の手順

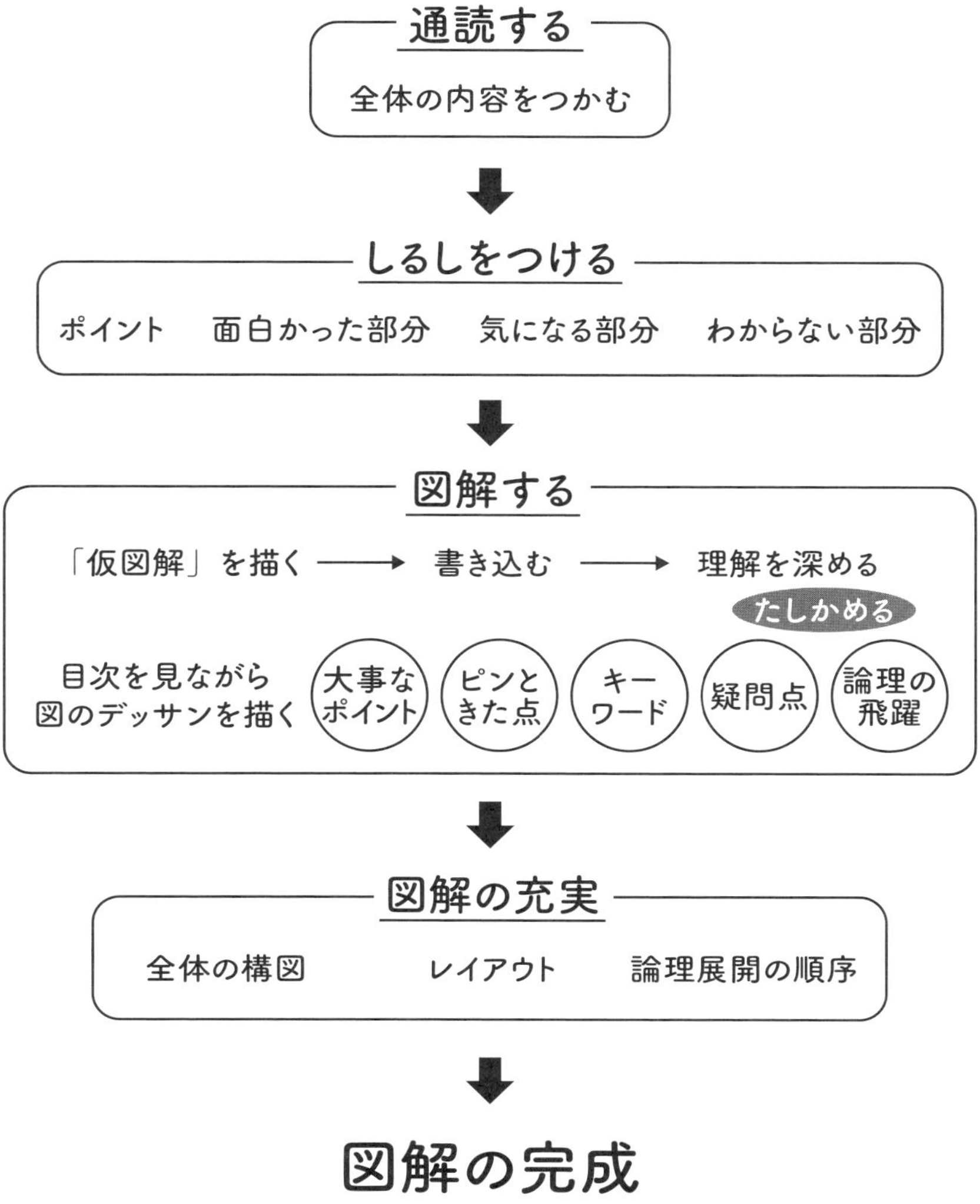
通読する
全体の内容をつかむ
しるしをつける
ポイント
面白かった部分
気になる部分
わからない部分
図解する
「仮図解」を描く
書き込む
理解を深める
たしかめる
目次を見ながら
図のデッサンを描く
大事な
ポイント
ピンと
きた点
キー
ワード
疑問点
論理の
飛躍
図解の充実
全体の構図
レイアウト
論理展開の順序
図解の完成

通読と印つけが終わったら、今度はあらためて目次を眺めます。

目次を見ながら、抜き出したキーワードをいくつかのグループに大別し、眺めてみます。読んだ記憶が新鮮なうちに作成するのがポイントです。これがデッサンとしての「仮図解」となります。

❷ 仮図解を充実させていく

次に、仮図解を見ながら再び本の全体を読んでいきます。一度目に印をつけた箇所のなかでさらに、本当に大事なポイント、ピンときた点、キーワードなどを仮図解のなかに書き込んでいきます。この場合、仮図解を充実させる目的に絞って読んでいくようにしてください。

最後に、仮図解に書き込まれた情報を眺めながら、本文を見て疑問点や論理の飛躍がないかをたしかめるなど、自分なりにさらに理解を深めていきます。

そして、全体の構図やレイアウト、論理展開の順序などを考えながら、図解をスッキリと充実させていく。多くのことが書かれている図解がよい図解というわけではないからです。

こうしていくうちに、図解を見ながら本の内容を誰にでも説明できるようになっていくことでしょう。頭のなかに本の内容が定着し、「よくわかった」という感じを持つことができるはずです。

このような過程を経ると、最低でも３回は本を通読することになりますが、この作業によって、本の内容に対する理解は他の方法に比べて圧倒的に深くなります。

本を、著者が書いている通りに読まなければならないという強迫観念は捨て去りたいものです。「私は、この本をこう理解した」でいいのです。

「図読」は、本に対する客観的で正確な認識を示すことが目的ではありません。「私が、私の関心や目的意識を中心に読んだら、この本の姿はこうなった」ということでいいのです。

また「図読」は、それなりの知的緊張を要します。これは新しい精読法ということになりますが、効果は抜群です。将来も参考にしたいと思う本、自分にとって大事な本については、ぜひこの「図読」を試してみてください。

図読の技術を使っていくつか大事な本を図解しておけば、蓄積ができます。どの家庭にも本棚にたくさん本が並んでいますが、その中身を必要なときに適切に引き出すのは難しいものです。しかしこの図読によって図解をたくさん作っておけば、いつでも簡単にそのエッセンスや、キーワードを引き出すことができるようになります。

152、153ページの図は、本の図解ではありませんが、仮図解からいくつかの情報を加えながら本図解を作っていった例です。

〈仮図解1〉

さまざまな環境問題

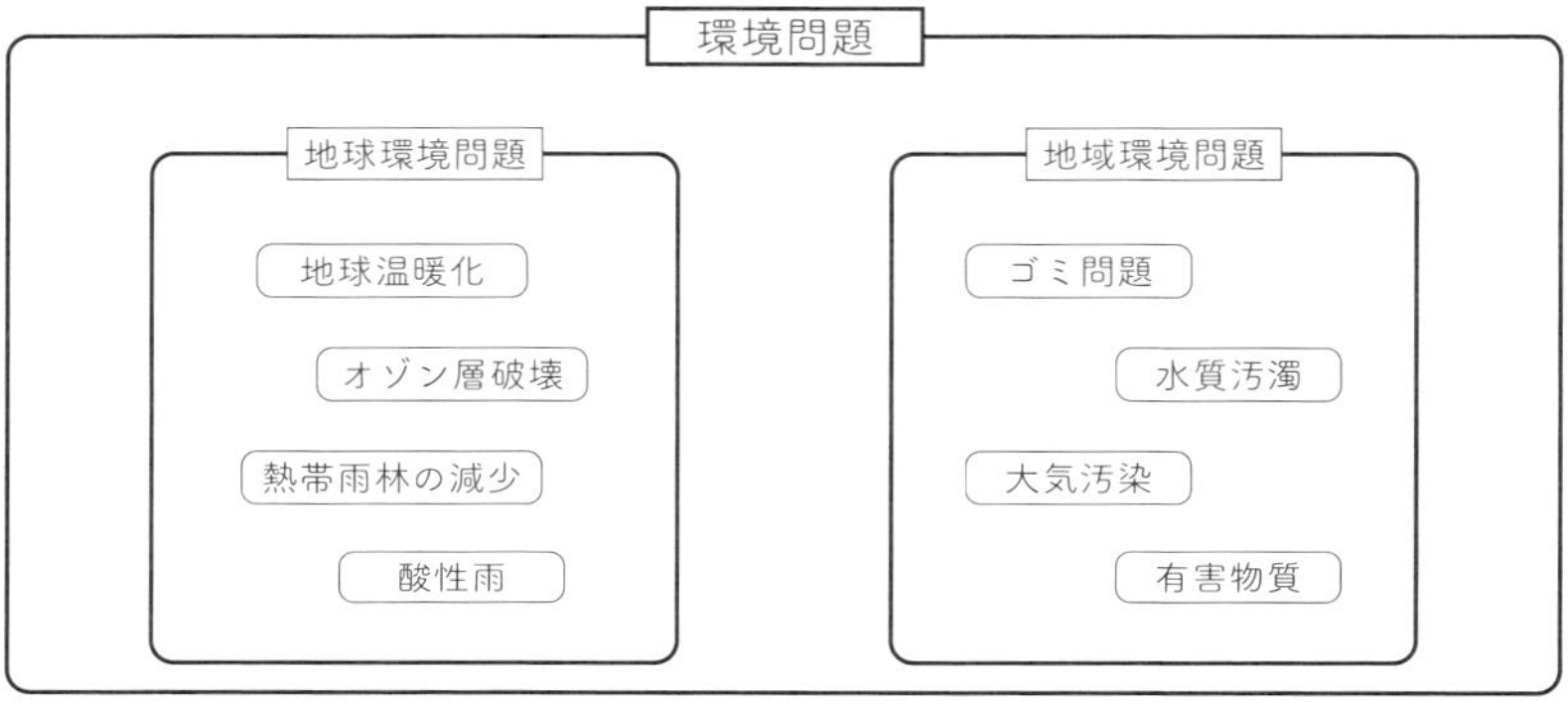

〈仮図解2〉

環境問題はすべてつながっている

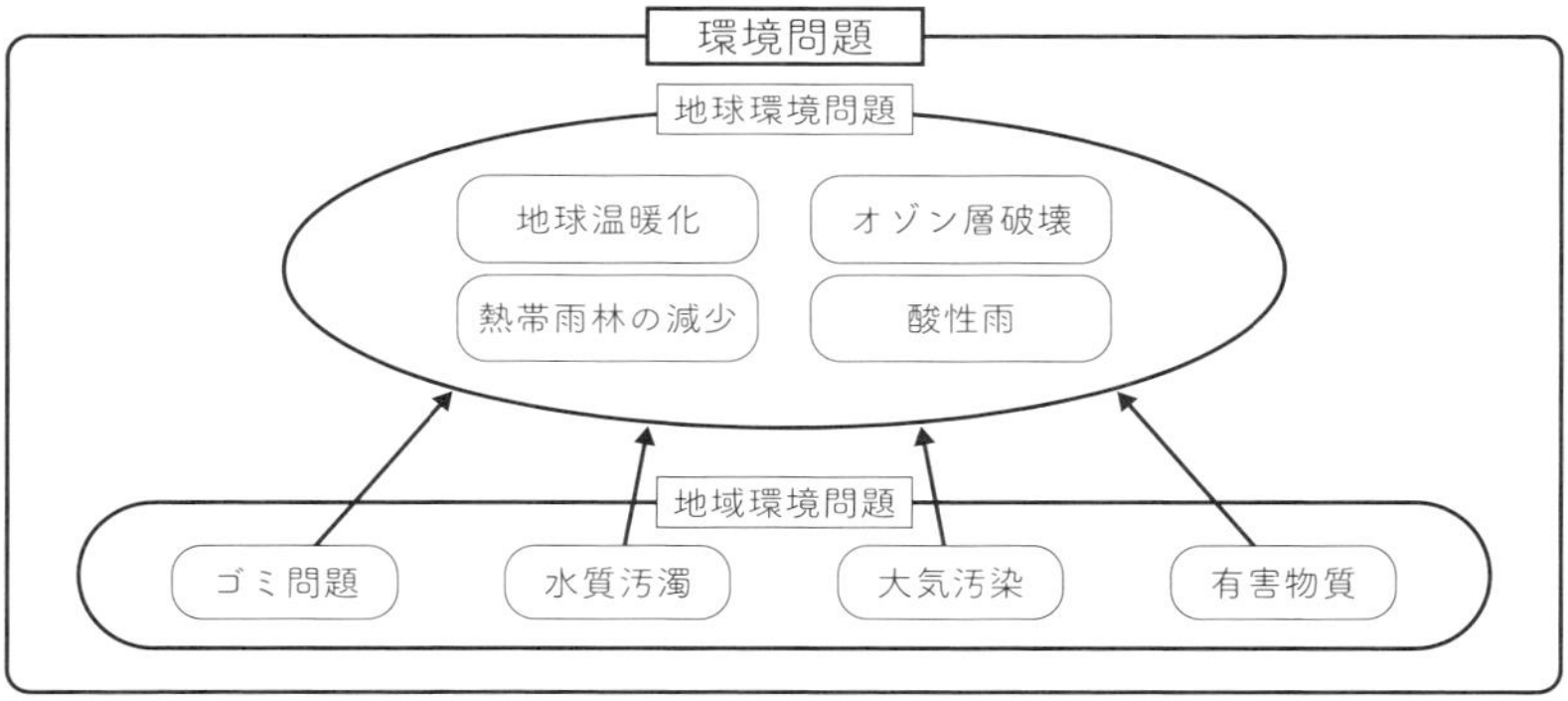

■仮図解から本図解への例

〈本図解〉

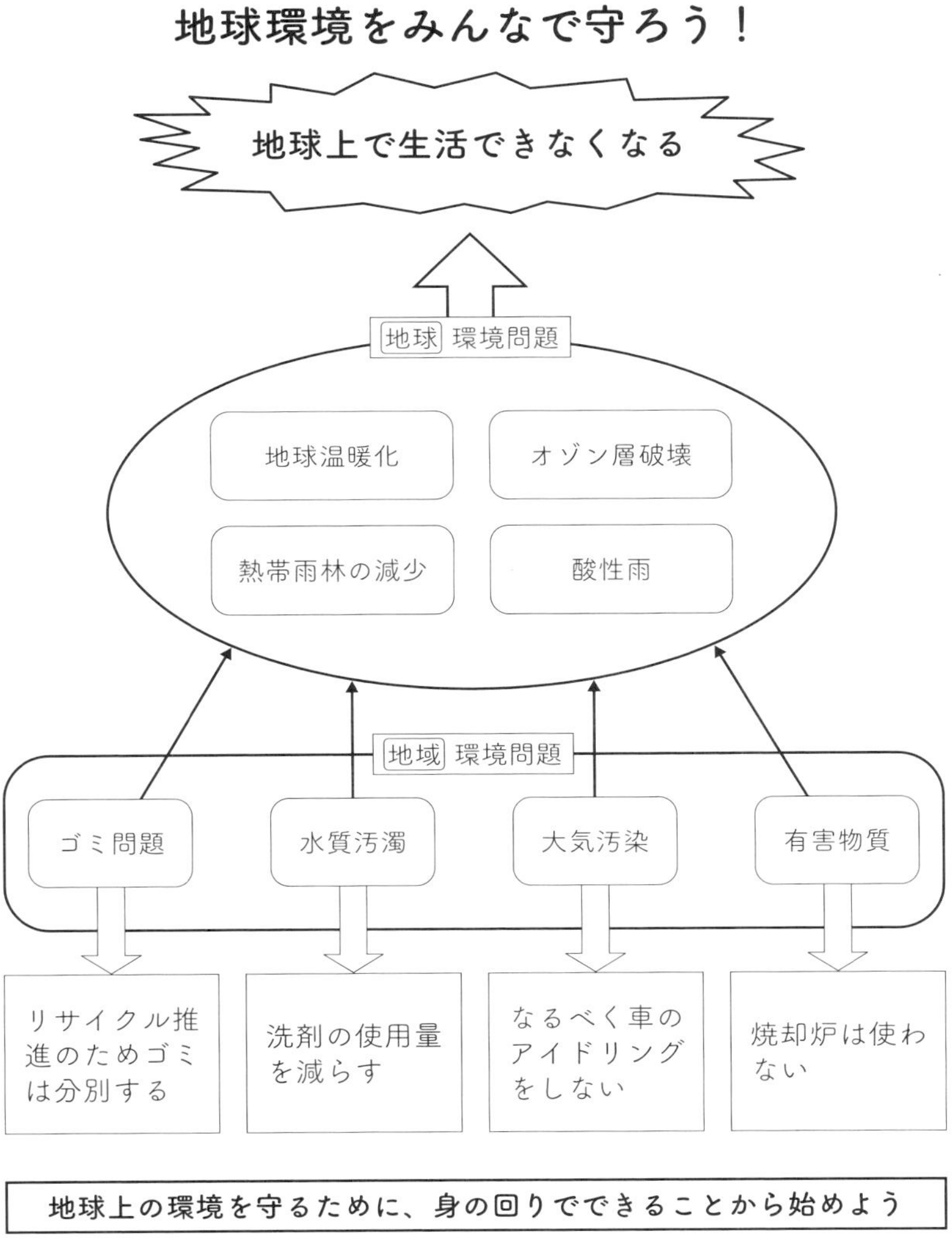

3 「図読」は究極の要約法

図にしながらだと能動的に本が読める

本には知識が書いてあります。その知識を読んで覚えたからといって、読んだ本人が賢くなるわけではありません。知識同士の関係を発見したとき、私たちは興奮を覚えることがあります。知識が知恵に転化する瞬間です。

過去の偉人たちは大事な本を精読し、自分なりに読書の内容をまとめる術を持っていました。私は全国にある人物記念館を訪ねる旅を続けていますが、偉人たちがどういうように本を読んできたかを観察する機会があります。

幕末の教育者、吉田松陰は若い頃、長崎、平戸、北九州各地、東北諸国を旅しています。「読書しつつ、要点を一々抄録する」という勉強法で、平戸では80冊、長崎では26冊を読みました。そして獄中にあっても経学と史学に没頭し、1年2か月で492冊を読破しています。松陰はさまざまな論者の主張同士の関係を自分の頭で考え抜き、そのなかから独自の思想体系を築いていったのです。

要約とは本質です。その要約の方法は、キーワードのメモをとる、文章で大事な部分を書き写す、自分の言葉で言い直す、文章の大意をまとめる、こういったやり方が一般的でしょうが、文章ではなく図解でまとめてみましょう。図解は究極の要約法なのです。

先に書いたように、私の場合は、書物を読むときはできるだけキーワード、マル、矢印を用いてA４で１枚の図にまとめることを心がけています。これが「図読」です。**図にするには深い思考をしなければならないので、考える力を養成することになります。知識は深く処理してこそ頭に残るものです。**

自分で描いた図を見るだけで書物の内容が次々に思い出され、長い時間でも話をすることができるようになります。これは深く理解している証拠です。図読を蓄積することによって、確実な知識が積み上がっていきます。

大学院の授業で経営学者ドラッカーの本のエッセンスを引き出すために院生が１章分を１枚の図にしてきたものを全員で読み、議論し、理解を深めていく「輪読図」という方法で数冊の本を読み終え出版にこぎつけたこともあります。

本は受動的に読むだけでなく、能動的に読むべきです。**図読は相手の論理を読み取るというよりも、自分はこのように理解したということを目指すので、読む自分が主**

図読では自分なりの図解でよい

図読をするときには、原文にない言葉や、原文の意をくんだ言葉を入れることもあります。図読では、筆者の使っている言葉を使うだけでなく、自分が理解するために必要な言葉はどんどん補ってください。それが筆者の論旨から多少はずれている言葉でもかまいません。「そんなことをしたら、正しい図ができないのではないか」と思うかもしれませんが、図解には正解というものはありません。自信を持って自分なりの図を大胆に作ってみてください。

役なのです。

また新聞の社説や解説記事を図読する過程で、記事に書いてある以上の内容がわかることがよくあります。記事という材料を使ってさらに高次元の理解に達するのです。記事が100%の知識だとすると、**自分の力で、あるテーマに関して120%の理解を得るともいえるでしょう。この段階では、血湧き肉躍る創造的読み方になっています。**

浅く処理したものは頭には残りません。深く処理して頭に刻みつける作業が図読です。古典や名著には長い時間をかけて生き延びてきた人類の叡智が宿っています。そうした「不易」の書物こそ読むべきです。「古典を読め」とはよくいわれることですが、実はその読み方がポイントなのです。

ある表現法を開発した人は、多くの場合、その方法で世界のすべてを描こうとするようです。漫画、絵画、人形などの表現法で突き抜けた人たちは、歴史と地理を縦横に見つめて、世界をまるごと表現することに挑戦しています。私もこれにならって、『図解　世界の名著がわかる本』（三笠書房）を著しています。

ここでは、少し大きい図ですが、モンテスキュー『法の精神』（1748）の図解を158、159ページに載せておきましょう。なお、左の文章は『法の精神』の概説です。

「モンテスキューは法のあるべき姿を、法の相互間関係の条件、自然的条件、精神的条件の3つの条件に合致したものであると考え、それを法の精神と呼んだ。法の相互間関係の条件とは、法の目的と効果が合致していること。

自然的条件とは、その地の自然との相関性がとれていること。

精神的条件とは、その地に住む人の生活と相関性がとれていることである。

また一方、権力者は法を濫用しがちなことも事実である。そうなってしまうと、たとえ法の精神に合致する法であっても、適切な運用はなされない。

そのためモンテスキューは、権力を抑制する仕組みが必要であると考えた。その仕組みが三権分立の原理である。

これまでの権力分立論は、ロックの理論が主流であった。

しかしモンテスキューは、ロックの区分から発展させ、立法権、裁判権、執行権と権力を大きく3つに区分した。立法権は、法を作る権利で議会が有する。裁判権は、法の運用を監視する権利で裁判所が有する。執行権は、公の議決を執行する権利で君主が有する。

そしてこれらは、お互いがお互いを抑制する力を有しているため、どこかに権力が偏ることはなくなる。

すなわち、モンテスキューの三権分立の原理は、人民と貴族（当時の裁判所の重要な官職を占めていた）と君主という立場の社会的均衡を目指すものであった。」

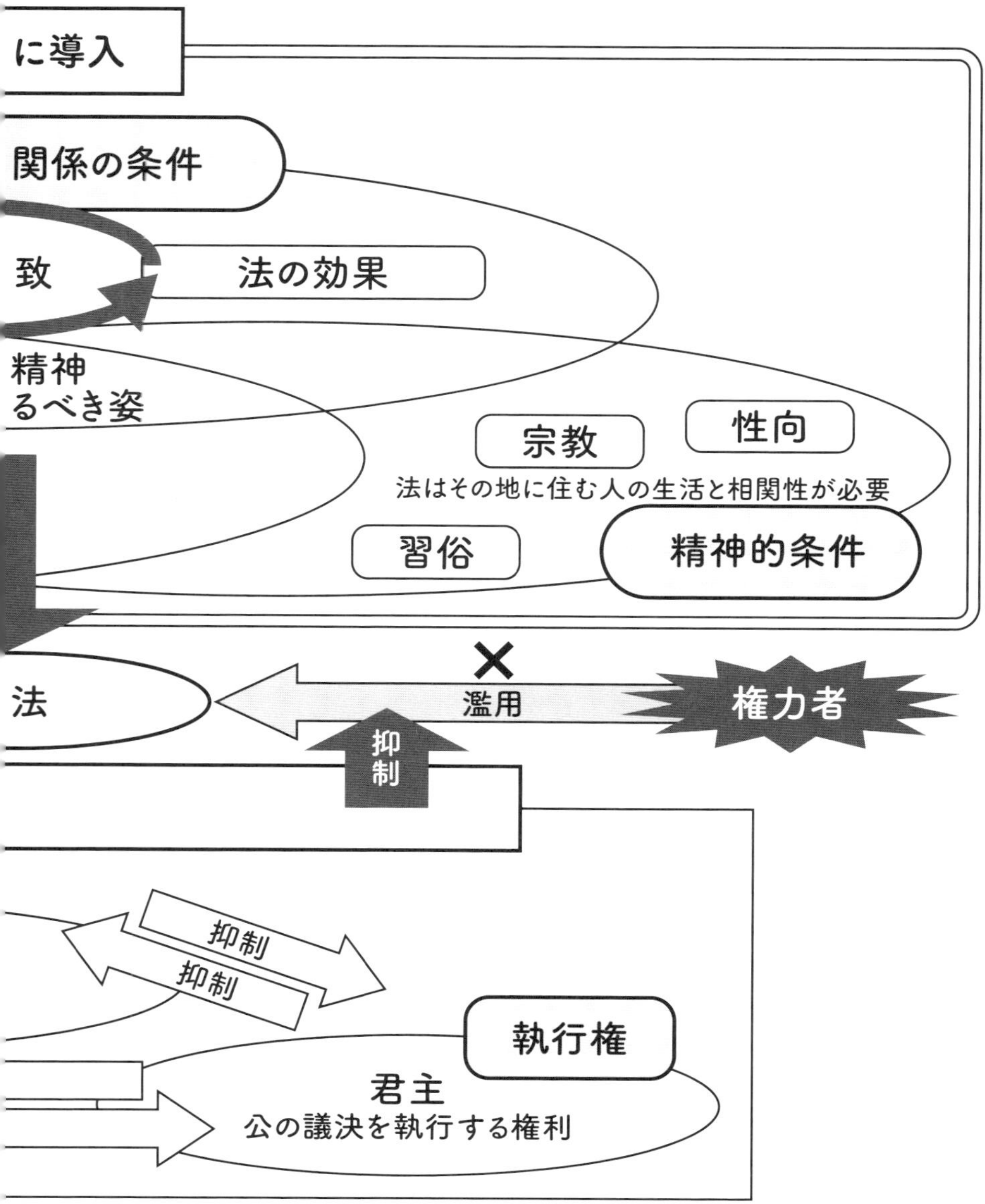
に導入
関係の条件
致
法の効果
精神
るべき姿
宗教
性向
法はその地に住む人の生活と相関性が必要
習俗
精神的条件
法
濫用
権力者
抑制
抑制
抑制
執行権
君主
公の議決を執行する権利

■モンテスキュー『法の精神』を図解する

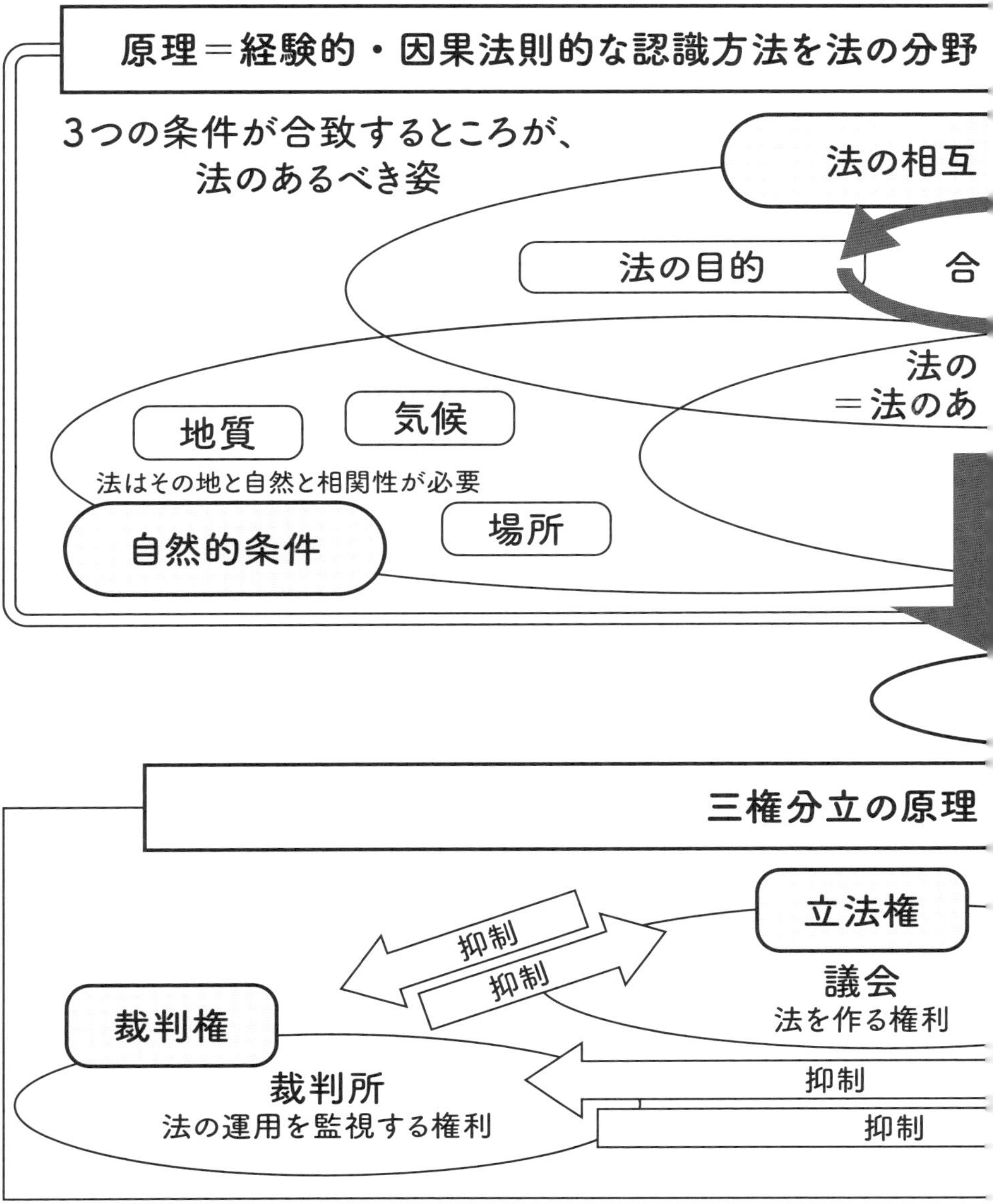

実戦「図読」

寺島実郎「脳力のレッスン──17世紀オランダ」の連載の図解に挑む

寺島実郎氏が月刊誌『世界』（岩波書店）に連載している「脳力のレッスン」は、時代と並走することがテーマなので毎回勉強になっています。

２０１０年11月から「17世紀オランダ」をテーマとした研究を発表しており、近代日本の目覚めの過程がよく理解できる力作です。最初の10回の中身の濃い連載の図解を寺島さんから頼まれたので挑戦してみました（164、165ページ）。その図解を見ながら10回の連載を要約した文章を以下に書いてみました。

「鎖国をしていた江戸時代後期から明治時代にかけて、日本は東西からの開国の圧力にさらされていた。16世紀前半にオスマン帝国の東方貿易の利権に対する反発から、アジアへの新ルート開拓を目指した大航海時代が始まった。まず16世紀前半に隆盛を誇ったポルトガルは、ザビエルが鹿児島に到着し、西洋文明の曙を日本に知らせている。

その後、16世紀後半にオスマンを破り黄金期を迎えたスペインから独立し、連邦共和国・プロテスタント国のオランダが成立する。オランダは近代思想が芽生え、絵画芸術が栄え、科学技術が発達し、商業取引のルールが開発されて、17世紀に黄金時代を迎える。

オランダは１６００年のリーフデ号の豊後国（大分県）漂着以来、家康を始めとする徳川政権に接近し、それが長崎での日蘭貿易となって、江戸時代を通じて唯一の交易国となって日本に内部から影響を与えていく。

そのオランダの影響を受けたのがロシアである。ピョートル大帝から始まった極東開発は、ウラジオストク建設で本格的に力を得て、日本開国に向けて西からの圧力となって日本の北海道開拓を促進させた。

オランダは新興の英国との四次にわたる蘭英戦争をへて覇権を18世紀後半には大英帝国に渡すことになる。その大英帝国から逃れたピルグリム・ファーザーズはオランダで力を養った上で新大陸に渡り、アメリカを建国する。アメリカの独立にあたってオランダは軍需品供給や資金援助などで大いに協力する。

このアメリカが南北戦争を経て国内を再編し、東からの圧力となって日本に開国を迫るのである。

17世紀オランダの黄金時代は短いが、外壁を巡らした鎖国・日本の内部から近代西洋の影響を浸透させ、そして外部からの開国の大きな圧力を形成し、日本の扉をこじ開けた。日本の近現代史においてオランダが投げかけたものは大きい。」

「脳力のレッスン」10回の連載の記事の量は多く、質が高いのですが、以下のように図解にしていきました。

全文を黄色のマーカーで印をつけながら読み、キーワードをつかみ出しマルで囲み、そのキーワードを抜き出して、A4のペーパーに書きつけていきます。

ある程度の段階で、この10回の全体像を考えながら、図の構成を考えていきます。

日本を中心の下方に置き、外圧としての西欧・米国を周りに配置し、その覇権の移り変わりを弧を描くように矢印でつないでみる。契機となった戦争、年号などを書き入れる。

西からの圧力と、東からの圧力を強い矢印で描いてみる。

日本は、長崎、鹿児島、北海道がポイントとなるので外縁に配置し、日本の国内については江戸時代から明治時代への時間軸の変化を描く。

これで164、165ページの図解の骨格が完成。この後に続く連載は、大英帝国の動向、そしてオランダのＤＮＡが深く刻み込まれたアメリカの動きを中心に続くだろうと予測ができます。

その後の連載が長くなるにつれて、この図にそれぞれの時代ごとの論考で得られた知識を散りばめていったのが166、167ページの図です。

この連載では、江戸時代の日本固有の歴史が、ポルトガル、ロシア、オランダ、アメリカなどとの関係において理解できるようになりました。

そのなかで、とくに17世紀のオランダの黄金時代に発明されたデモクラシー、科学技術、文化、資本主義という近代の底流が、現代に生きていることが確認できます。

ではアメリカの次の覇権はどうなるのか、中国に向かうのかどうかはわかりませんが、そういう意味で、中国を置いています。

ちなみに、私が聴講した寺島実郎さんの講演で、「とても便利だ」と言いながら、この図を見せている機会に何度も遭遇しました。この図は寺島からの宿題でありましたから「立体世界認識への試み」に貢献できたのではないかと思っています。

この図がどのように進化と深化をかさねてきたか、164、165ページの「1～10回目まで」と、「1～37回目まで」の図（166、167ページ）をご覧ください。

識への試み

近代史に投げかけたもの

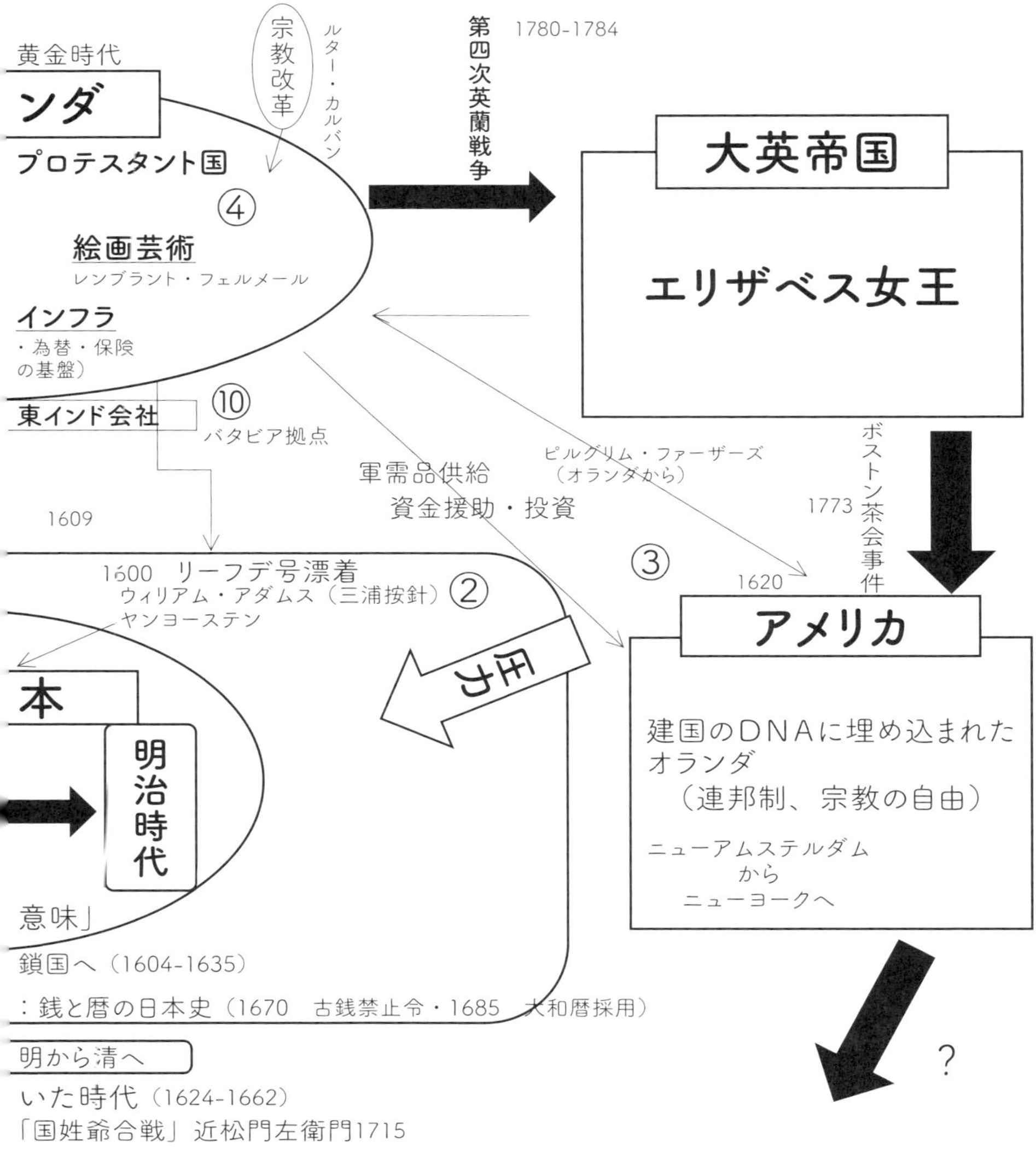

黄金時代
ンダ
プロテスタント国
宗教改革
ルター・カルバン
④
絵画芸術
レンブラント・フェルメール
インフラ
・為替・保険
の基盤）
⑩
東インド会社
バタビア拠点
第四次英蘭戦争
1780-1784
大英帝国
エリザベス女王
軍需品供給
資金援助・投資
ピルグリム・ファーザーズ
（オランダから）
1773
ボストン茶会事件
③
1620
1609
1600　リーフデ号漂着
ウィリアム・アダムス（三浦按針）②
ヤンヨーステン
圧力
本
明治時代
意味」
アメリカ
建国のDNAに埋め込まれた
オランダ
（連邦制、宗教の自由）
ニューアムステルダム
から
ニューヨークへ
鎖国へ（1604-1635）
：銭と暦の日本史（1670　古銭禁止令・1685　大和暦採用）
明から清へ
いた時代（1624-1662）
「国姓爺合戦」近松門左衛門1715
？

■寺島実郎「能力のレッスン」図解（１～10回目まで）

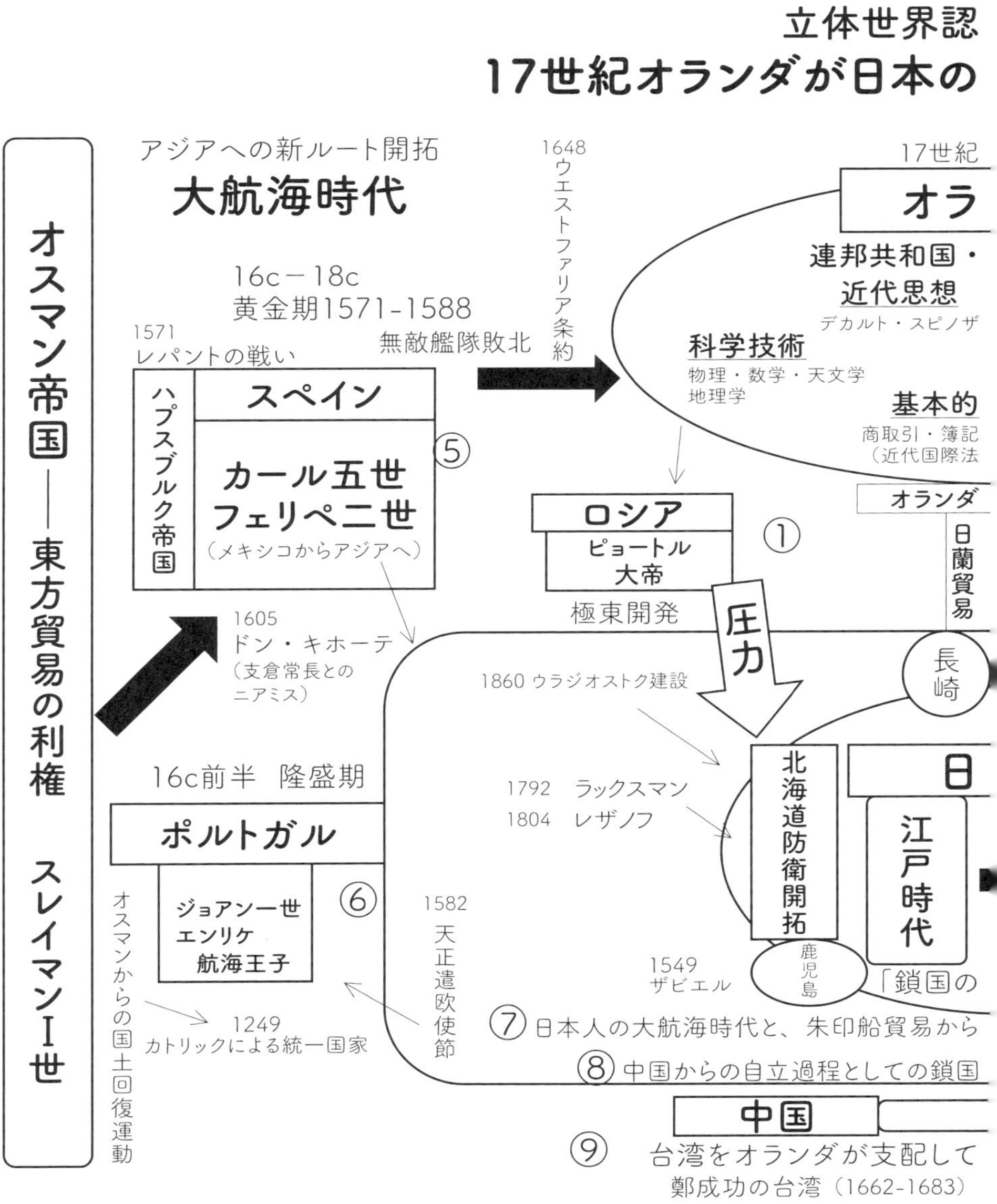

識への試み
近代史に投げかけたもの

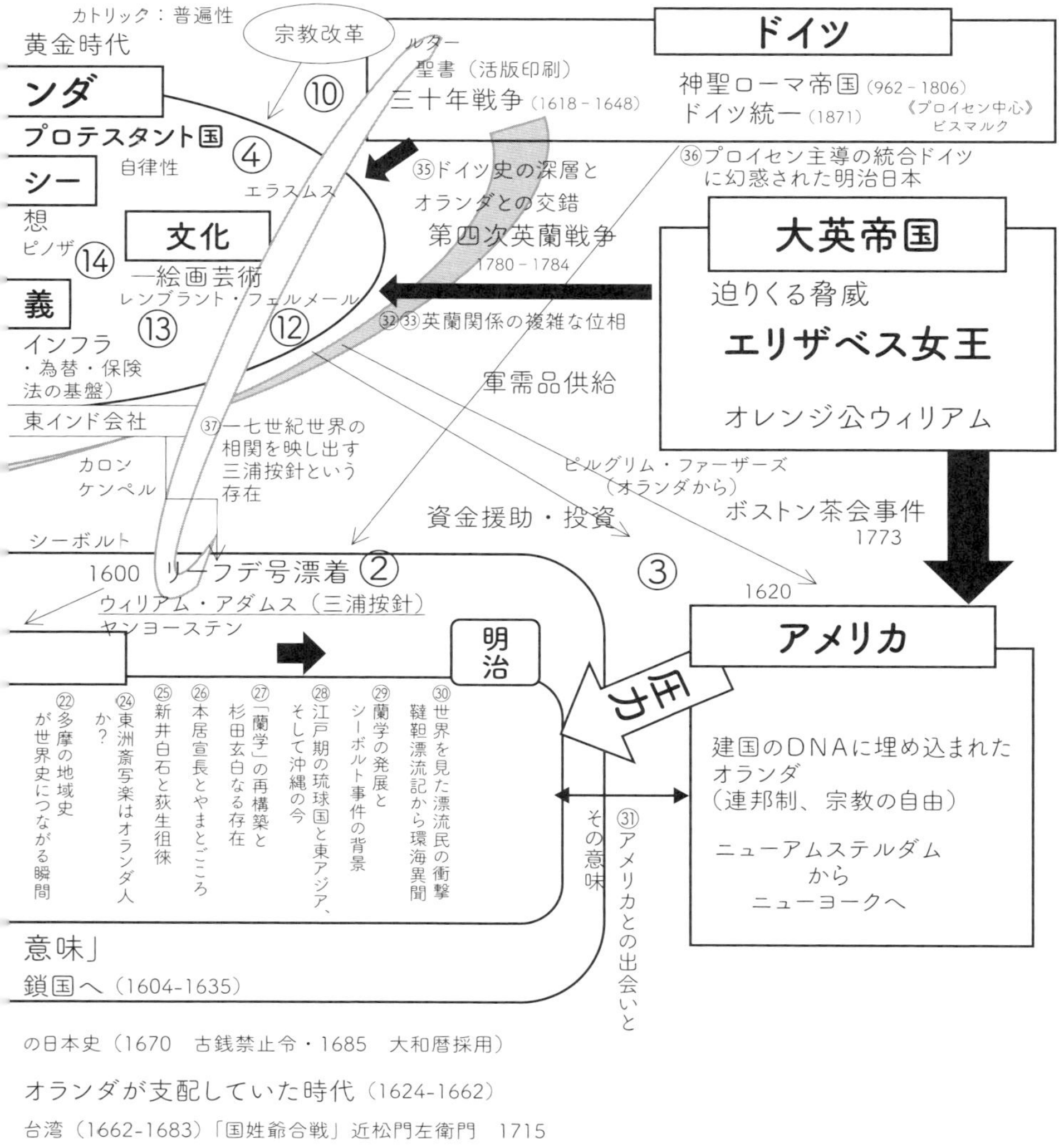

■寺島実郎「能力のレッスン」図解（1～37回目まで）

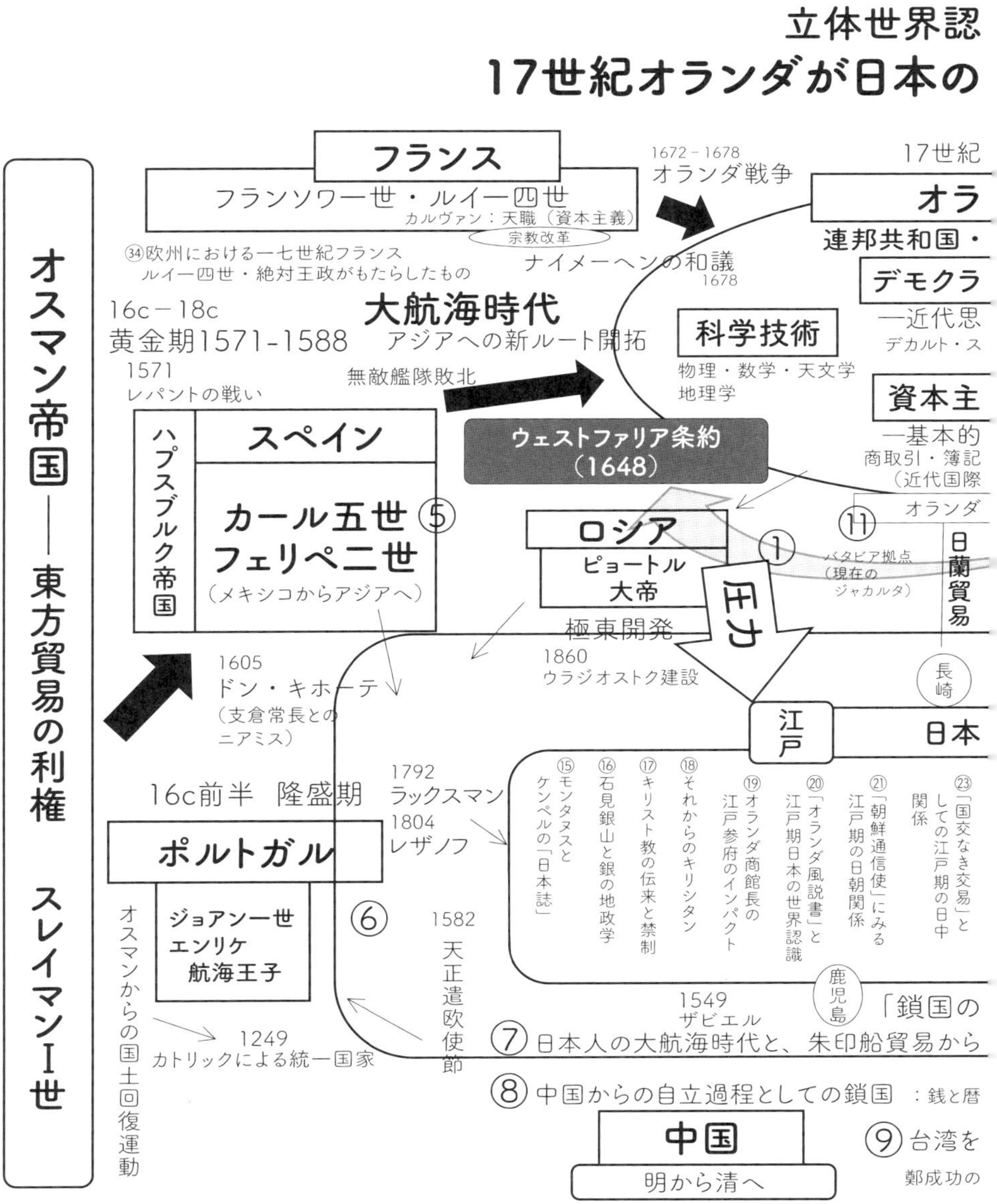

Column

法律は箇条書きの束。図にすることで真に理解できる

裁判のメインプレイヤーである裁判官・検事・弁護士は、同じ業界であり、同じ言語を使います。しかし、裁判員として指名を受ける民間人は言語が違うために意思の疎通が難しい。司法の側は自分たちの言葉が標準語だと固く信じているので、なおのこと意思の疎通が難しくなるのです。

法律が一般の人には難しいととらえられるのは、大きく2つの理由があります。

1つはすでに軽く触れましたが、言語が異なるからです。あらゆる業界には業界独特の「方言」があります。一般的に使われている言葉であっても、ある業界に入ればまったく異なる意味を持つこともあります。

法律の言葉は、一般人がわかるような言葉にはなっていないのです。法律用語は、実は特殊な人々にだけ通じる方言にすぎないのです。私はこれを「司法方言」と呼んでいます。民間人にもわかるように言い換えられるかどうかが大きな鍵です。

もう1つは、法律は文章と箇条書きで成り立っているからです。私は高校時代に弁護士を志しており、大学では法学部に入学しました。実際に法律を勉強してみると、

■「民法」を図解する

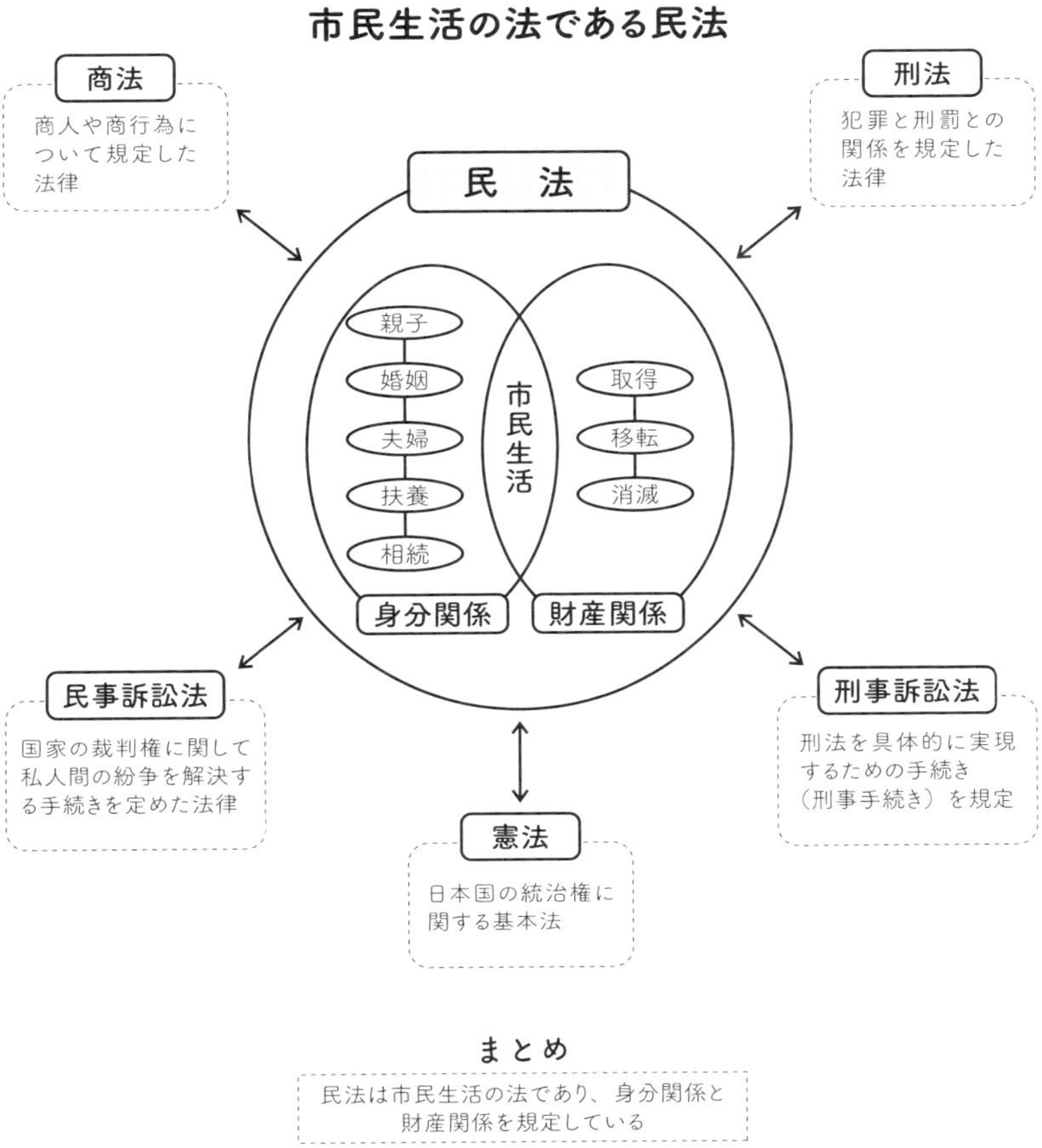

市民生活の法である民法
商法
商人や商行為について規定した法律
刑法
犯罪と刑罰との関係を規定した法律
民　法
親子
婚姻
夫婦
扶養
相続
市民生活
取得
移転
消滅
身分関係
財産関係
民事訴訟法
国家の裁判権に関して私人間の紛争を解決する手続きを定めた法律
刑事訴訟法
刑法を具体的に実現するための手続き（刑事手続き）を規定
憲法
日本国の統治権に関する基本法
まとめ
民法は市民生活の法であり、身分関係と財産関係を規定している法律は非常に難解だと感じたために、弁護士になることをあきらめました。当時は、自分の頭がわるいので理解できないと思い込んでいたのですが、いまにして思えば私の頭がわるいのではなく、法律そのものにも問題があると感じるようになりました。

法律は箇条書きの世界です。たとえば、契約書ひとつとっても各項目は箇条書きで並んでいます。どこが重要な箇所なのか、全体がどういう構造になっているのか、項目同士の関係はどうなっているのか、法律や契約書を読み慣れている人が見ればすぐにわかるのでしょうが、一般の人にはわかりづらい。それは、箇条書きで並んでいるからなのです。加えて司法方言を使っているので、なおさらわからない。

法律は論理の積み重ねですから、図にできないはずがありません。むしろ、図で表すことによって、各項目の重なりや関係が明らかになります。

以前、学生とともに民法について図にしたことがあるので（前ページ）、それを参考に、みなさんも身近にある法律を図にしてみてはいかがでしょうか

第１部 「よむ」技術　まとめ

「よむ」技術とは、理解する技術のことです。本を読んでも、講演を聞いても頭に入らないと感じるのはなぜでしょうか。文字面を追っただけでは、空中に放たれる言葉を追っただけでは、身につかないからです。

理解するには３つの段階があります。個々の内容がわかる段階、体系的にわかる段階、そして表現できる段階です。

個々の内容だけでなく、それぞれの関係がわかる。そこまでたどり着いたら、体系的にわかる段階です。時間をかけて精読することによって、そこまではたどり着けるでしょう。でもそれは、あくまで「受け身」の理解の仕方です。

それでは、時間の経過とともに、理解したと思った内容は霧散してしまうでしょう。大事なのは、自分なりに表現できるということです。その段階に至ったとき、頭に入れる段階から、身につくレベルに達したことになる。身についたものは忘れることはありません、

第2部　図解で「かんがえる」技術

1　自分の価値を高める「考える力」

考える力とは「理解」と「疑問」と「反論」に分けること

考える力が大切です。アイデアを出すにしても、プランを実行するにしても、その根本には、考える力が必要です。

ビジネスだけではなく、人生におけるすべてのことに考える力は不可欠です。

では、考える力とは特別な能力なのでしょうか？　私はそうは思いません。

たとえば、ある「説」があるとします。人が発言した内容でもいい。それを聞いて、あなたはどう思うでしょうか？

おそらく、なるほどと「理解」するか、なぜそうなるんだろう？　と「疑問」に思

■「考える」とはどのようなことか

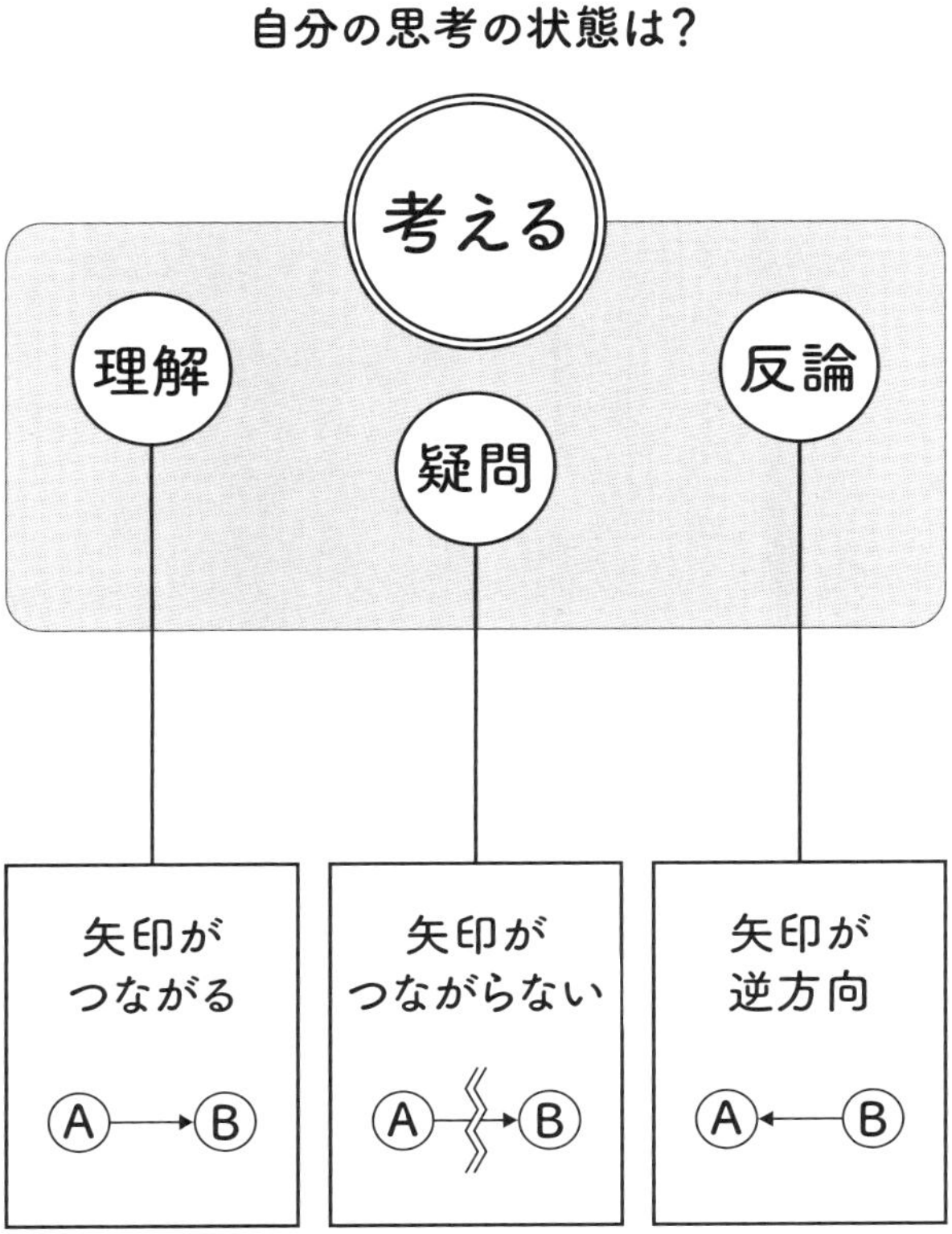

うか、そんな馬鹿なことがあるわけがないと「反論」するかのいずれかでしょう。

結局「考える力」というのは、この3つだと思います。

「考える力」をつけるための本は、さまざま出ており、また方法論は諸説あります。しかし、それらはいずれもいっていることが多すぎるし、難しすぎます。要は、先に挙げた、「理解」「疑問」「反論」で片づくのではないか。

疑問に思ったとしても、いずれは賛成か反対かに落ち着くだろうし、もし、疑問のまま残ったとしても、それは「留保」という形で、あなたは「考えている」わけです。

考える力を前ページの図のようにシンプルに考えましょう。

表現すること、図解することは「考えること」

よく、「考えたことを表現する」といわれますが、これはまったく逆ではないでしょうか。**「表現しようとすると、考えることができる」**のです。つまり、表現しようとすると自動的に考える力が養われるわけです。何かを話そうとするから考える。何かを書こうとするから考えることになる。

話そうとして気づく。書いてみて気づく。このような体験は誰にでもあるでしょう。

図解することは、表現することです。つまり、図解しようとすると、自動的に考えることになるのです。

2 では、図で考えるとは？

箇条書きは言葉が並んでいるだけ

箇条書きはキーワードを抜き出すものであり、図解はそのキーワード同士の関係を明らかにするものです。

私たちは幼い頃から箇条書きにまとめることが大切だと教わってきました。国語の時間に「この文章の内容を箇条書きにしてみましょう」と習ったことは、誰でも一度はあるはずです。私は以前から、この箇条書き信仰に疑問を抱いています。

箇条書きとは、図にするためのキーワードを抜き出している段階にすぎません。たとえば、ビジネスの現場で「うちの課の方針を箇条書きにしろ」といわれたとします。あなたはA、B、Cと３つ書き並べて課長に提出します。

すると課長からは、「DとEもつけ加えてくれないか？」といわれます。

DとEをつけ加えて提出すると、今度は部長から「Fも加えてほしい」と頼まれ、最終的にはあなたが書いた３つと、上司からいわれた３つを加えた計６つになっている、という経験はないでしょうか。

結果として表している情報量は2倍に増えているのに、表現する方法は変わらない。これが仮に100項目まで箇条書きが増えても、表現する方法は変わることなく、ただ並んでいくだけです。

図解にできて箇条書きにできないこと

箇条書きでは、相互の関係を表すことができません。先の課の方針6項目であれば、AはCに影響を与えているかもしれません。BとDは対立しているかもしれません。FはAとCとDを包含しているかもしれません。このように**項目の間に関係があっても表すことができない。これが箇条書きの最大の弱点であり、限界**なのです。

一方、**図にするということは、箇条書き同士の関係を組み立て、全体像を把握することです**。つまり、AからFまでの6項目がどういう関係にあるのか、また、新たに項目を増やすとなればどこに配置しなければならないのか、全体のバランスはどうなっているかなど、深く考える必要が出てきます。

実際に箇条書きと図を比較してみましょう。次ページに、福沢諭吉の「心訓」といわれるものを取り上げました。もともとこれは後世の誰かが福沢の名前をかたって作った偽物ですが、よくできているので使って図解してみます。

■福沢諭吉の心訓七則

【箇条書き】

- 世の中で一番楽しく立派なことは、一生涯をつらぬく仕事を持つこと
- 世の中で一番みじめなことは、人間としての教養のないこと
- 世の中で一番さびしいことは、する仕事のないこと
- 世の中で一番みにくいことは、他人の生活をうらやむこと
- 世の中で一番尊いことは、人のために奉仕して決して恩に着せぬこと
- 世の中で一番美しいことは、すべてのものに愛情を持つこと
- 世の中で一番悲しいことは、嘘をつくこと

【図解】

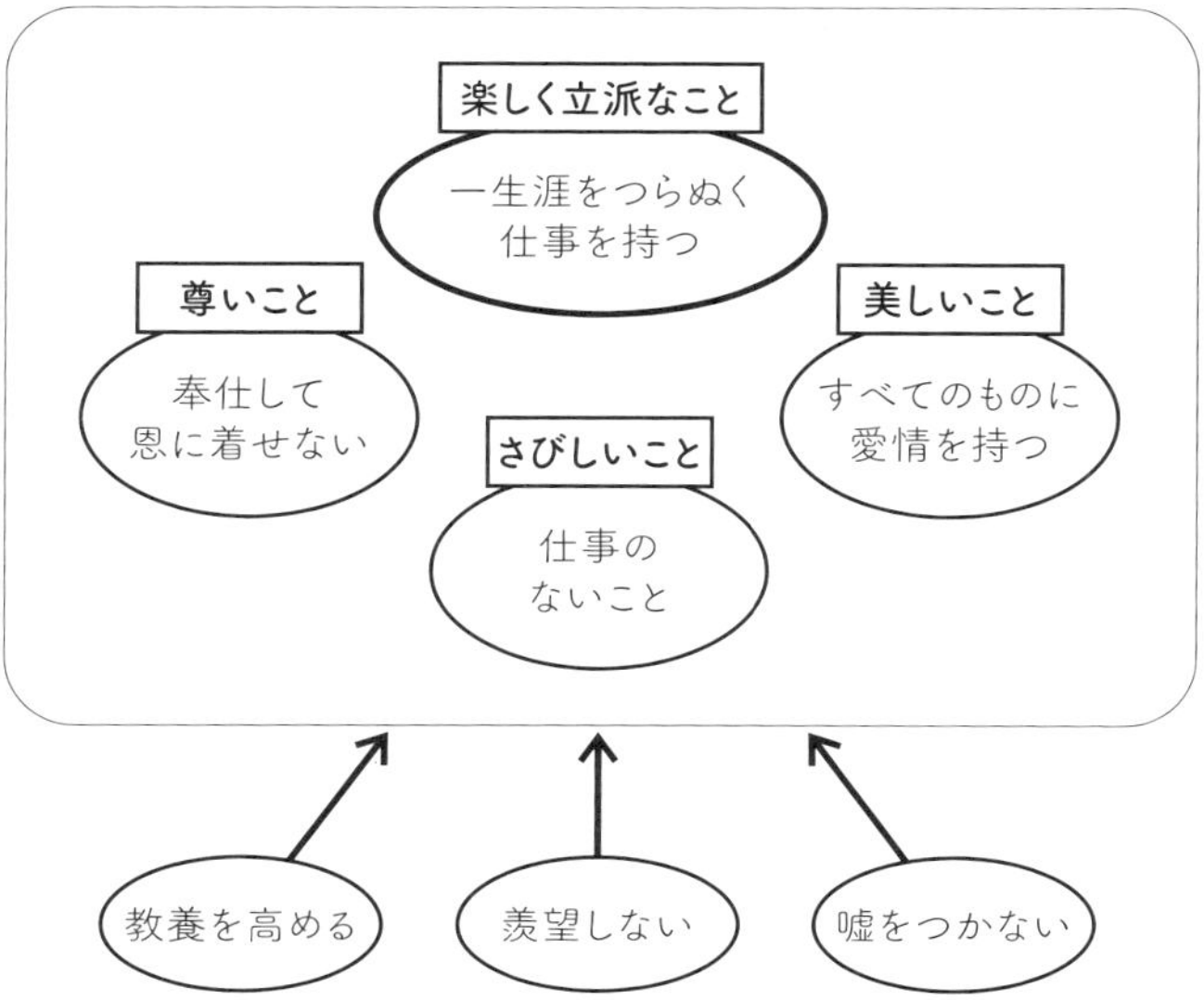

Column

『図で考える人は仕事ができる』はなぜ売れたのか

１９９０年に私が刊行した『図で考える人は仕事ができる』（日本経済新聞社）が話題になったとき、ある雑誌からこの本が話題になったのはなぜかという解説を書く依頼がありました。

担当編集者にその旨を伝え、回答を依頼したところ、手書きのファックスが届きました。そこには箇条書きで８つの要因が記されていました（左ページ上図）。

編集者に、『図で考える人は仕事ができる』という本を書けという依頼を私にしたのだから、図で描いてくれませんかというと、「実は私は箇条書き人間なのです。もうすぐ定年だからこのままでいきます」という返事でした。

そこで私が図を作ることになりました。この８項目を見ると、「図」に関係したものが２つあり、「考える」ことに関係したものは２つあり、「仕事」に関係したものが２つありました。そして「その他」が２つです。その本のタイトルとなった３つの要素の組み合わせで、読者の支持があったという図ができました。そして、箇条書きと図の両方に文章を添えて雑誌に送りました。

■『図で考える人は仕事ができる』は、なぜ売れているのか

〈編集者が書いた箇条書き〉

・考えること（思考）の本質をとらえている
・問題を解決するのに役立つ
・「目に見える形」の思考は説得力がある
・情報化（パソコン利用）に向いた思考法である
・これから間違いなく「図解思考力」が高まってくることを読者は感じ取っている
・仕事や生活のあらゆる場面で使える
・誰にでもできそうで、親しみやすさを感じさせる
・まさに「目からウロコが落ちる」発想法である

〈箇条書きを図解にすると〉

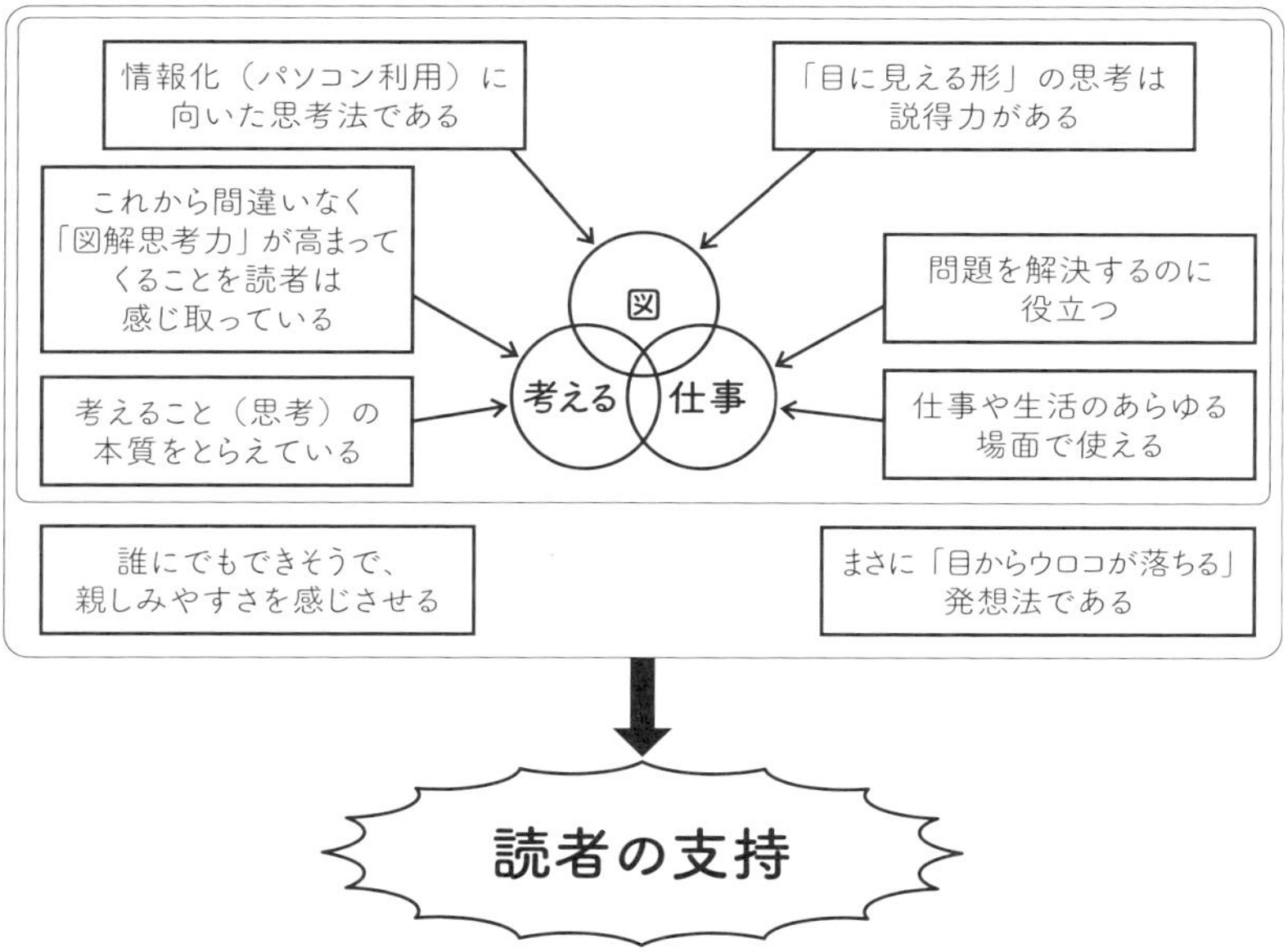

3 図を描くと「どこが問題か」が見えてくる

図解は論理トレーニングになる

ビジネスの世界では、「問題解決力」や「論理力」の重要性が叫ばれています。しかし、一定のフォームに入れればそれらしく見えるツールはあっても、能力を高めるための方法はほとんど開発されていないようです。

私は、図解を使った方法がこれらの能力をアップするのに役立つと考えています。図にするというのは、マルと矢印を使って、ものごとの関係を明らかにしていく作業です。**AとBが対立するのか、AとBは重なり合うのか、AがBを包含するのか、AとBの間に因果関係はあるのか、などの関係をクリアにしなければ図にすることはできません。**

図解する作業は、ものごとを論理的に考えるための非常に有効なトレーニングになると思います。したがって当然のことながら、問題解決力の養成に向いているのです。問題を発見するときに、図にすると主な要素の関係がある程度示されますから、どこに問題があるのかを見つけやすくなります。

図解で問題点を見つける３つの方法

図を使った問題発見の方法はいくつかありますが、次のような３つのやり方を示しておきましょう。

１つ目は、矢印に注目する方法です。矢印は「目的」に向かって流れていくことが多く、矢印をたどっていくと、たとえば「利益増大」とか「顧客満足アップ」といったような目的に最終的につながっていきます。

しかし、図のなかで矢印がうまくつながらないことがあります。そんなときはどこかに問題があるのではないかと考えてみましょう。

また、図のなかで矢印が「対立」になっているところを探せば、そこにも何か問題が隠されている可能性があります。矢印の「流れ」「向き」「太さ」などを吟味することによって、問題を発見することができるのです。

２つ目は、マルに注目する方法です。マルの大きさが同じでよいのか、マル同士が重なっているのではないか、どちらかのマルが他のマルを包含しているのではないか、などを考えていくと、問題のありかを発見することができます。

３つ目は、２つの図を比較する方法です。「あるべき会社像」と「現実の会社像」

問題解決のポイントは矢印を動かすこと

世の中は「関係性」で成り立っています。その関係を変えることによって、問題が解決しないかと考えてみます。図のなかで関係性を示しているのは主に「矢印」。矢印を動かすことで問題解決のヒントが生まれることがあります。たとえば取引先とのコミュニケーションがいまひとつなのであれば、取引先と自分との間の「矢印が細い」ということに気がついたら、「矢印を太くしたら＝コミュニケーションを増やしたら」問題が解決するのではないか、というように考えてみるのです。矢印の向きを変えたり、矢印の数を増やしたりすることで問題解決のヒントが生まれることもあります。

のそれぞれの図を描いて比べてみれば、問題は一目瞭然ではっきりするでしょう。いまの会社にとって足りないものがすぐに見えてきます。

ライバル会社と自社を図にして比較してもよいでしょう。両者の違い、自社の問題点が鮮明に浮かび上がってくるはずです。

創造的理解のための図解

新聞や雑誌の記事をそのまま鵜呑みにせずに、それを材料として自分の意見を形成するためにはどうしたらいいでしょうか。

図解では、文章で表現された材料（言葉）を用いて、原文に示された以上の深い理解に達することができる可能性があると156ページで述べました。それは書き手が表現した以上の情報を創造することでもあります。

同じ言葉を用いても原文以上の深い意味や背後にある考え方を作り出したり、何気なく使われている言葉と言葉の関係を改めて吟味することで、新たな関係や意味を発見したりできます。

雑誌や新聞の記者は、当然ではありますが自分の理解の及ぶ範囲でしかものごとを伝えません。

取材対象に関する知識が不足していたり、全体的な論理の裏付けがなかったり、知識の幅が広くない場合には、イキのいい材料を使っていても料理する腕が未熟であるため、私たちには対象の本質が伝わらない可能性があります。

　文章の読解の考え方として、文章に書かれている以上のものを読み取るという意味で「行間を読め」という言葉があります。**図解は、書かれている言葉以上の深読みを引き出せる可能性がある**のです。

図解で問題点を見つける方法

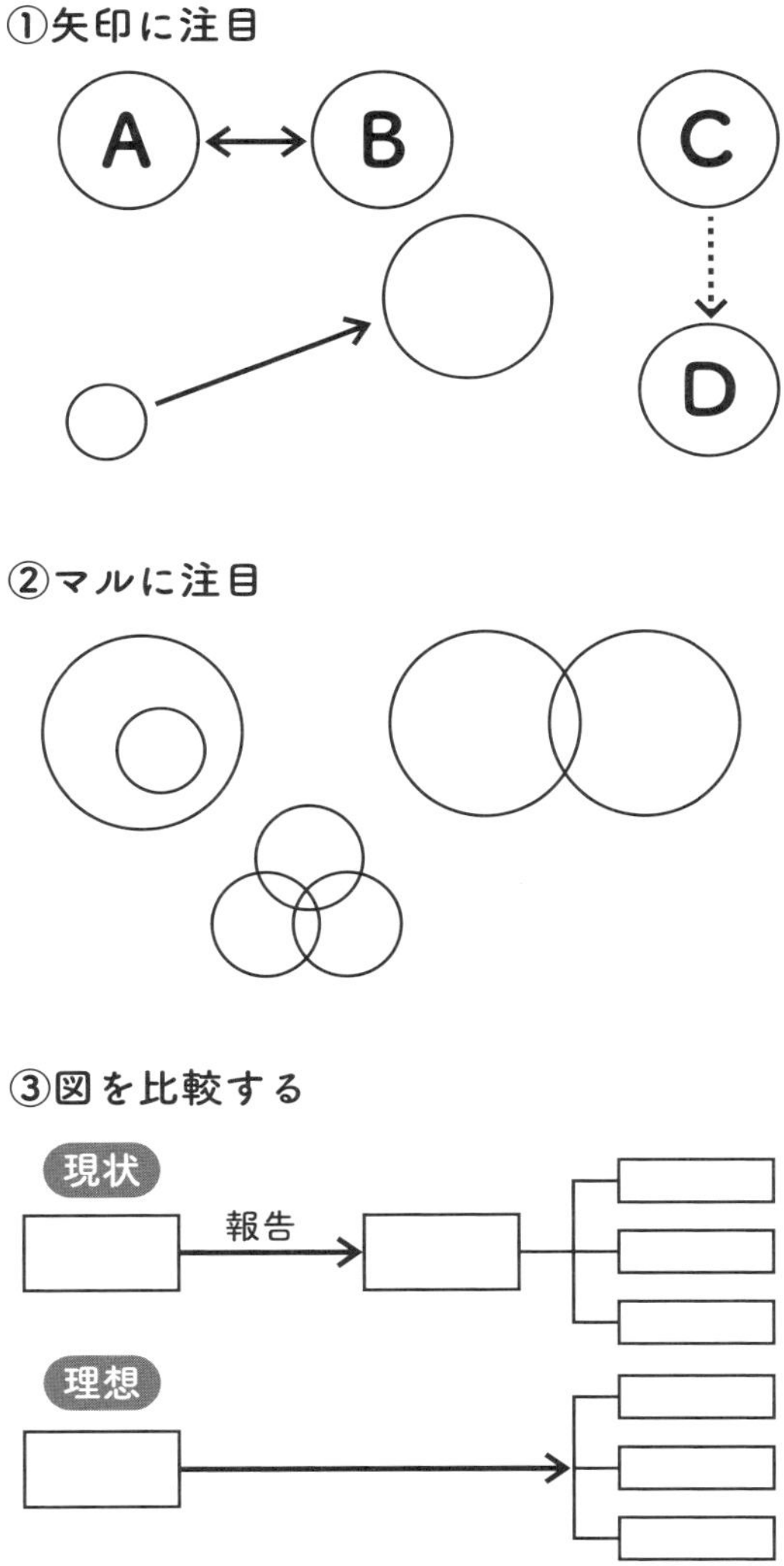

4

「図メモ」で考える

図でメモをとると考えが深くなる

図解によるメモ、「図メモ」というものがあります。

私は、講演やセミナーは図解を使ってメモすることが非常に有効だと思っています。東大の先生方が書いた『知の技法』（小林康夫／船曳建夫編・東京大学出版会）という本に、１つ印象的な文章がありました。

それは、講義が終わった後で何か質問がありますかと聞かれたとき、パラパラと自分のメモを見ているような人にはいい質問ができない、という部分です。これは最初から質問をしよう、という強い意志なり動機なりを持っていなければいい質問はできないということであり、とても感心しました。

ところが、講演を「図メモ」をとりながら（図解による理解を行いながら）聞きますと、非常に深い部分まで理解ができます。

講演やセミナーでは、箇条書きと文章でメモをとっている姿をよく見かけます。こうしたメモは、聞いた順番に書いていくので話の順番はわかりますが、前後の話の関係や各項目の大小はわかりません。そこで「図メモ」をとることをお勧めします。**図メモは、講演やセミナーを聞きながらキーワードを拾い出して描いていきます。**そのなかでキーワード同士の関係を考えることによって、講演の理解が深まるのです。キーワードを元にそれぞれの関係を自分で吟味し理解していくと、個々のキーワードを結ぶ関係について疑問が発生してきます。その疑問をもとに、もう一度考えながら話を聞いていく。途中でその解答が見つかれば、それをさらに描き込んでいく。こういう流れになります。

ここで最後まで残った疑問点、あるいは全体を通して自分の理解が及ばない、あるいは関係がわからないポイント、それこそが質問すべきことなのです。

寺島実郎氏は東京ＭＸテレビで毎月の１時間番組「寺島実郎の世界を知る力」で骨太で中身の濃い発言を重ねています。私は、この番組の熱心な視聴者であり、毎回、図メモをとり、それを見ながらブログにその内容を記しています。

基本はキーワードとキーワード同士の関係を考えながら、構造化し、主張の全体を理解しようとします。あとで、マルや矢印、赤字などを使いながら理解を深める作業をしています。参考までに、２０２４年10月20日放送分の図メモを186、187ページに掲げます。

仮図解の段階で他人の意見を聞く

仮図解が完成したら、もう一度全体を眺めてみます。この段階で、図解をいろいろな人に見てもらうのも有効です。その場合、見てもらう人と一緒に「ココとココの間には何があるのだろうか?」「このマルに関連した情報は?」など、図解につけ加えるものを考えながら見直していきます。骨格がしっかりしていれば、図解を見ている人との間でテーマの全体像についての共通認識が生まれます。全体像が把握できると、自然とアイデアは出てくるものです。その後、図解を見ながら出てきたアイデアを膨らませたり、まとめたり、取捨選択したりして描き込んでいきます。

図メモ①

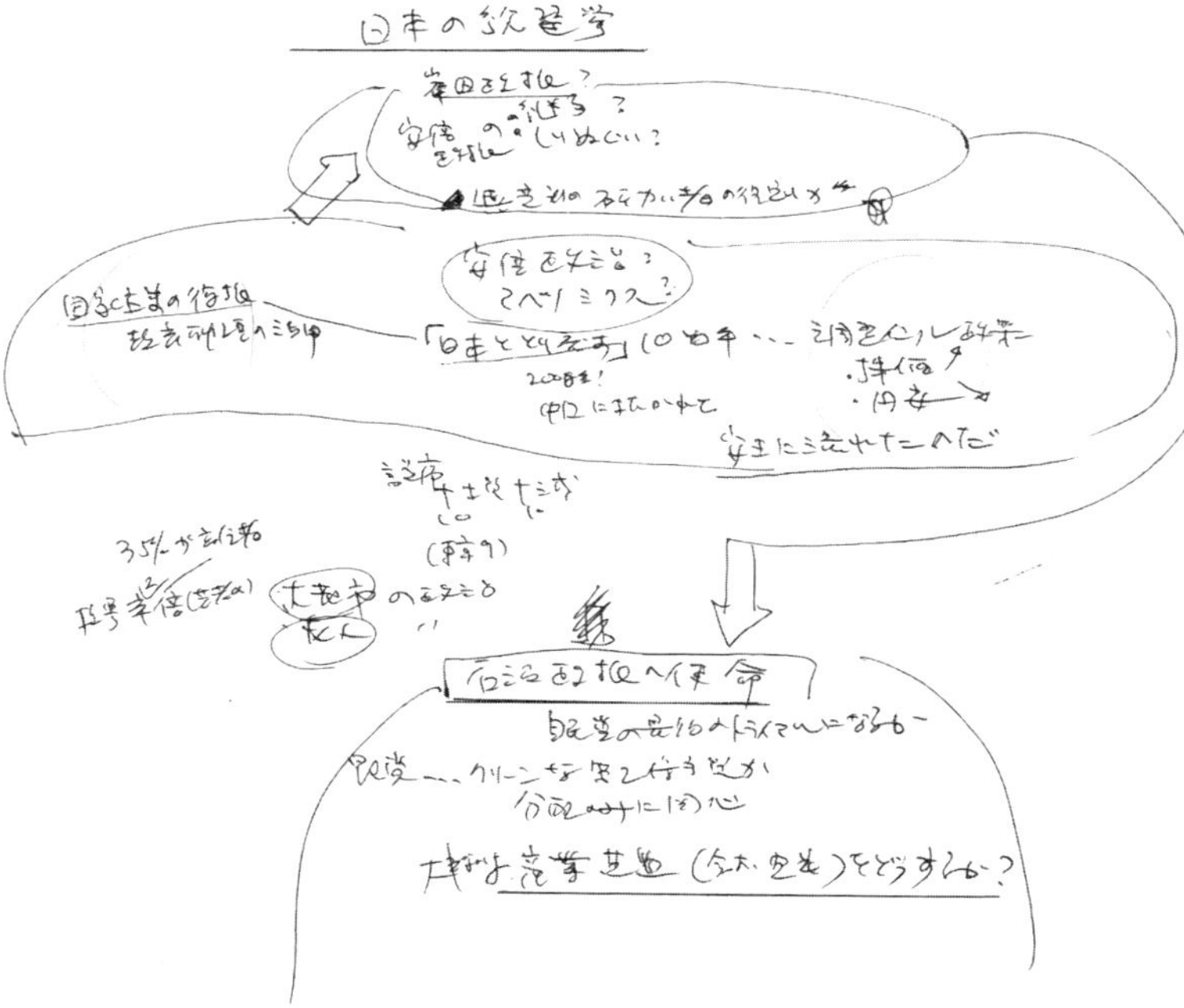

図メモ②

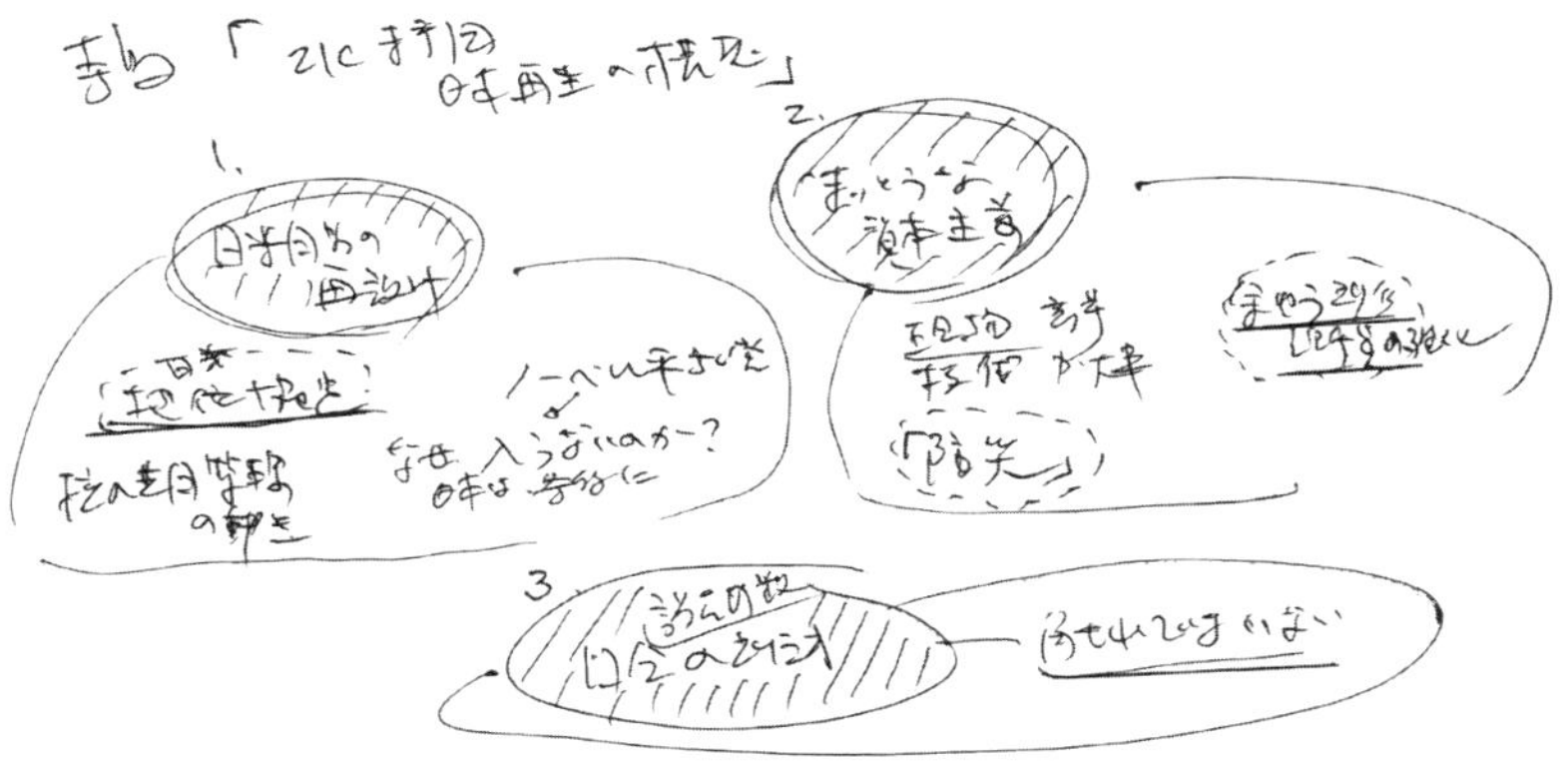

右ページの図メモから描いた図解

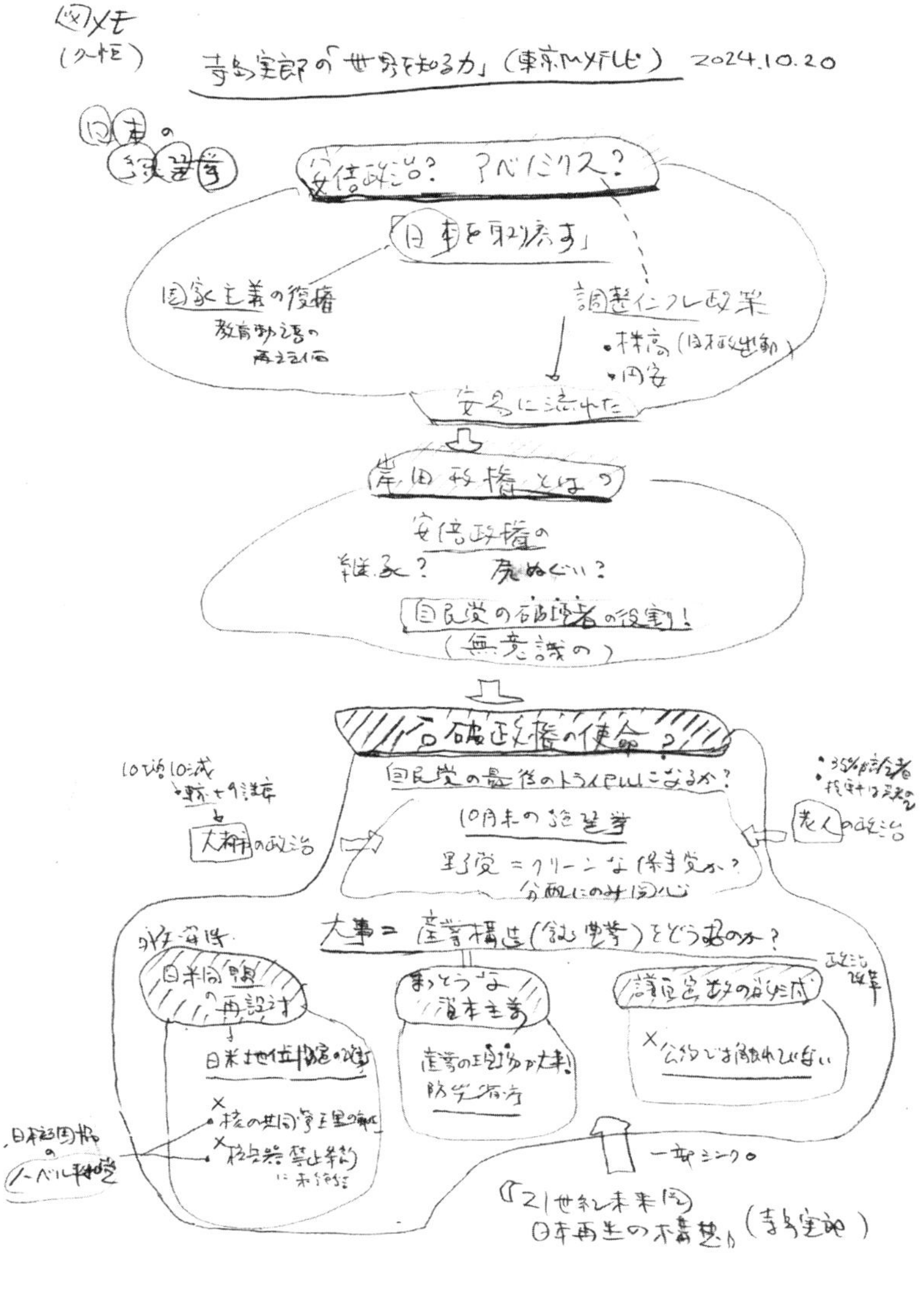

5 図で企画を考える

図解を使うと考えが進化していく

ビジネスの世界では、企画書を書く必要に迫られる人も多いと思いますが、図はよい企画を考えるのに役立ち、また説得力のある企画書を書き上げるという面でも大変有効です。

企画を考える場合には、こんな方法があります。例を挙げてみましょう。

まず、「現状の問題点」「現状で利用できる人材や資源、ツール」「求められている成果」といったものを、最初はランダムで結構ですから、思いつくままに紙に書き込んでいきます。

ある程度キーワードが出揃ったら、今度はそれらのキーワードをマルで囲み、関連性のあるものを線で結んでいきます。また、共通性のあるものはまとめてグループ化してしまいます。最初は相当に錯綜しているかもしれませんが、何度か図を描き直していると、かなり整理されてまとまりのある関係性が見えてくると思います。

そうした図でも現状と理想の間には当然、乖離がありますから、線でうまくつながらないところが出てきます。そして、その**線でつながらない部分が課題であり、企画の出発点になります。**「なぜ乖離が生じているのか」「その乖離を解決するためには何が必要でどうすればいいのか」ということが見えてくるのです。

「融合」と「包含」で新たなアイデアが生まれる

アイデアというのは、異質のものが「融合」したときに出ることが多いもの。**マルが重なり合った部分について「ここは何を意味しているのだろう」と考えていくと、新たな発想が生まれてくることがあります。**異質なものが交わった部分を考えていくと、いろいろなアイデアが浮かんでくるはずです。

「融合」とともにもう1つの大事な概念は「包含」です。私が航空会社にいたとき、社内では「安全とサービス」を標語として掲げていました。しかし、これは、本来、別々の概念をつなぎ合わせただけの標語でした。

整備と運航などのオペレーションの提供する「安全」と、空港、営業、客室などのカスタマーラインが提供する「サービス」を、「と」という言葉でつないでいたのです。これら2つを「安心」というキーワードで包含し、全部門の力を結集しようという意味で「大いなる」をつけて「大いなる安心」というサービス理念を作り出したことがあります。

仙台で企画した「新・杜の都構想」

私が奉職した宮城大学は1992年に開学のためのプロジェクトチームが結成されました。以降、原野を切り拓き、「美しい公園のなかにきれいな湖があり、そのほとりに巨大な円形のリゾートホテルが建っている」というイメージで建築が進められ、それを実現しています。そして、事業構想学部という全国初の名称の学部と、看護学部との2つの学部での出発となり、1997年4月に開学しました。

図解という武器を使って地域活性化に挑んだ例として、2003年3月卒業の私のゼミ生が取り組んだ、2001年の仙台市長選に関わる取り組みの図解を紹介したいと思います（次ページ）。

学生たちは図解を使ったディスカッションを重ね、数か月間かけて「新・杜の都構想」という提言書を完成させ、選挙戦のさなか市長選の各候補者に提示しました。仙台開府400年、そして21世紀の幕開けの年に行われる市長選にあたって、次の400年を見通したまちづくりの議論があまりにも少ないという問題意識からの出発でした。

報告書では「学都・仙台」「商都・仙台」「楽都・仙台」という3つのキーワードに

■図解「新・杜の都構想」

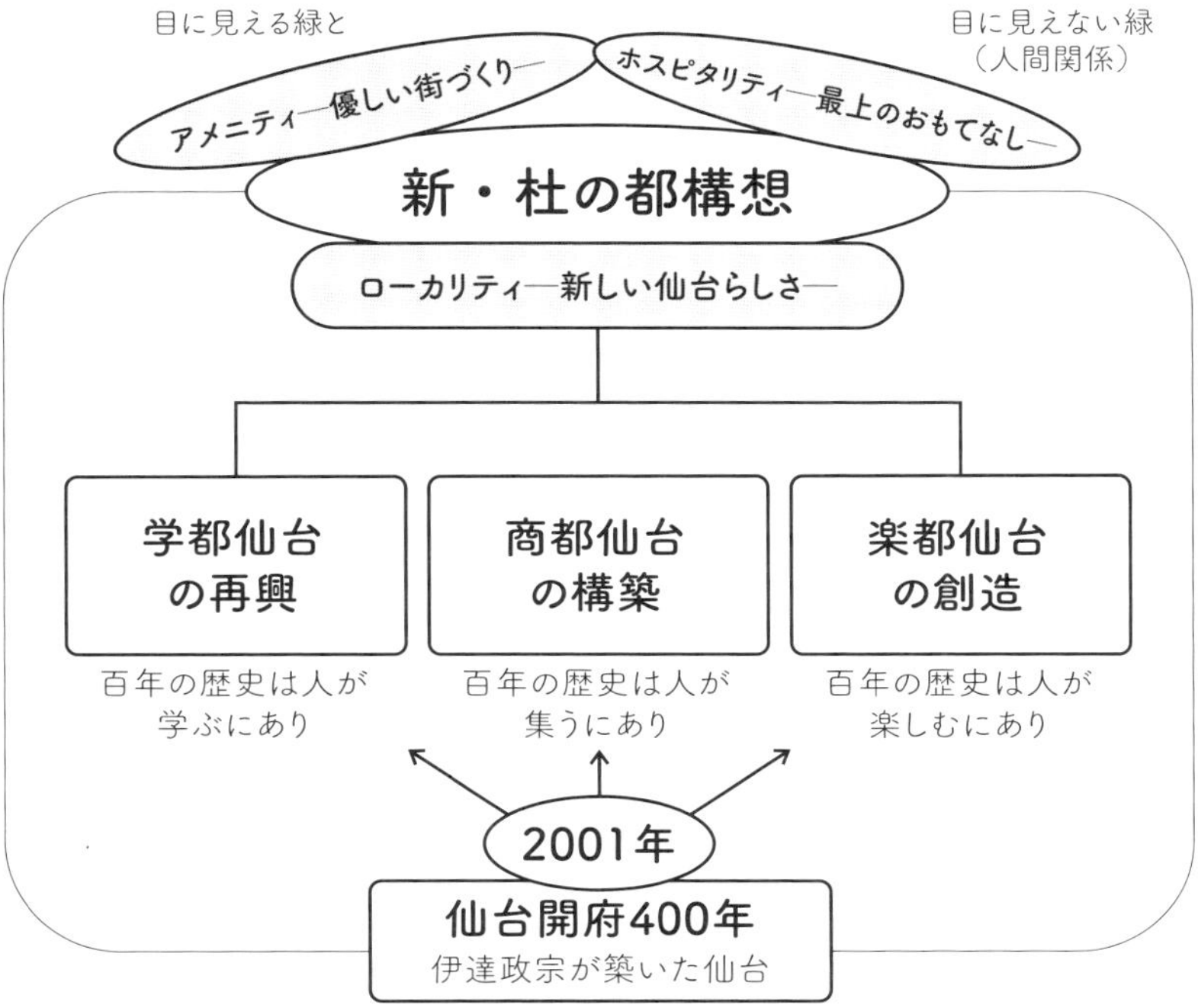
目に見える緑と
目に見えない緑
（人間関係）
アメニティ―優しい街づくり―
ホスピタリティ―最上のおもてなし―
新・杜の都構想
ローカリティ―新しい仙台らしさ―
学都仙台
の再興
商都仙台
の構築
楽都仙台
の創造
百年の歴史は人が
学ぶにあり
百年の歴史は人が
集うにあり
百年の歴史は人が
楽しむにあり
2001年
仙台開府400年
伊達政宗が築いた仙台

基づき、具体的な提言を行いました。

・仙台は学都と呼ばれて久しいが、これを学問の都ではなく、学生の都として位置づけ、地域活性化の資源として活用する。
・仙台は昔から商人はいたが、商業は発達してこなかったのではないか。商業を中核に据えて、中心市街地の活性化をはかるべきである。
・また仙台は住みやすい「癒しの街」というイメージがある。もっと楽しい街にしたい。若者の音楽の領域では全国でも有数の活発な街でもあり、音楽にあふれた楽しい街を目標とすべきだ。

そのために、「現代の青葉城」の構築を提案する。仙台の特徴の1つは駅前のペデストリアン・デッキの存在だ。これを拡張して日本一の駅前広場を創り出す。

そこでは、音楽、絵画、大道芸、政治ショー、物品販売など、さまざまな活動を誘致し、季節感あふれた演出をして、百万都市・仙台にふさわしい玄関とする。

建設は民間の資金とノウハウを活用し、広場の運用は若者主体の特定非営利団体（NPO）にまかせ東北と全国から集まった人々をスムーズに商店街に流し経済を活性化させるなど、夢は大きく膨らんでくる。

若者のアイデアは素晴らしい。大人では考えつかない発想を持っていると実感したプロジェクトでした。

6 企画は自分のなかから生まれる

すべての仕事に「企画」がある

ところで、「企画とは何か」と聞かれると、多くの人の頭には、企画会議に出席して、企画書を手にプレゼンテーションを行う、そんなイメージが浮かぶのではないでしょうか。

しかし、企画は企画部門だけで行われる仕事ではありません。営業、経理、そして店頭の販売員からタクシーの運転手に至るまで、誰もが日々、企画を行っているのです。

「こうすれば、もっとスムーズになるんじゃないか」「こうすれば、もっとお客様の目を引くんじゃないか」。そんな、**仕事をよりうまく運ぼうとする積極的な工夫、これらはすべて、企画につながるクリエイティブな行為**なのです。

よく、もっと創造的な仕事がしたい、という声を聞きます。しかし、どんな仕事にも創造の余地はあり、実際に多くの人が新しいアイデアを実践しています。企画とは、クリエイティブな問題解決であり、あらゆる仕事は企画だといってもいいでしょう。

自分とのコミュニケーションに図解が効果を発揮する

理解と伝達は、第三者とのコミュニケーションです。それに対して、企画においてコミュニケーションをはかる相手は、自分自身となります。

自分との対話のなかで、思考し、企画を練り上げていくのです。ここが企画が持つ最大の面白さであり、難しさといえるでしょう。

自分との対話によって導き出される企画は、その人の知識や経験、能力がそのまま反映されます。そして、自分とのコミュニケーション術の巧拙が、企画力を決定づける要素となるのです。

逆にいえば、**自分の頭と上手にコミュニケーションする技術を身につけることができれば、豊かなアイデアや斬新な企画を生み出すことができるようになる**のです。

自分の知識・経験・能力をフル活用して、企画を立案する必要があるのです。

自分との対話には、図解を使うのが最も効率的です。自分のなかにある発想や経験を紙に書き、図にしていくことで、関係性や構造が目に見えるようになります。

これを繰り返すことで、新しい発想や企画が生み出されるのです。

回転や置き換えをすると視点も自然に変わる

図解ができたのに、アイデアが思うように浮かばなかった場合は、図解そのものを動かして、発想を根本から変えてみます。たとえば、入社したばかりの社員が自分の仕事を図解して業務改善策を考えたとしても経験が少ないのでなかなか思いつかないでしょう。このような場合は、図解をひっくり返してみます。たとえば、自分を中心にした仕事の図解を、お客様を中心にした図解に描き直します。お客様から見た自分たちの仕事が見えてきて、はっと気づくことがあるでしょう。同様に、自分の仕事図を上司から見た図解に描き直してみると、新たに気づくことがあるかもしれません。

7 「図解企画書」は文章企画書を圧倒する

文章の企画書は考えないとわからない

企画書は、一体、誰のために書いているのでしょうか。もちろん、読んでもらう相手の承認、賛同を得るために作成しています。

したがって、相手に合わせて作ることは最低限の条件です。そのように考えると、いままでさまざまなテーマで述べてきたように、文章で綴った企画書は、利点もありますが欠点もあるのです。

現在はまだ、文章による企画書がはばをきかせているようですが、図解をうまく使った企画書を書くことによって、説得力のある企画書を書くことができるようになります。

そこで少々古いですが、１９８５年発売のＪＴＢのヒット商品「たびたび」（旅行券の分割前払いプラン）をもとに図解企画書を作ってみます。

197ページの文章企画書は、私が書いたものです。この企画書を図解したのが199ページの図です。

文章による企画書は、読むのに時間がかかります。文字がびっしり詰まった企画書は、枚数が多い場合も多く、書いた人の費やした時間や労力に対し「ご苦労様」という気持ちは起きますが、文章の内容を考えながら読み進むことを考えると、読む前から気が重くなります。

文章は、最後まで読まないと全体像がなかなか理解できない上に、少しでも横道にそれていたりすると、また前後の文脈を追いかけることになり、効率が悪くなりがちです。

企画書は相手の賛同を得るために作っているのですから、しつこく説得されると、拒否反応も起こしたくなるものです。

図解企画書はポイントがひと目でわかる

これに対し、199ページの図解企画書はこの例でもわかるように、**全体像がひと目で理解できると同時に、企画書のポイントを把握することが容易なため、賛同を得やすいことが長所**です。

また、文章が前後の文脈を追いかけるのに対し、上下左右を十分に使った２次元空

「たびたび」とは

1985年４月にJTBから発売された「たびたび」は、「旅行券の分割前払いプラン」。お客様に事前に分割払い（口座からの自動引き落とし）、または現金による一時払いをしてもらい、満期時に旅行券を受けとるという新しいシステムで、翌年１月、日経流通新聞の最優秀賞を受賞しました。現在は「たびたびバンク」という名称の旅行積立として継続しています。

「たびたび」の文章企画書

企画書

〇〇旅行社商品企画室

現在、主婦の就業率は高く、60%を超えているが、その人たちの大半は働いて得たお金を貯蓄に回している。それも無目的ではなく、脱日常のために使いたい、中でも旅行のために使いたいという人が20%を超えている。ところが、実際にはその貯蓄を家族のために使ってしまい、本当は行きたかった旅行にはほとんど使われない。

貯蓄はお金であり、最も汎用性があるために、当初の目的ではなく他の商品に化けてしまう可能性が大きいということであろう。それでは、これを旅行券に代えてみたらどうか。旅行券は現金に比べて不便なものだが、この不便性がかえって当初の貯蓄目的を貫けるのではないか。

新商品「旅行券の分割払いシステム」の概要は以下の通り。

毎月3,000円以上を6～60か月、お客様の希望期間お支払いいただく。支払いが終わると、貯蓄の場合の利子に相当するサービス額を加えて、旅行券でお客様にお渡しする。

旅行目的で積み立てて、満期になれば旅行券で渡されるため初心を貫くことができる。

また、積み立て期間を自由に設定でき、途中で変更することもできる。つまり、目的に応じていかようにも積み立てることができる。

また、毎月の積み立てなどで、１回の支払いはわずかですむうえ、支払い方法も銀行や信用金庫、郵便局から自動引き落としにするので、いつの間にか積み立てができている。

この旅行券は、JRの切符から海外航空券、パッケージ旅行など希望する旅行商品に使えるなど、非常に便利で汎用性が極めて高い。

利用対象
・女性が主導権を握っている家族旅行、夫婦旅行
・忘年会旅行などの職場旅行
・修学旅行

積み立てていただいているお客様は、すべて旅行を目的としており、必ず当社を利用いただける。

また、旅行者像が前もってわかる、そして満期がハッキリわかっているため、事前にお客様にアプローチが可能であり、きめの細かい高品質のサービスが提供できる。

間を利用しますから、それだけパワーが大きくなります。

実際に企画書を使ってプレゼンテーションを行う場合を想定してみましょう。

図解企画書は、企画全体の姿を参加者の目の前に置きながらの論議や評価となりますから、字句の定義や細かいどうでもよい表現などに焦点が当たらず、**企画の本質に関する論議が行われやすくなります。話がわき道にそれた場合でも、目の前に図解がありますから直ちに本筋に復帰できる強みがあります。**

また、プレゼンテーターの立場からいうと、図解による説明を事前に演習することにより、企画に足りない点、批判されるかもしれない点をチェックできるなど、さまざまなメリットがあります。

ただし、勢いにのっていつでも図解ですべてを表そうとすると、意外な落とし穴があります。企画書は相手のために書くものですから、相手の好み、レベルをよく観察して、そこに合わせなければなりません。

文章を読み書きする文化が中心のところで、いきなり図解のみを使った企画書を出すと拒絶反応が出ることになります。この点は、非常に重要です。相手に合わせながら、ポイントを図解で説明していくのがよいと思います。

この例でいうと、「現状」や「ヒント」に相当する部分は文章で書き、「新商品の概

相手の意見を入れると賛成者になってくれる

図解で企画提案をしたときなど、「５つ目の項目を加えてはどうか」とか、「この調査は不要だ」などといわれることがあります。その場合は、相手の意見を取り入れた図にすぐに作り替えればいいのです。自分の意見が図に取り入れられると、その人は賛成者に回ってくれる可能性が高くなります。だから図に空白を残しておき、相手の意見をうまく引き出していくのが図を使って仕事をするときの秘訣です。多くの人の意見を入れながら修正していくことで、より完成度の高い提案になっていくのです。

■「たびたび」の図解企画書

企画書：**旅行券の分割前払いシステムの導入について**

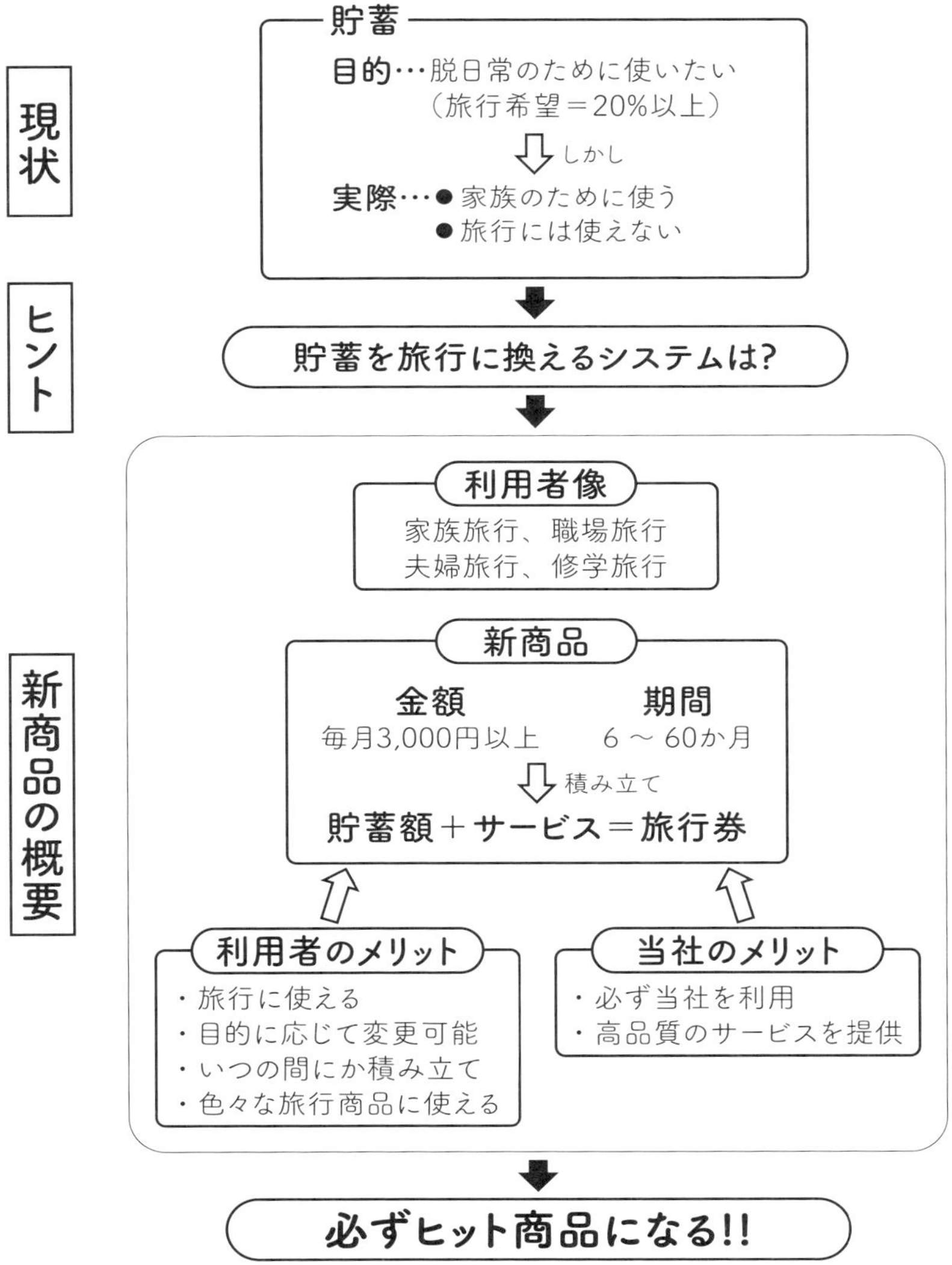
現状
貯蓄
目的…脱日常のために使いたい
（旅行希望＝20%以上）
しかし
実際…● 家族のために使う
● 旅行には使えない
ヒント
貯蓄を旅行に換えるシステムは?
新商品の概要
利用者像
家族旅行、職場旅行
夫婦旅行、修学旅行
新商品
金額
毎月3,000円以上
期間
6 ～ 60か月
積み立て
貯蓄額＋サービス＝旅行券
利用者のメリット
・旅行に使える
・目的に応じて変更可能
・いつの間にか積み立て
・色々な旅行商品に使える
当社のメリット
・必ず当社を利用
・高品質のサービスを提供
必ずヒット商品になる!!

要」を図解で説明する、という方法がよいでしょう。

架空企画書の図解例

もう1つ、架空の商品「セブン－ミニ」という飲料の文章企画書と図解企画書を挙げておきます。文章では最後まで読まないと、どのような商品で、どんな特長があり、販売計画をどう考えているのかわかりにくくなっています。

一方、図解企画書では、全体の流れや商品の特長などがざっと見ただけでわかります。図解企画書のパワーを理解してもらえると思います。

ここでは、まず図解企画書（次ページ）を示し、次に文章の企画書（202、203ページ）を示しました。伝わり方の違いがよくわかるのではないでしょうか。

最後に、図解を使いながら企画を立てる手順を、204ページから解説しました。

架空の商品企画ですが、企画をどのように考え、どのように図解しながら企画としてまとめていくか、構築していくかの参考にしてください。

■「セブン-ミニ」の図解企画書

企画書　　新商品企画部企画開発課

水溶性繊維使用の新飲料「セブン-ミニ」発売の件

ねらい

食生活の洋風化により繊維の摂取が減っている ──▶ 大腸癌の増加
女性の便秘も増えている
⇩
潜在的な食用繊維のマーケットが拡大

⬇

ヒント

簡単に摂取できる水溶性食用繊維を開発する
⇩
自動販売機でも簡単に購入できる炭酸飲料がよい

⬇

商品化

無味無臭の水溶性繊維ポリデキストロースが最適であり、これに加工して下記のように商品化した

- 1ビン:110ml　繊維含有量6グラム　価格100円
- カロリー：48kcal
- 原料：糖類、ポリデキストロース、ガラナエキス、ビタミンC酸味料、調味料（アミノ酸）、香料、コチニール色素
- 味、色:炭酸による快適味、ガラナによる酸味、オレンジ色
- ガラス容器底部直径45mm、高さ146mm　下部円筒、上部円錐形

⬇

発売計画

20XX年X月X日
一斉発売
初年度販売目標
1億本
売上 100億円
粗利益 7億円

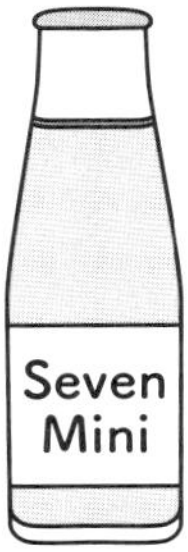

ネーミング
「セブン-ミニ」
ロゴは英字使用
初年度広告予算
5000万円
人気タレントを
起用して
キャンペーンする

⬇

競合他社にも類似品はないから、逐年売上げ10%増が見込める

以上。

（添付資料）最近5年間の日本における各社飲料の販売統計推定
最近5年間の当社飲料の販売統計

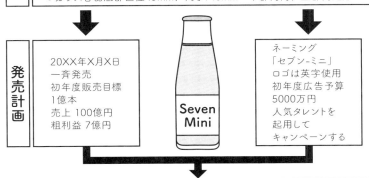

4．標準組成　1びん110mlとし、繊維含有量は6グラムとした。日本人の1日あたりの補助摂取量としてはこれで十分である。なお繊維はとりすぎによる害はない。
48kcal　原料は糖質（砂糖、ぶどう糖果糖、液糖）、ポリデキストロース、ガラナエキス、ビタミンC、酸味料、調味料（アミノ酸）、香料、コチニール色素。
5．価格および包装形態
キオスクや自動販売機で購入できる100円とし、液量としては当座の飢渇感を取り去るに最低十分な量である。容器は底部直径45mm、高さ146mmで片手で軽くにぎれる太さで、しゃれた下部円筒形・上部円錐形のスリムなスタイルを採用した。
6．初年度販売目標は1億本、売り上げ100億円、粗利益7億円を見込む。
7．20XX年　月　日全国一斉発売とする。
8．ネーミング「セブン-ミニ」としたのは「セブン」はラッキー、「ミニ」はかわいらしさを表現した。現在国民の大多数は簡単な英語が読めるので英字体を使用する。
9．広告キャンペーンには現在人気のタレントを起用し、テレビを中心に新聞雑誌等の媒体に初年度広告予算5000万円を計上する。訴求対象はとくに年齢層を特定しないが、若い女性、男性のはつらつとした若さ、健康のイメージを創り出す。現在広告部に計画作成依頼中である。
以上の企画は多年の製品研究とマーケティング調査にもとづく独創的な新商品で、大腸ガンおよび便秘の恐怖をとりのぞく心理的実際的効果があり、競合他社にもそのような商品は見当たらない。したがって逐年10％以上増しの売上げが見込めることと確信している。

以上。

（添付資料）
最近5年間の日本における各社飲料の販売統計
最近5年間における当社飲料の販売統計

■セブンミニの文章企画書

企画書

新商品企画部企画開発課

水溶性繊維使用の新飲料「セブン-ミニ」発売の件

1．ねらい　ここ20年間に大腸ガンによる死者が３倍に増えているのは食習慣の洋風化につれ、肉食、脂肪食の摂取が増えたのに従来の米食、イモ類、野菜などの量的摂取が相対的に減ったためである。医師の一般的見解によると大腸壁に粘着性のある蛋白の老廃物がこびりついて排泄するまでの滞留時間が長くなると腸壁を刺激してポリープの発生を生じさせる可能性が高まるからであるという。そこでこれを防ぐには繊維類を多摂取して、これとともに排泄を促進すればよいことになる。

ガンへの恐怖をとりのぞく以外に女性には便秘が多く、繊維摂取は便秘にも卓効があるからこの方面も効果がある。

ではどのようにして繊維を多摂取させるかは、従来型の食習慣にもどすことがひとつ考えられるが、そのようなことは難しい。

そこで我が社が簡便な繊維性食品を工業的に製品化してニーズに応えることにすれば相当大きな新市場の開発が可能である。

2．水溶性食物繊維の使用

当課はかねてから中央研究所に新繊維の開発を依頼していたが、繊維には非水溶性のセルロースと水溶性のペクチン、アルギン酸など多糖類があり、スジやカスが残り加工・包装に難点がある非水溶性繊維を捨て、水溶性繊維をひとつひとつテストしていった結果、ポリデキストロースが適当であることを発見した。この繊維は無味無臭であるため味付けが容易であるという特色があるからである。（製品特許出願ずみ）

3．新飲料への製品化

このような水溶性繊維を製品化するにあたって考慮した点は、とくに女性に多い便秘にきくこと、おいしく、好き嫌いがないこと、簡単に摂れること、安価でいつでもどこでも購入・販売が容易であること、などである。

このような条件を満たす商品として液体飲料、固形物であるアイスクリーム、プリンを考えたが、簡便性があり季節を問わず大きなマーケットが確保できるのは液体飲料がもっともすぐれている。

このため日本人、とくに女性に好まれやすいオレンジ色、炭酸による快適味、ガラナによる酸味のある味つけと最近のダイエット傾向にかんがみ糖類使用量をおさえ、カロリー量を少なくした製品化を行った。（試供品別添）

〈実践〉図解で企画を考える

いいアイデアが思いつきません。
企画力をつけるにはどうしたらいいのでしょうか?

こうした質問が来ることがあります。

ここでは、図解を使いながら企画を考えていく手順をステップごとに解説していきます。

●ステップ1
企画に必要な要素を認識しよう

商品を買うということは理屈ではなく、人間の欲望です。データを積み上げるのではなく、欲望を満たすものこそが売れる商品の必要条件です。あとはそれを買うお客様が主人公になれるような物語性、これらの要素を、自分の経験と知識から導き出して、商品企画に結びつけます。

■ステップ１

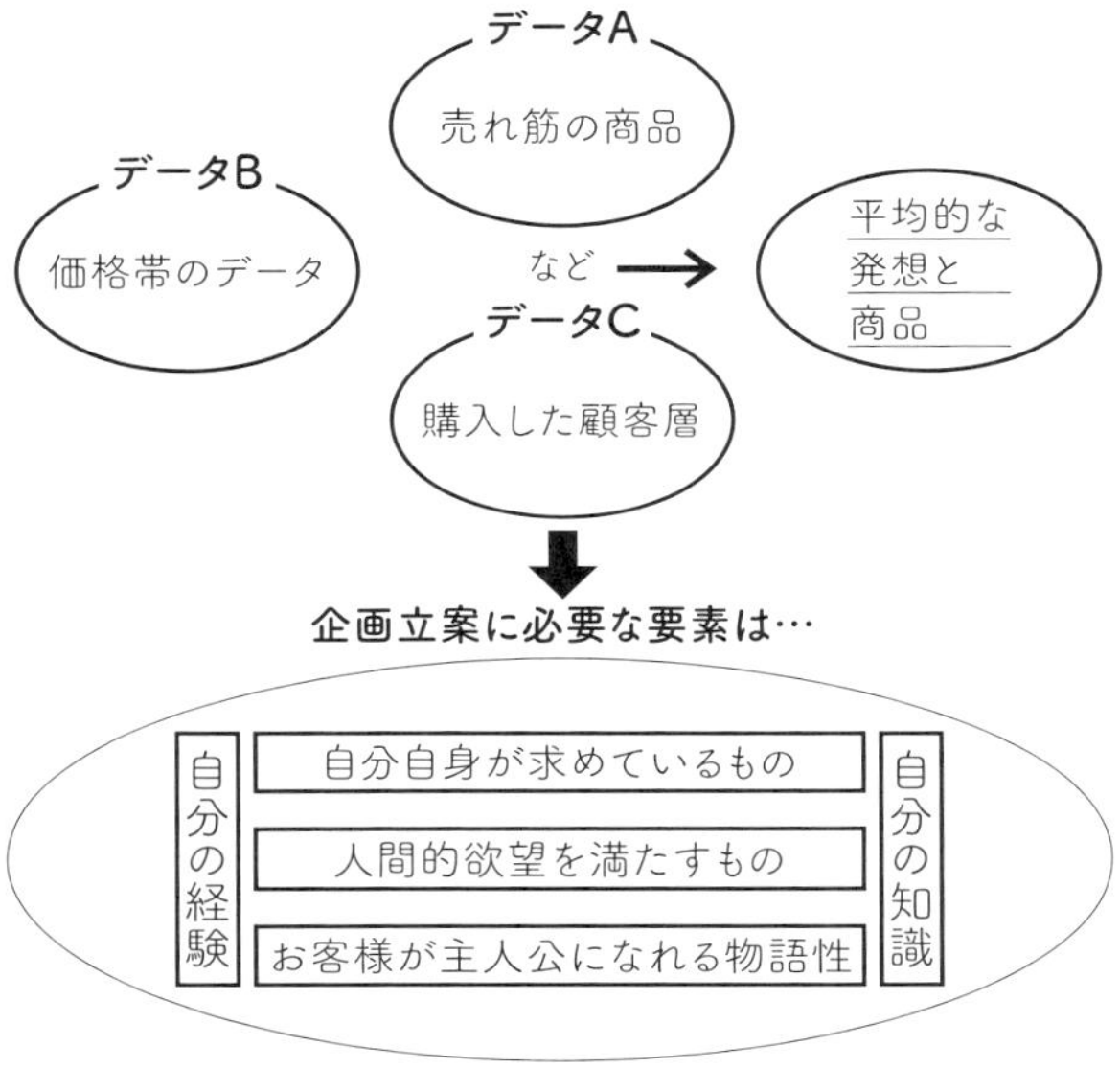
データA
売れ筋の商品
データB
価格帯のデータ
など
データC
購入した顧客層
平均的な
発想と
商品
企画立案に必要な要素は…
自分の経験
自分自身が求めているもの
人間的欲望を満たすもの
お客様が主人公になれる物語性
自分の知識

■ステップ２

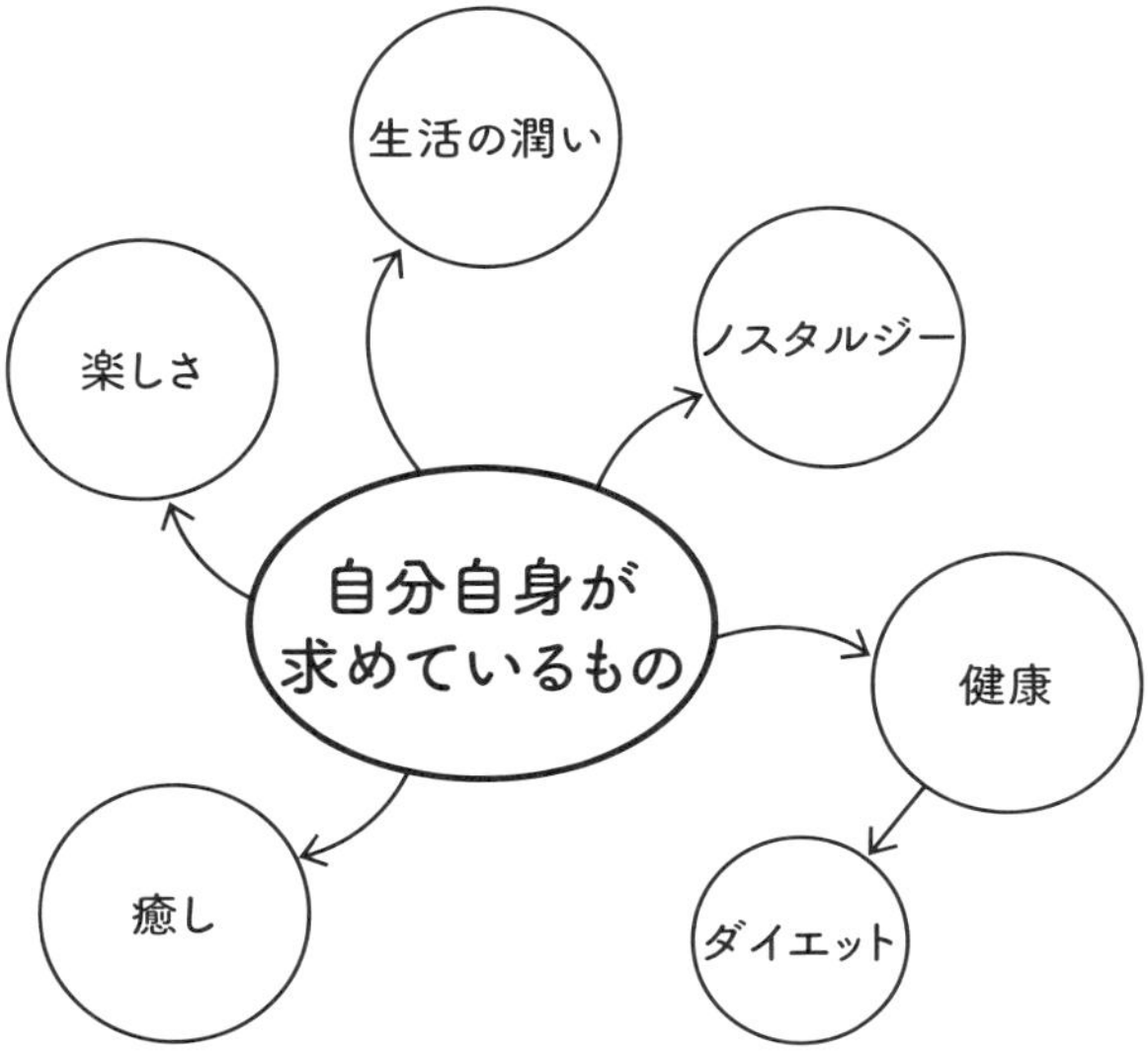
生活の潤い
楽しさ
ノスタルジー
自分自身が
求めているもの
健康
癒し
ダイエット

●ステップ2

自分自身が求めるもので発想を広げる

そもそも企画というのはキーワードを挙げていく、そしてそれを組み合わせて新しいものを作り出します。たとえば、「潤い」「ノスタルジー」「健康」……。これらのキーワードからさらに連想を広げて別のキーワードを導いたり、それらを組み合わせるだけでも、企画は次々に生まれてくるはずです。

●ステップ3

その他の要素から発想を広げる

企画には遊び心が必要です。小さくまとまるのではなく、発想を自由に広げて、キーワードをたくさん挙げていきましょう。

●ステップ4

すべての要素を1つにまとめてみよう

それぞれの関係性を理解した上で、「ステップ3」で考えたキーワードをいろいろと組み合わせてみると、新しい商品企画が生まれてくるはずです。たとえば「自然志向」というキーワードと「物語性」を結びつけて、時には部屋のなかではなく、屋外

■ステップ３

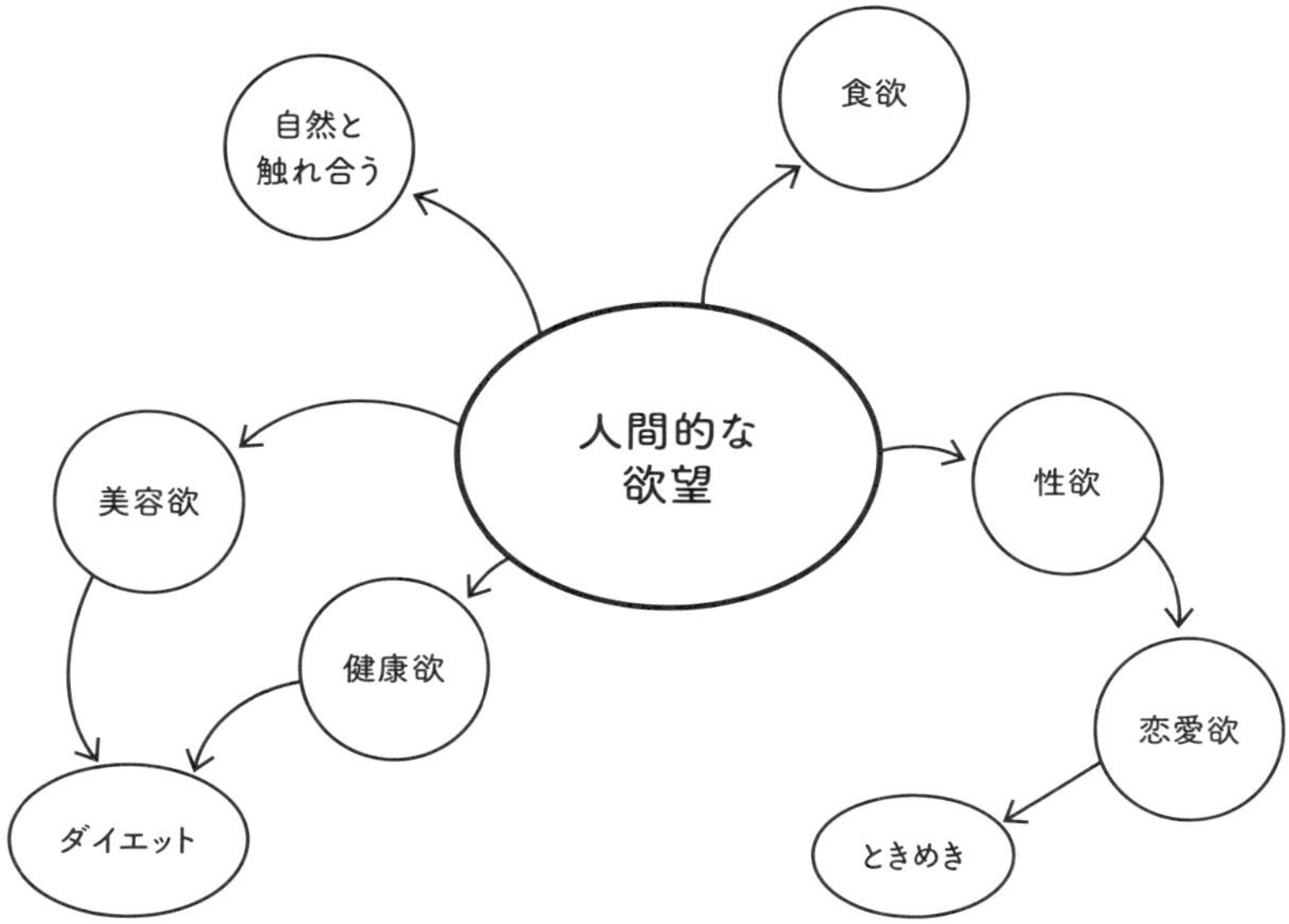
人間的な
欲望
自然と
触れ合う
食欲
美容欲
性欲
健康欲
恋愛欲
ダイエット
ときめき

■ステップ４

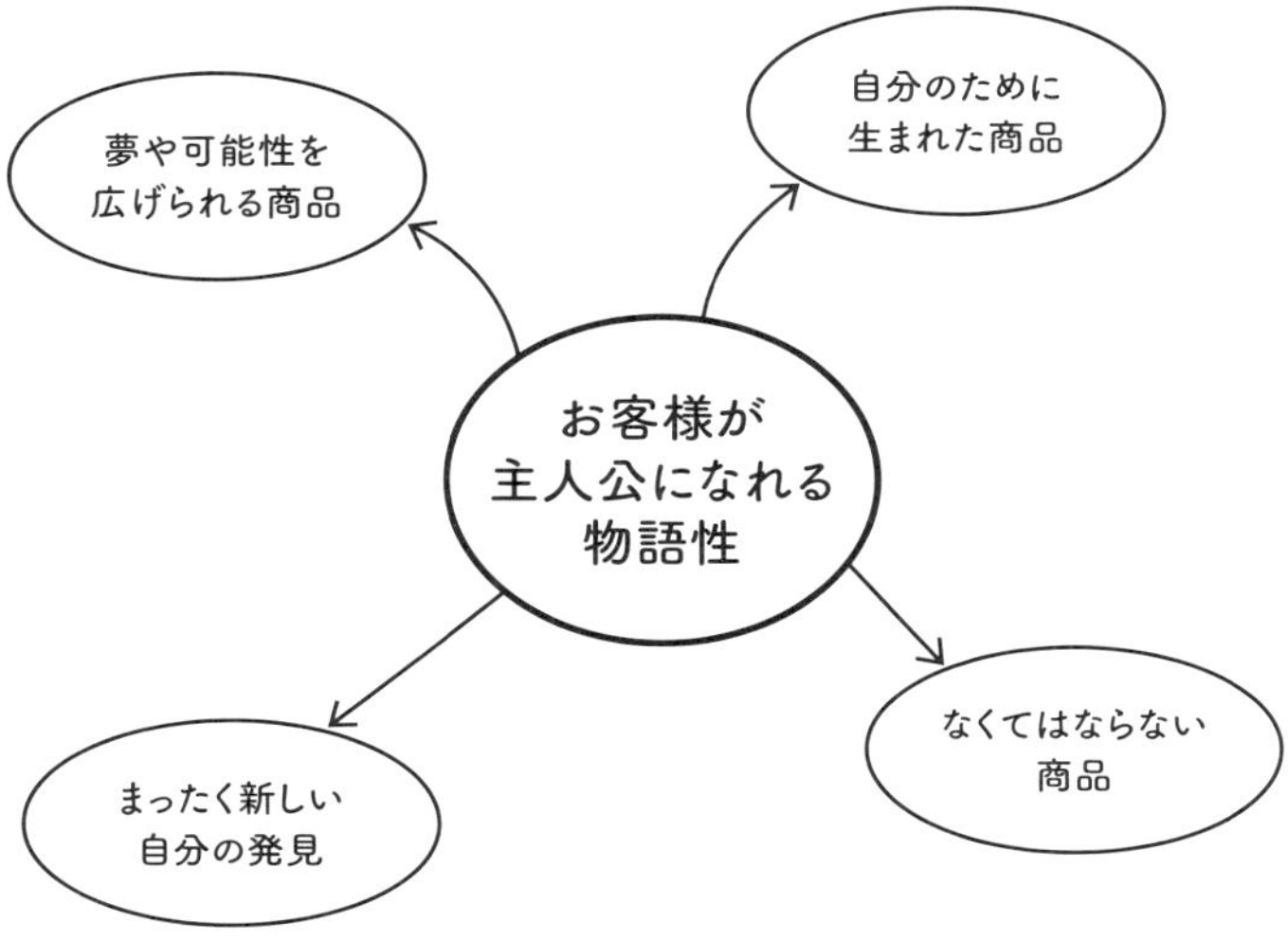
お客様が
主人公になれる
物語性
夢や可能性を
広げられる商品
自分のために
生まれた商品
まったく新しい
自分の発見
なくてはならない
商品

で自然に囲まれて食べるというコンセプトで何かできないか、などと考えていきます。

●ステップ5

キーワードを結びつけて発想を広げる

仮に、考えついたワードが「思い出弁当」だったとしましょうか。考えついたものは図に書き込んでいきましょう。別にきれいに書く必要はありません。自由に書き込むことで、発想も自由にできるのが図解のよさです

●ステップ6

自分のなかで企画をブラッシュアップする

これらのなかから求めたいものをさらに考えて出てきたのが、コンビニで売る「ウォーキング弁当」「思い出弁当」「ときめき弁当」「低糖ダイエット弁当」の4つの弁当です。

ステップ５

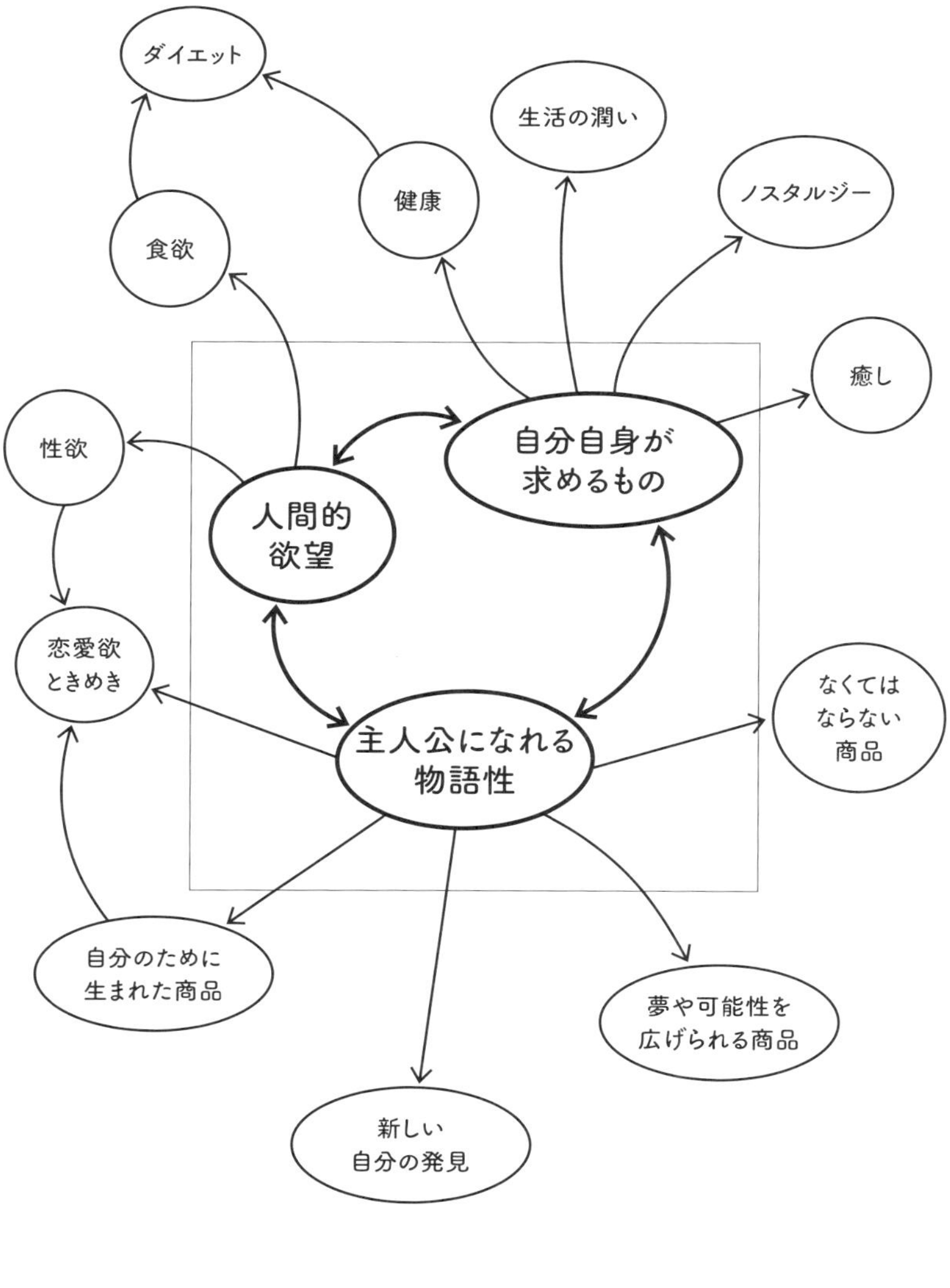
ダイエット
生活の潤い
健康
ノスタルジー
食欲
癒し
性欲
自分自身が求めるもの
人間的欲望
恋愛欲ときめき
なくてはならない商品
主人公になれる物語性
自分のために生まれた商品
夢や可能性を広げられる商品
新しい自分の発見

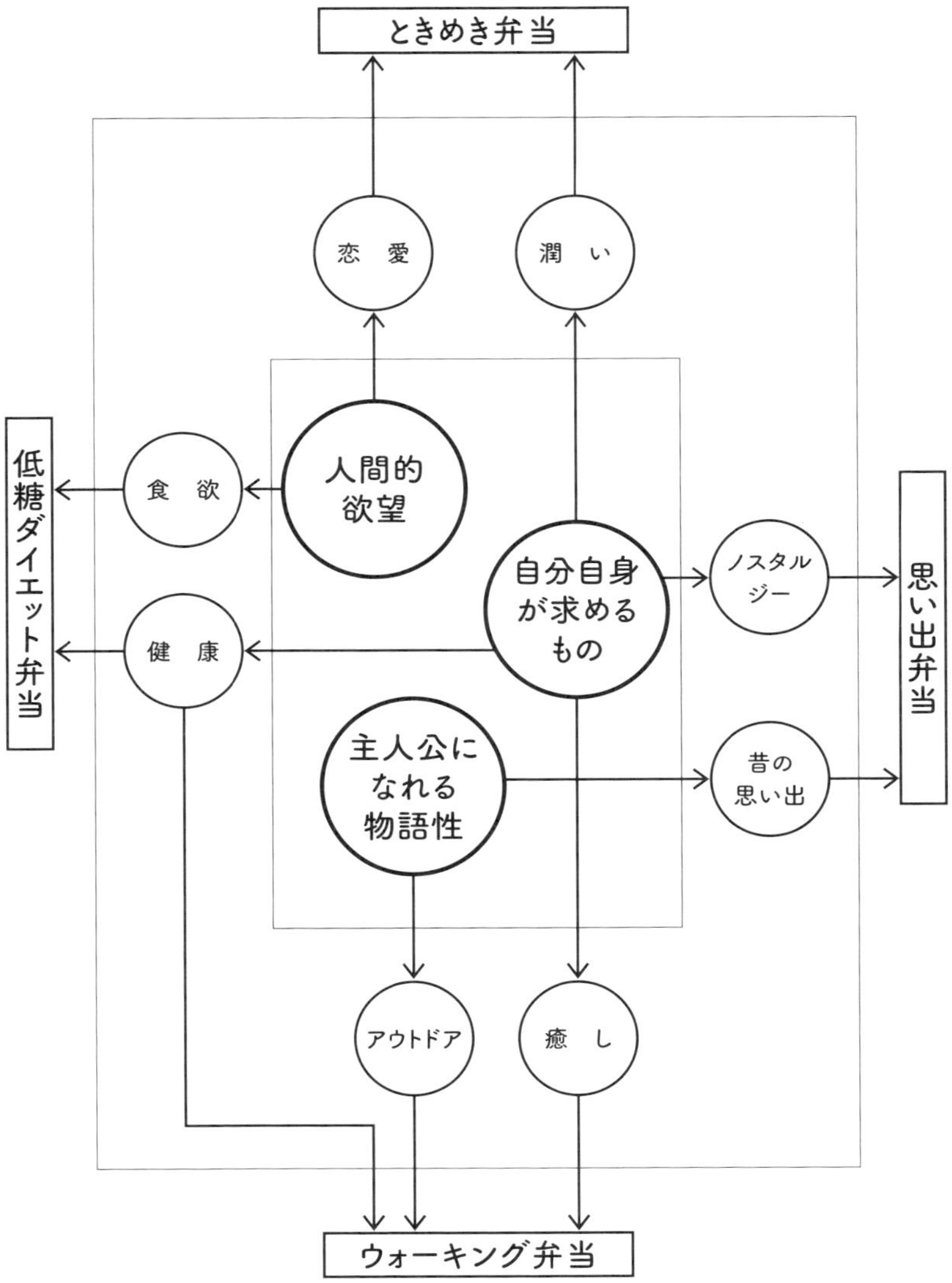
ときめき弁当
恋愛
潤い
低糖ダイエット弁当
食欲
人間的欲望
自分自身が求めるもの
ノスタルジー
思い出弁当
健康
主人公になれる物語性
昔の思い出
アウトドア
癒し
ウォーキング弁当

●ステップ7
商品企画として成り立つか検証する

発想を広げましたが、現実問題としてその発想が実現可能なのか、商品企画として成り立って、しかも消費者の支持を得ることができるのかを検証していきます。

狙いとターゲット、問題点を、ここでは箇条書きで出していきましょう。そしてそれを図にしながら自分のなかで企画を改善し、さらにブラッシュアップしていく。それぞれのポイントを書き出した図解が次ページの図です。

■ステップ7

ときめき弁当

・娘さんや年上のお姉さん、ギャルなどが手作りしたイメージの弁当

〈問題点〉

・手作り感をどうやって出すのか?

・購入の際に抵抗があるのでは?

思い出弁当

・昔ながらの母親が作ってくれたドカ弁をイメージした弁当

〈問題点〉

・ドカ弁を懐かしむ世代の数は?

・ドカ弁をどのように容器でイメージさせるか?

低糖ダイエット弁当

・カロリーよりも血糖値を抑え、糖尿病を気にするビジネスマン向け

〈問題点〉

・高血糖を気にする層がコンビニでどれくらい弁当を買うか?

ウォーキング弁当

・アウトドアで食べられる健康的なお弁当

〈問題点〉

・コンビニの顧客の多くはビジネスマン。アウトドアというキーワードが適するか?

第２部 「かんがえる」技術　まとめ

どうしたら「考える」ことができるのか。本を読んでその内容を人に伝えても、考えたことにはなりません。

空を飛ぶグライダーが、風まかせで、風の力によって空中に浮かんでいるのと同じです。風向きが変われば、すぐに下降してしまう。それは自前のエンジンで飛んでいないからです。高度が低くても、何よりも自分で開発し、自身に装着したエンジンで飛ぶことから始めなくてはなりません。

エンジンをどうやって開発したらいいのか。それはどうしたら「考える」ことができるのかという問いと同じなのです。図解を使って、自分の頭で、自分のつたない脳を駆使して、関係を考えることが、自分の頭で考えることになるはずです。

1 うまい文章より、いい文章

文章が書けるとはどういうことか

「上手な文章を書きたいけれど、どうしたら文章を書けるようになるかがわからない」という人のために、「図解文章法」という文章の書き方を提案したいと思います。私が新しく考えた言葉で、書く内容を先に図で描き表すことで簡単に文章が書けるようになる方法です。

世の中にはすでに数多くの「文章の書き方」の本が存在しています。しかし、これだけの文章読本がありながら、多くの人は自分の文章に満足することができていません。「よい文章を書きたい」という読者の求めに対して、いままでの文章読本は誤ったアドバイスをしていたといえるのかもしれません。

私たちが「よい文章を書きたい」と思うときのことを考えてみましょう。人生に文章はついて回ります。まず学生時代には、読書感想文・小論文・レポートなどといった課題が次々と出されます。このような課題を書き上げるために、文章読本や文章の書き方のノウハウ本を手に取った方も多いはずです。

また、社会に出てからはもっと厳しい文章競争に参加しなくてはならなくなります。企業や官庁に入ってからも、書かなければならない文書は数多くあります。文章の出来が仕事の成果を左右することも多くなるでしょう。

文章を書かなければならないとき、多くの人は、文章の上手な人が書いたものと自分が書いたものとを比べて、どうしたらこんな文章が書けるのだろうかと悩みます。

では、**文章が書ける人とそうでない人は、何が違うのでしょうか？**

１つは文体です。語彙が豊かで表現も面白く、すらすらと読める文章はそれだけで格が上のように思われます。

もう１つは内容です。アイデアが斬新であったり、自分とは違うものの見方で書かれたレポートなどは、読んでいて面白いものです。

もちろん、文体がすばらしく内容も面白いのが理想です。しかし、文体はすばらしいが大した中身ではない文章と、文章はつたなくとも内容が面白い、あるいはしっかりしている文章とを比べた場合、あなたはどちらを読みたいですか。

多くの人は、後者なのではないでしょうか。いままでの文章読本は、文章のうちの、主に文体や書き方のことを取り上げていました。

文章は考える道具としては弱い

しかし、内容をどのように作るか、どのように考えたらよいかについては十分に語られてこなかったのです。

何について書くべきか何時間も迷ったり、書き出したはいいけれど、途中で間違いに気がついて、せっかくの労力を水の泡にしてしまったこと、話があちこちに飛んで収拾がつかなくなったことなどは、誰にでもあるはずです。

なぜこんなことが起きるかというと、考えながら文章を書いているからです。

ここではっきりと断言しなくてはいけません。

「文章は考えるための道具としては弱い」のです。文章を書くという行為は、考えるために適しているとはいえません。考えをうまくまとめて、よりよい内容にしようとするときに、その作業に適していない道具を使えば、時間と労力がかかってしまうのは当然のことです。

図解を使うと文章が書ける

「図解」で考えをまとめてから「文章」を書く。そのやり方を身につけさえすれば、誰でも才能に関係なく、自分が思う通りの文章を書けるようになります。

私は、図でものごとを考えることを伝えています。大学で教えていたときは、毎年必ず「図を使って文章を書かせる」時間を作ることにしていました。学生たちはこの講義を受けると、少なからず驚きをもって応えてくれました。

とくに、文章を書くことが苦手だった学生ほど「生まれて初めて文章を書くのが楽しかった」「自分でも信じられないくらい、すらすらとペンを走らせることができた」といってくれます。

文章を書くことに図解という技術を導入したとき、まさに革命ともいうべきことが起きたのです。

図解にすると「考える」

学生たちの反応を見ると、**考えをまとめる技術を持っていないからこそ、文章もまとまらないものになっている**ように思えます。そもそも私たちはすでに、標準的な語彙力と、他人が読んでもおかしくない程度の文書を書くための文法力を身につけてい

完璧なものなどない

どんなものごとにも完璧なものなどほとんどありません。完璧な図解を求めすぎるために、図が描けないという人がとても多いようです。しかし、答えは1つではなく、「これも正解」「あれも正解」というように複数の正解があることのほうが多いのではないでしょうか。図解もまったく同じです。多少の上手、下手の差はありますが、基本的にはどの図解も完璧な正解ではありません。けれども、どの図解も間違っているわけではなく、正解の部分をみな持っているといってよいのです。

るはずなのです。それなのに支離滅裂な文章を書いてしまうのは、「書く」ことよりも、「考える」段階に問題があるのです。

実際に文字を並べ、文章を書くことも大事ですが、よい文章を書くためには、よく考えなくてはなりません。よく考えてから書けば、達意の文章とはいかないまでも、きちんとした文章を書くことはそれほど難しいことではありません。

図を使って文章を書くようにすれば、「よく考えてから書く」ことになります。図は、考えるのに最も適した道具だと思います。図を使ってよくものごとを考えてから文章を書けば、気持ちよく文章を書くことができるようになるのです。

この方法が「図解文章法」です。

文章法などというと、何か体系立った難しい理論がありそうですが、実際はそうではありません。文章を書く前にひとつ、図というクッションを入れると、ずっと文章を書くことが楽になる、ただそれだけのことです。

図解を使って文章を書くための理屈を知ってしまえば、図解文章法では、暗記することはほとんどありません。図解文章法は明日にでも利用可能な文章法なのです。

2 「知的生産の技術」と「文章読本」

図解文章法ができるまで

「図解文章法」には２つの源があります。

１つは、私自身が大きな影響を受けている『知的生産の技術』（梅棹忠夫）の流れです。新しい情報の生産という意味での知的生産は、文章で成果を発表するのが基本でした。

その後、「知的生産の技術」研究会での活動を通じて「図解」という考え方を発見した私は、この会の顧問をお願いしていた梅棹忠夫先生に図解をどのように評価しますか、と直接聞いたことがあります。

「学問とはモデル形成のことであり、モデルとは実は図解のことだ。いい図ができたということはいい理論ができたということだ。文章だけで考え、論文を書いたらおかしな理論になってしまうことがよくある。自分はいままで書いてはいないが、図はとても大事なものであると考えてきた」

この答えを得て、知的生産の武器として図解を強く意識するようになりました。いまでは、「考える」という行為の中核として位置づけています。

他の1つは、さまざまな「文章読本」の流れです（224ページ参照）。谷崎潤一郎から始まった文章読本は、「わかりやすい文章」を論じる系譜と「文章は答えである」という系譜に分かれて発展していきます。後者は「メッセージ」という考えを生み出しました。メッセージとは、中身のことです。

この中身をどうやって作り出すか。ここで**図解を使って中身を作り出し、それをもとに文章を書くのが「図解文章法」**です。つまり、図解文章法は、「知的生産の技術」と「文章読本」の結婚から生まれたという言い方もできるでしょう。

梅棹忠夫『知的生産の技術』が説いたこと

1969年に梅棹忠夫によって『知的生産の技術』（岩波書店）という本が世に送り出されました。本のタイトルになっている知的生産や技術という言葉について、梅棹はこのようにいっています。

「ここで知的生産とよんでいるのは、人間の知的活動が、なにかあたらしい情報の生産にむけられているような場合である、とかんがえてよいであろう。この場合、情報というのは、なんでもよい。知恵、思想、かんがえ、報道、叙述、そのほか、じゅうぶんひろく解釈しておいてよい。つまり、かんたんにいえば、知的生産というのは、頭をはたらかせて、なにかあたらしいことがら――情報――を、ひとにわかるかたちで提出することなのだ、くらいにかんがえておけばよいだろう。」

「技術というものは、原則として没個性的である。だれでもが、順序をふんで練習してゆけば、かならず一定の水準に到達できる、という性質をもっている。それは、客観的かつ普遍的で、公開可能なものである。」

文章を書くことは、知的生産の１つです。この知的生産には誰でもが使いこなせる技術があるということを指摘しています。当然、文章を書く場合にもこの技術が生かされるはずです。

文章を書くことについては『知的生産の技術』で次のようにいっています。

「文章をかくという作業は、じっさいには、ふたつの段階からなりたっている。第一は、かんがえをまとめるという段階である。第二は、それをじっさいに文章にかきあらわす、という段階である。」

第一の「かんがえをまとめる段階」をどのようにすればよいかとは、すなわち文章読本がなかなか触れなかった「どうやって考えるか」のことです。

『知的生産の技術』は「どうやって考えるか」についての技術が書かれた本であり、他の文章読本と同様に文章を書くときに大いに参考になる一冊といえるでしょう。

「こざね法」（222ページ図）とは

項目や文章が書かれたカードを並べて、分類するのではなく論理的につながりがありそうなものをまとめ、論理的に筋が通りそうな順番にならべて留めていく方法です。「こうしてできあがった紙きれのつらなりを、わたしは『こざね』とよんでいる。中世のヨロイは、鉄や革のちいさな板を、糸でつづりあわせてつくってあるが、その板のことを、小札《こざね》というのである。ホッチキスでとめた紙きれは、ちょうどそれを連想させるので、この名をつかうことにしたのであった。一枚一枚の紙きれのことも、こざねとよび、この方法のことを、こざね法ということにする。」（『知的生産の技術』より）

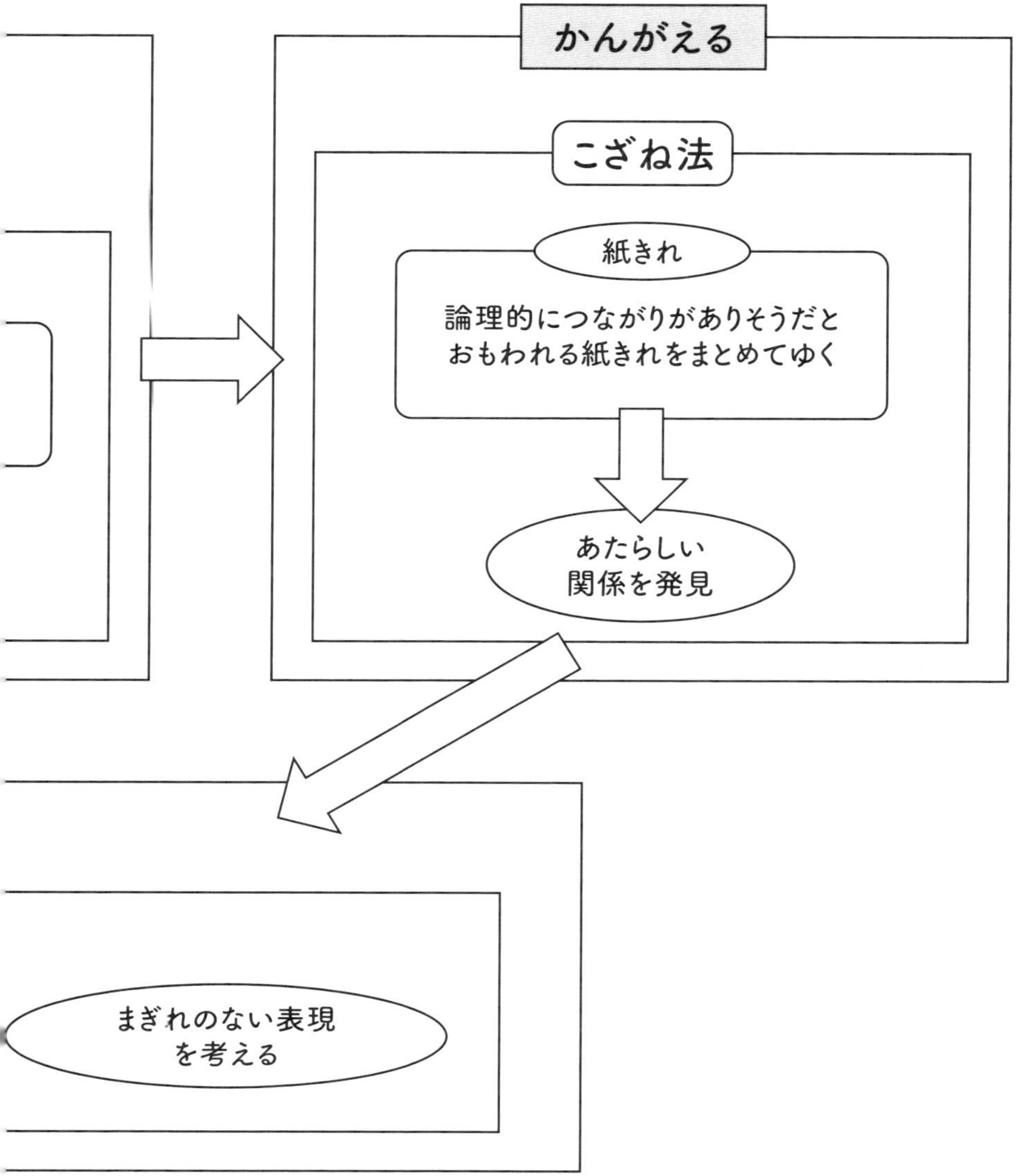

ことであたらしい情報を生産すること。

■梅棹忠夫「知的生産の技術」の構造

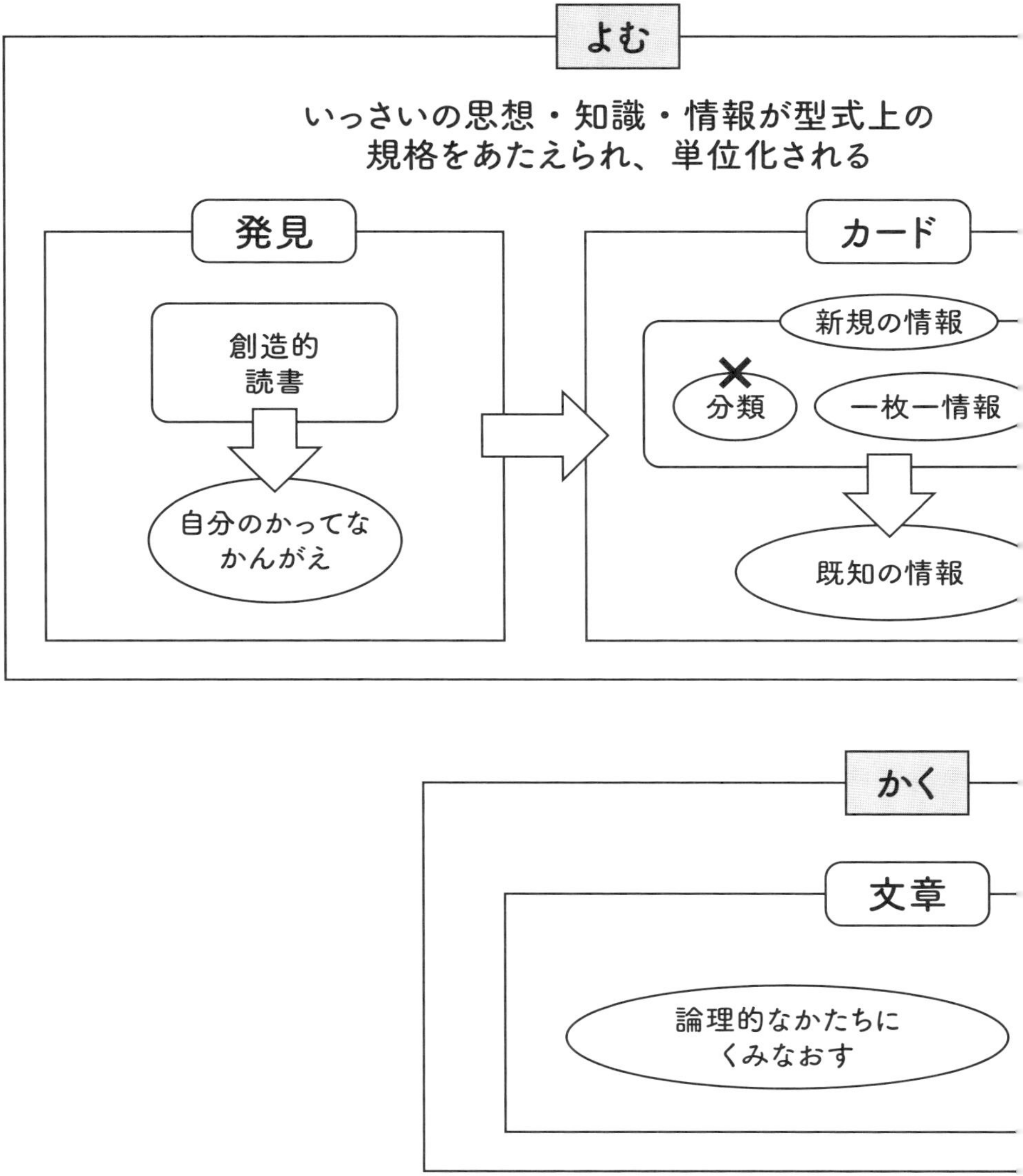

知的生産とは、「よむ、かんがえる、かく」

「文章読本」の限界

文章読本を読んだのに、文章がうまくなったように感じられない。そんなことはないでしょうか。

日本においては、これまでさまざまな文章読本が書かれてきました。名著もいくつもあります。そして、それぞれの本のなかでは、文章の名人たちが文章に関するさまざまな文章技法を伝授してくれています。

そのなかの代表的な文章読本として次の本を挙げたいと思います。

・谷崎潤一郎『文章読本』（中央公論社　１９３４年。中公文庫　１９７５年）
・清水幾太郎『論文の書き方』（岩波新書　１９５９年）
・木下是雄『理科系の作文技術』（中公新書　１９８１年）
・本多勝一『日本語の作文技術』（朝日新聞社　１９７６年。朝日文庫新版　２０１５年）
・野口悠紀雄『「超」文章法』（中公新書　２００２年）

これらの文章読本の歴史的名著について概観し、それぞれがどのようなことを説いてきたのかを整理してみます。

谷崎潤一郎はノーベル賞候補に挙げられるような大小説家でした。１９３４年に谷崎は『文章読本』において、文章の条件として２つ挙げています。１つはわからせること、１つは長く記憶されること、を説きました。

１９５９年の清水幾太郎の『論文の書き方』は、気鋭の社会学者が書いた岩波新書であり、多くの読者を得た本です。清水は「文章は答えである」とし、問題を決めて、その問題に答える過程が文章であるといいました。そして、学者らしく「正確な文章」を書くべきだとし、その秘訣は「短文」であるとしました。

いくつかの短文を連ねた複文では論理が混乱する可能性がある。そして「が」を警戒せよといいます。文章同士をつなぐ「が」は、順接の場合もあり、逆説を意味することもあり、正確性に欠けるという主張でした。

清水が指摘した２つのテーマの１つである「正確な文章」を深掘りしたのは、木下是雄と本多勝一でした。

学習院大学の学長までつとめた木下は『理科系の作文技術』という名著を上梓します。そこでは、文章はまず概観を述べてから細部に入っていくことを提案しています。「彼はスポーツが好きだ。夏はテニス、冬はスキーを愉しむ」という書き方です。また、「パラグラフ」を文章のかたまりとして大事にせよといいます。１つのパラグラフでは１つのことを書く。そして最初に結論を書く。こうした方法は、理科系の書き方だそうで、多くの読者を得ました。

さらに本多勝一という朝日新聞の名記者は、『日本語の作文技術』という話題作を上梓しました。本多は記者としての文章修行から、読点の打ち方、修飾語が多い場合の順序などを詳しく研究したのです。

木下が「文章」を扱ったのに対し、本多は「文」を突き詰めました。この２人は「わかりやすい文章の技術」を論じた人たちです。

一方、清水幾太郎の提示した「文章は答えである」を追求したのは有名な経済学者であり、80歳を超えたいまでも時代のテーマについて健筆をふるっている野口悠紀雄氏です。野口は文章を書くのは「メッセージ」を伝えるためだとしました。

そのメッセージは「ひと言で言えるか」「書きたくてたまらないか」「盗まれたら怒り狂うか」という条件をつけました。そして書くに値するメッセージは「ためになる」か「面白い」ことだといいます。そしてメッセージを見つけるには、「考え抜く」しかないとしました。


この流れが日本における文章読本の流れであると考えますと、これだけでは重大な欠陥があるのではないかと考えるようになりました。

日本の文章読本の名著を図解しながら概観したのですが、これらの書籍で述べていることは、基本的には文章の技術の話ではないか。文章というのは「内容」と「表現」が合体したものですが、これらは「表現」について述べているのです。

内容について述べているのは野口悠紀雄氏の本だけであり、しかもその本ではメッセージは考え抜くしかないとしかいっていないのです。これらの名著を読んでも実は文章を書けるようにはならないのではないか、というのが私の疑問です。私たちが困っているのは「内容」、コンテンツをいかに作るかでしょう。

内容については、それぞれの分野や専門、テーマ等によってその獲得の方法が違うでしょうから、一般的な方法はないということだったのでしょう。

■文章読本の流れ

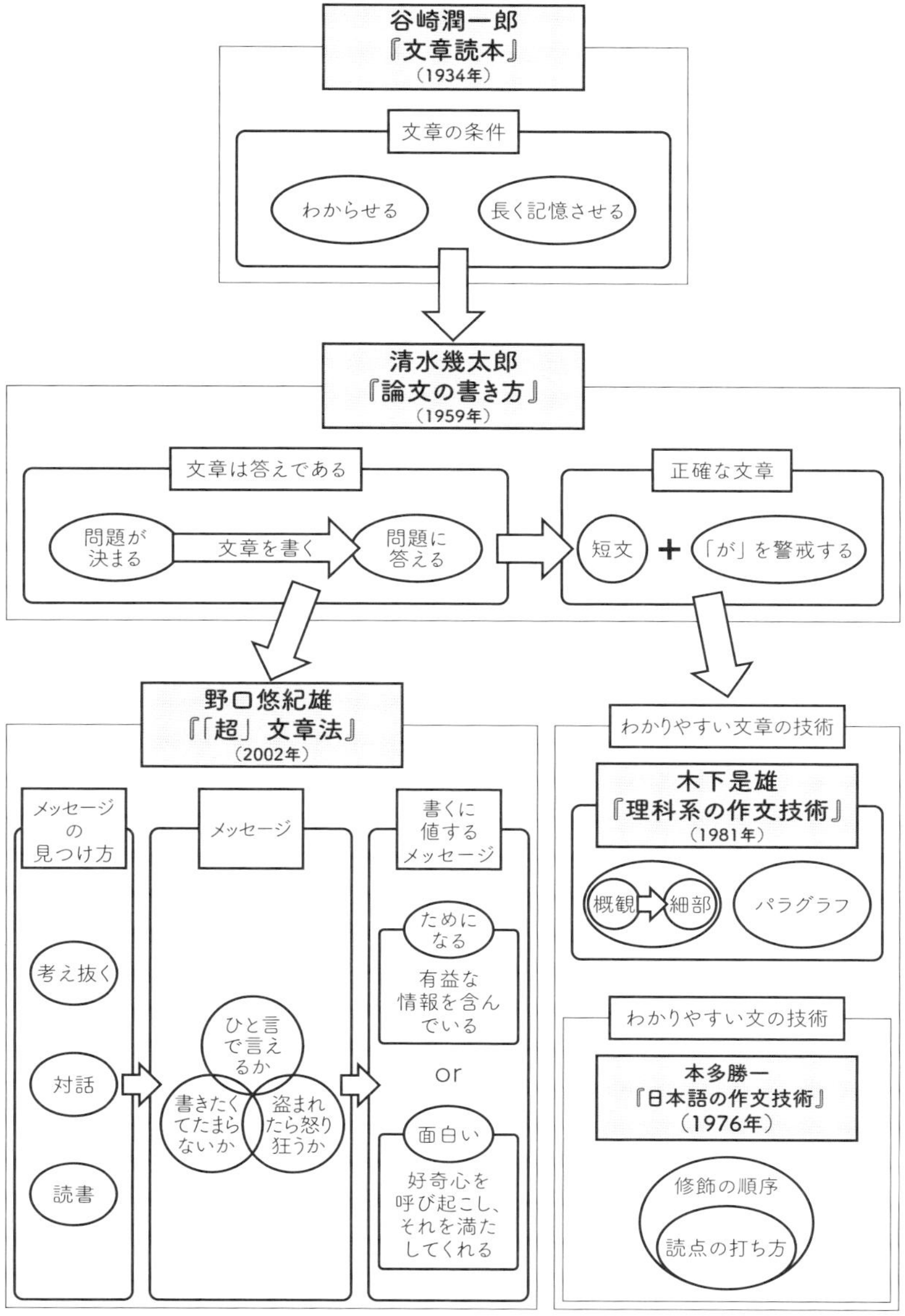
谷崎潤一郎
『文章読本』
（1934年）
文章の条件
わからせる
長く記憶させる
清水幾太郎
『論文の書き方』
（1959年）
文章は答えである
問題が決まる
文章を書く
問題に答える
正確な文章
短文
＋
「が」を警戒する
野口悠紀雄
『「超」文章法』
（2002年）
メッセージの見つけ方
考え抜く
対話
読書
メッセージ
ひと言で言えるか
書きたくてたまらないか
盗まれたら怒り狂うか
書くに値するメッセージ
ためになる
有益な情報を含んでいる
or
面白い
好奇心を呼び起こし、それを満たしてくれる
わかりやすい文章の技術
木下是雄
『理科系の作文技術』
（1981年）
概観
細部
パラグラフ
わかりやすい文の技術
本多勝一
『日本語の作文技術』
（1976年）
修飾の順序
読点の打ち方

3 「京大式カード」と図解の違い

京大式カードのメリット

梅棹忠夫の『知的生産の技術』には1つの基本的な概念が存在します。それは情報を規格化することで組み替え操作をしやすくする、ということです。まずはその概念を京大式カードという発明から理解していきましょう。

『知的生産の技術』のなかで京大式カードというものを紹介しています。これは、B6判サイズのやや大きめのカードで、このカードに調査中に発見した事柄などを書き込むものです。梅棹は野外の研究などでノートした事柄を、整理してこのカードに書き写すのです。

梅棹はこの**カードの目的を、ものごとを忘れるために書く「忘却の装置」といっています**。そのためカード1枚には複数の項目を書かず、1項目につきカード1枚を使うようにし、あとで見返したときに思い出せるように、見出しを書き、さらに覚え書きを戒めて完全な文章の形で書き込むようにしています。

このようなカードがたくさんたまると、それをいろいろと組み替えて並べることができるようになります。**カードをいろいろと並べ替えていくと、一見何の関係もないようなカード同士から思いがけない関連性に気がつくことがあります。ここでカードは、新しいアイデアを見つけるための創造の道具になる**のです。それゆえ、梅棹はカードを分類して死蔵させてはいけないと注意します。

『知的生産の技術』が主張することの１つは情報の規格化です。情報を小さな単位に規格化することで、整理や操作が簡単になる。すると、ものごとがよく見えるようになる。情報同士の意外な関係が明らかになり、より深い理解が得られるのです。

カードを超える図解の利点

ところで、この京大式カードを使った知的生産は、確かに効果的なのですが、実際にカードをまとめるのは、なかなかに骨の折れる作業で時間がかかります。現代でもこのカードの愛用者は多いと聞きますが、有効に活用できている人はごく一部の人のようです。腰をすえてじっくりと取り組むプロジェクトならばともかく、この忙しい時代に、カードを何十枚、何百枚も作ることはまず不可能です。

カードの有効性を保ったまま、現代でも利用できるような画期的な方法はないものか。そう思った私が出合った方法こそが、図解なのです。

図を使って知的生産をするとなぜよいのでしょうか。

情報を規格化し、創造の道具として使えることが京大式カードの大きな特長でした。図を使うと、この特長を保ったまま、素早く情報を整理することができるのです。

知的生産ではカードを並べ替えましたが、図解では個々の情報や情報同士の関係を、マルと矢印を使って表現します。Ａ４用紙１枚に、内容の概要を描くことができるので、カードを使ったやり方に比べてずっと手間や時間を省くことができます。

図を１枚の白紙に描くことに重要な意味があるのです。ちょうど鳥が空から街を見下ろしたときのように、すっきりと全体を見渡せるほどの情報量になるからです。《理解》

このような状態で情報を眺めていると、よけいな部分・足りない部分というものがよく見えてきます。情報同士の関係を確認していくうちに新しいアイデアが生まれることがあります。それもすぐに図に書き加えることができます。《思考》

図を相手に見せると、相手も鳥の視点を持つことができます。同じ視点を持つと議論が上滑りすることなく、話がかみ合うことでしょう。《伝達》

図解文章法は、図解を使ってまず書く内容を定め、次に文章を書き起こす方法論です。この方法を使うと、誰でも上手に文章を書くことができるはずです。

Column

「漢字とかな」の文化が日本人の図解認識力を高めた

東京福祉大学の杉下守弘教授は「日本人はアメリカ人よりも図形を覚える能力が高い」という調査結果を発表しています。

アルファベットで表す表音文字の世界と違って、日本語には、ひらがなやカタカナのなかに、漢字が混じっています。ひらがなの大海のなかにカタカナの岩があり、漢字は島のように浮かんでいるように見える。つまり、図形として認識しているということでしょうか。

では、すべてを図形的要素の強い漢字で表している中国人は、日本人のように図形的に認識してはいないのではないでしょうか。私の著書は中国でも翻訳出版されていますが、中国駐在のあるソフトウェア開発会社の社長さんからは、中国人は図を描くのは得意ではないのではないか、との報告を受けています。

4 文章の設計を図でする方法

伝えるべき内容を図解にする

文章を書くためには、まず伝えるべき内容がはっきりしていることが必要です。そしてその内容をどのように伝えるかという技術が必要です。

いままでの文章読本や文章論では、後半の伝える技術としての文章論が中心で、内容をどう作るかには焦点が当たっていなかったと思います。

私が主張している**図解文章法は、まず書こうとするテーマに関する情報を図解にして表し、その図解を参考にして文章を書いていくという方法**なのです。

伝えるべき内容を作り出すことこそ文章法の最も大切な部分です。そこがある程度明確になっていれば、文章にすることは案外簡単なのです。図解文章法をマスターすれば、よけいな気負いもなくなって、文章を書くことの楽しさに目がいくようになるでしょう。

実際に私が教えていた大学の授業でこの図解文章法に取り組んだ学生たちは、「図解から文章、文章から図解ができれば自分にとって計り知れない利益となるだろう」といった感想を述べています。

では、図解文章法について、具体的に説明していきたいと思います。

図解は文章の設計図になる

文章を書くとは、答えを書くということです。そして、その答えは問いや疑問に対して明確な説明ができていなくてはなりません。

あるテーマに関する文章を書かねばならなくなったとき、いきなり書き始める人がいますが、それではしっかりした文章ができるはずはありません。

文章を書くのは、家を建てることに似ています。家を建てるには、どんな家を建てるかという構想と具体的な資金計画、そしてそれに基づいた設計図といった前段の準備が不可欠です。図解を描くという作業は、家を建て始める前の段階に相当します。この段階で、つじつまの合った仕事ができていないと、建て始めたあとに予期せぬ難題が次々に襲ってきて、結果的に、苦労のわりに出来栄えのわるい、建てつけのわるい、住みにくい、いびつな家ができ上がってしまうでしょう。

ライフスタイルや資金計画を具体的な形にした家の設計図は、施工業者と何度も打ち合わせをして、建て主と業者の双方が納得するものでなければなりません。

わからなくなったらイチから

作った図が自分の理解力を超えるような複雑なものになったとか、自分の知識が不足しているときには、そのまま図に修正を加えていっても、かえって行き詰まってしまいます。そういう場合には、思い切ってイチから作り直してみましょう。自分がよくわかる言葉にすべてを言い換え、自分がよくわかるレベルにまで落とし込んで考えてみるのです。わからないことをいくら悩んでも結局はわからないのですから、自分の理解力を超えるような図を作っても意味がありません。

文章も同様に、大事なことは設計図作りです。この設計図には、家の設計図と同様、全体の間取りや柱がイメージされている必要があります。そうした吟味が一応済んでいるなら、私たちは安心して、次の段階の内装や材料などの細部に意識を集中することができるでしょう。

図解には骨格や筋道が示されている

情報を1枚の紙に体系化しようという意識のなかで出来上がった図解は、あるテーマに関して全体の構造や部分同士の関係が明確になっているはずです。

全体の構成がはっきり見えており、本筋もわかっているということですから、文章化の段階で横道にそれるという心配はありません。筋の通った文章になるという確信があるからです。

私たちが文章を書くときに感ずる不安は、以下のようなものでしょう。

・筋が通った文章を書けるだろうか?
・横道にそれるのではないか?
・途中でひっかかってにっちもさっちもいかなくなるのではないか?
・大事でない部分の説明が長くなってしまうのではないか?

こうした不安は、作り上げるべき家（全体像）のイメージが漠然としていることから生まれます。

図解を活用して骨格や筋道を明らかにすることこそ、図解文章法の第一歩なのです。

左の図は、「豊かさ」について図解したものです。この図を骨格にして書いた文章の例が236ページの文章です。

■「豊かさ」について

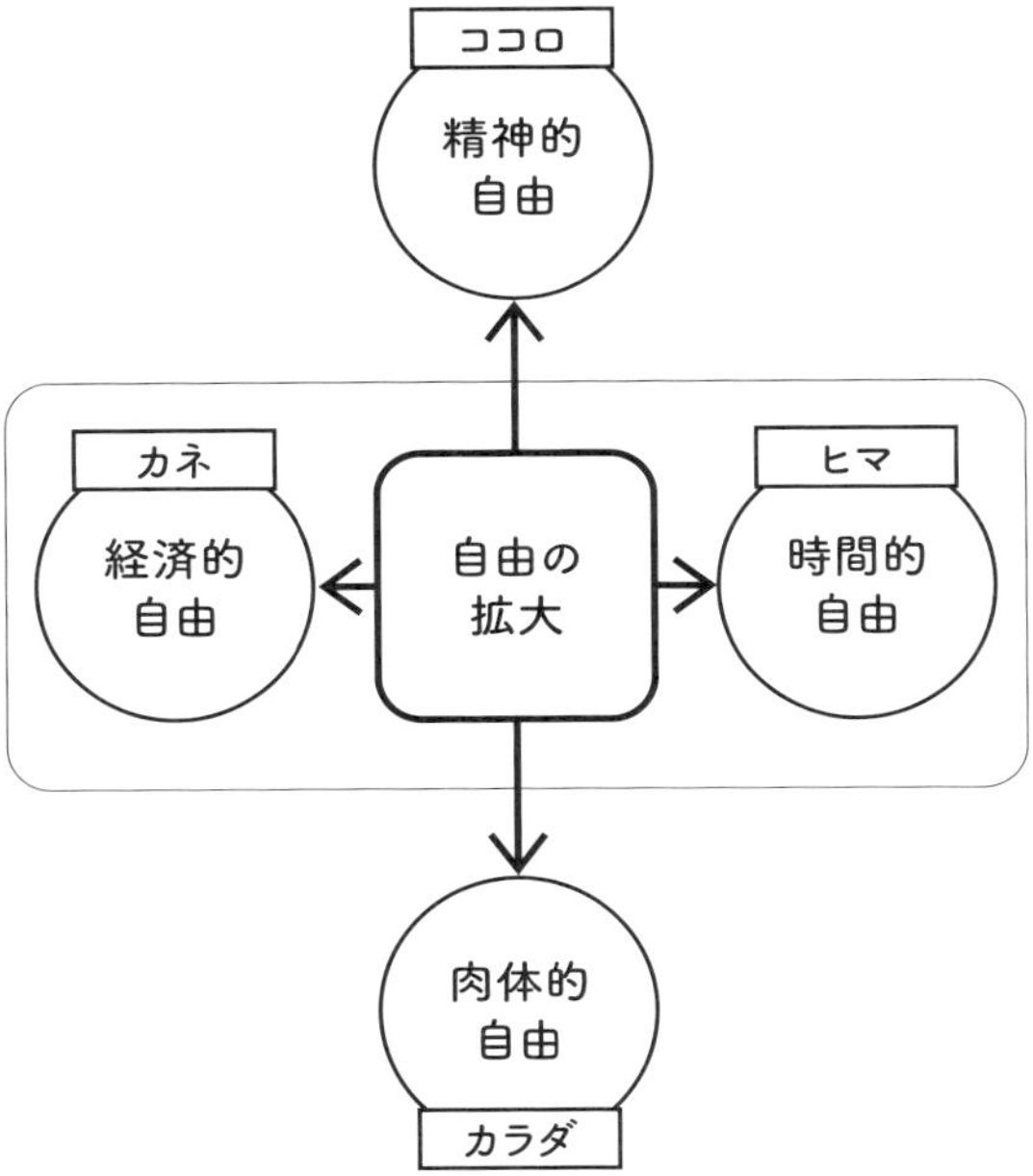

右の図から書いた文章の例

どのような社会であれ、共通の目標となりうるのは「豊かな暮らし」ではないだろうか。個人にとってもそれを目標に据えるのに異論は出ないだろう。

しかし問題は、豊かさとは何かということである。よくいわれるのは、物質的豊かさと精神的豊かさという比較で、モノは豊かになったがココロは貧しくなったという議論だ。これもわかるのだが何か腑に落ちない感じがある。

余暇こそが豊かさの中身であるという主張にも違和感を覚える。

豊かさとは「自由」の拡大であると考えてみたい。すぐに思いつくのは「経済的自由」である。経済的に自由であるということは、使いきれないほどのお金があるということではないだろう。何かしたい、買いたいと思ったとき、たとえばオペラを観たいとき、お金がかかるからという理由でやめないで済むという程度に金があるということだ。それで十分だ。

次にくるのは「時間的自由」である。「毎日が日曜日」であると自由は感じないらしい。何かしたいと思いたったときに、やらなければならないことがあってやれないという状態では時間的自由があるとはいえない。天気がよくてゴルフをやりたいと思いたってすぐにできるなら、時間的自由があるといえるだろう。

この経済的自由と時間的自由は、日常はあまり意識に上ってはこないが、「肉体的自由」によって支えられている。健康は豊かさの基礎的条件だ。経済的自由を「カネ」、時間的自由を「ヒマ」、肉体的自由を「カラダ」と言い換えると、経済と時間と健康、つまりカネとヒマとカラダが豊かさを示す指標となる。

ここで疑問がわいてくる。そういった指標は、実は豊かさを支える部分ではないだろうか。カネやヒマやカラダの自由で何をするのか。ここで「精神的自由」が出てくる。

この自由は、やりたくない仕事をやらなくてよい自由、嫌な奴に会わない自由、やりたいことをやる自由、いいたいことをいう自由というように考えてみたらどうだろうか。いわば「ココロ」の自由である。

豊かさとは、肉体的自由（カラダ）を土台に、経済的自由（カネ）と時間的自由（ヒマ）を得て、最終的に精神的自由（ココロ）を得ることと考えたい。

「カネがあるときゃヒマがない、ヒマがあるときゃカネがない」という言葉があるように、経済的自由を得るためには、時間的自由や精神的自由を犠牲にしなければならないこともある。リッチという英語を貧しい時代の日本人は「金持ち」と訳した。しかし金を使う暇のない人をリッチとはいわないのだそうだ。

豊かになるということは、自由が拡大するということである。同輩諸兄！今後訪れるであろうチャンスやピンチを迎えるとき、「豊かさとは自由の拡大である」という指針を念頭に、自分なりのバランス感覚で、現在と未来の自分をデザインしてはいかがだろうか。

5 スタート地点と最終目的地が見える

図を声に出して読むと「始まり」が見えてくる

さて、図解を活用して文章の骨格を固めたとして、次に問題になるのは文章の始まりをどうするかです。

図解文章法では、それに決まりはありません。自由です。自分なりにスタート地点を決めて、最終ゴールを見据えながら書いていくことになります。スタートは相手に与えるインパクトや論理のスムーズさなどを考慮して決めましょう。

実際に図から文章を書き起こすのは簡単です。しかし、どこから書き始めればいいのでしょうか。

そういうときには、私は「**図を読み下してください**」といっています。漢文を読み下すように、声に出して読むと意外にすんなりと文章がまとまっていくのです。

大事そうな部分、あるいは興味を引きそうな部分を最初のとっかかりにして、とりあえず声に出してみてください。どうしてもつながりがわるいと思ったのならば、そこを修正していけばよいのです。文章を書き直すよりもずっと簡単です。

そうするとやがて書きやすい順番が見えてくるでしょう。

図の読み下しは、別の効果も生み出します。**声に出して読んだとき、すんなりと読める文章は読者にとってもわかりやすいもの**なのです。すらすらと読めるということは、それだけ無駄がなく引き締まった内容を持っているということです。

どこから始めなければならないということはなく、いくつかの説明の方法があると思います。そのなかで、自分なりにしっくりくる順番、相手に応じてどこから始めるのが効果的か、という観点からも書いていく順番を決めていきましょう。

目的地が描かれているので安心

文章を書いているときに時々不安にかられるのは、筆まかせにしていると一体どこに行き着くのだろうか、ということです。目の前の細かい部分の論理、つまりつじつまを合わせようとするあまり、全体の方向を見失うのではないかという不安を感じることが少なくありません。

しかし、**図解文章法ではあらかじめ最終目的地が図に描かれてわかっている**ことが多いので、不安なく書き進めることができます。

矢印を使って読み下す

図解を文章にするという作業は、漢文の読み下しに似ています。漢文では、返り点を使うなどして意味が通るように読み下していきます。同様に、図解文章法では接続詞（矢印）を上手に使って、意味の通る順番で文章を書いていきます。

ここで図解を描いたあとに文章にする例をもう１つ挙げてみましょう。「農業」について241ページの図を元にして書いたのが、左の文章です。図に描かれたことだけが書かれているわけではなく、さまざまな肉づけがされていますが、文章の柱は図を元に書いています。

書き方の流れとしては、

・産業構造のなかでの「農業」という分野の位置づけを述べる。
・その結果が引き起こしている現状の問題を指摘する。
・今後は農業だけにこだわらず、より広い「食」という視点で新たな産業に仕上げていくべきだ。

この大きなストーリーを文章化します。

【実例】

農業という分野は、生産から流通、そして消費へ向けて産物が流れていくという意識が強い産業です。生産の部分を担ってきたという意識も強く、供給側の視点として、農産物の安全に強い関心を払ってきました。

その結果、現状では消費者の声が生産者に届きづらい構造になっています。たとえば、消費者が支払う金額が１００円の場合には、生産者である農家の取り分は20円くらいしかありません。残りの80円は加工業者、流通業者、外食産業などの中間業者が持っていきます。とくに、食品メーカーや外食産業などがかなり多くの取り分を持っていっています。これらの中間業者は、農産物そのものにちょっとした手を加えることによって、付加価値を高めています。たとえば、外食店ではコメを炊いてご飯として販売していますが、炊くことによってコメそのものよりも値段が高くなっています。さらにそれをおにぎりにすると、コメ本来の値段よりもずっと高くなります。

このように、生産の部分が全体の2割程度まで落ち込んでいる現在、この苦境を打破するためには従来の「農」の観点から、「食」の観点へ視点を展開していくことが必要となってきているのです。この視点は消費者の視点であり、それは安全に対して安心という言葉がふさわしいでしょう。生産と流通と消費は川上から川下への直線的な関係ではなく、「食の安心」に向かって互いに協力すべき関係にあるのです。

今後は製造・加工や外食などの付加価値を高める分野にも力を入れるべきです。「農業」をベースに考えてしまうと、「生産」以外の領域にはなかなか目を向けることができません。そこで「農業」ではなく「食」という発想に変えたら、もう少し幅広い視点が持てるのではないかと考え、「『農』から『食』へ」というコンセプトを提言します。この町の産業を「食」という視点でとらえ直せば「生産」だけではなく、「流通」や「消費」にも目を向けた産業活性化策が可能になります。

■「農」から「食」へ

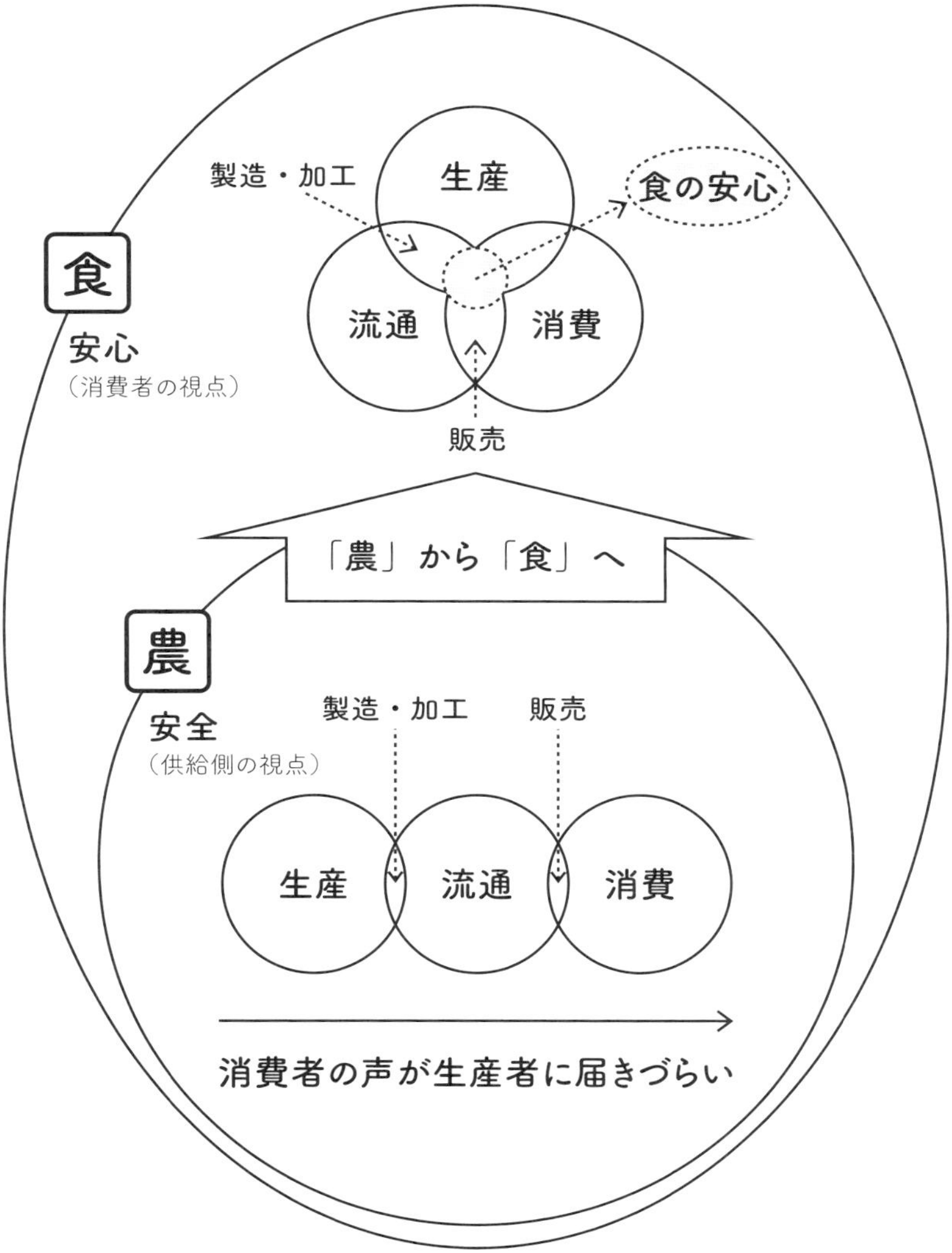

食
安心
（消費者の視点）
製造・加工
生産
食の安心
流通
消費
販売
「農」から「食」へ
農
安全
（供給側の視点）
製造・加工
販売
生産
流通
消費
消費者の声が生産者に届きづらい

6 矢印とは関係詞のことである

関係は矢印でつないでいく

図解文章法を実践しようとして、真っ先に気づくのが「矢印」の働きです。図解では、キーワードをいくつも書き出し、それを矢印で結んでいきます。

この矢印で表されたキーワードとキーワードの関係やつながりが理解できていないと、文章にするときに適切な言葉でつないでいくことができません。

図解文章法に挑戦すると、どのようにつながっているのかを深く考えなければ文章が続いていかないことを体験するでしょう。そして、部分同士のつながりを考えていくのは楽しいと感じることができるようになります。

図解は最終的には、「モノゴト」や「ジブツ」をいくつかの大きなかたまりとしてとらえます。そのかたまり同士の関係を考えていきます。そして、そのかたまり同士をつなぐ矢印が、その関係を直接的に表すのです。

この矢印は、文章に置き換えると「接続詞」になります。

接続詞という言葉は単なる接続のための言葉という意味ですが、本来、この接続詞の持っている機能から見ると、日本語文法の世界ではずいぶん過小評価されているのではないかと思えてきます。

文章を書く場合には、主語や述語などより接続詞のほうがはるかに大きな役割を持っていると思います。

接続詞を省いてしまうと、順接なのか逆接なのか、あるいは並列なのかを、読む人に考えさせることになってしまうため伝達速度が遅くなります。場合によっては意図とは反対の理解になってしまうこともありえるのです。

前後をつなぐという意味の接続詞というより、むしろ前後の関係を示す言葉ですから、「関係詞」といったほうが適切でしょう。**この接続詞（関係詞）を縦横に使えるようになることが、図解文章法のポイントの１つ**です。

矢印の意味を意識する

図のなかの比較的大きなかたまりは、文章の段落やパラグラフのことだと理解してください。段落やパラグラフ同士の流れを意識して、接続詞で前後の関係を明らかにしながら、文章を書いていきましょう。

矢印の使い方で洞察力も上がる

矢印の形やカゲの工夫だけでは意図がうまく伝わらないかもしれない不安がある場合には、「ゆえに」「したがって」「しかし」などの接続の言葉、関係を表す言葉を、矢印に添えて表現すると効果的です。とくに初めのうちは、部分同士の関係を意識的に考えるための訓練としても、関係を表す言葉を添えることをお勧めします。このマルや矢印の活用によって、物事の関係や構造を表現する作業は、物事の本質を知るための洞察力を高めてくれます。

文章化の過程では、矢印の意味が自分でよく理解できていなければ書くことはできませんし、矢印の1つひとつがどのようにつながっているのか、どのような接続の仕方になっているのかを深く考えなければなりません。

この作業には苦しさも伴いますが、一方で関係やつながりを考えるなかで図には表現されていない新しい関係を発見することも多々あり、驚きや楽しさという感覚も味わえることでしょう。

使える接続詞の使い回しの種類が増えてくると、文章表現に自信がわいてくるでしょう。

次ページに、よく使われる接続詞を挙げてみます。このようなさまざまのニュアンスを持った言葉を矢印でうまく使い分けられるようになりたいですね。

■「関係」を表す矢印の基本パターン

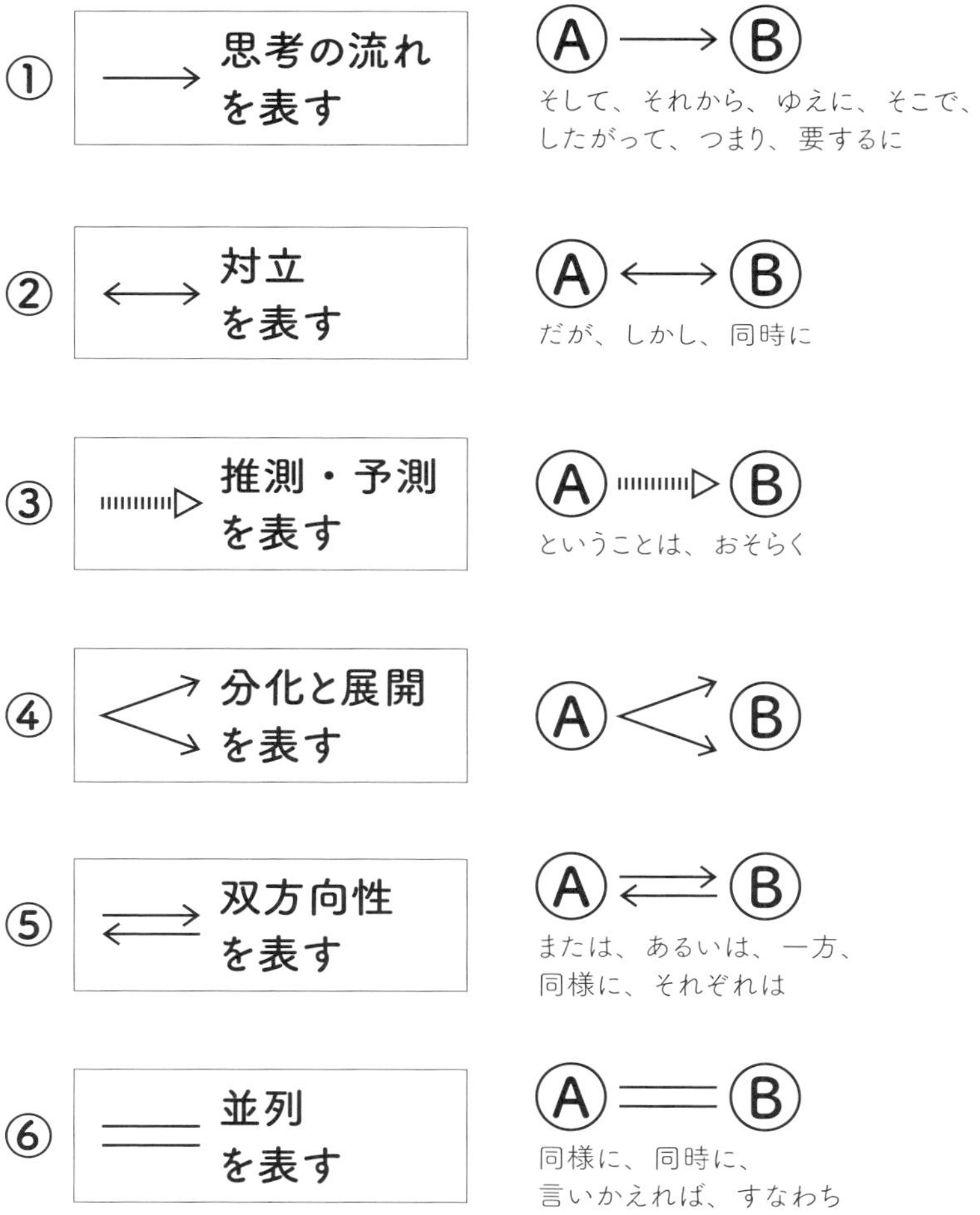

7 文章を肉づけする技術

自分の体験や知識を書き加える

図解のなかに存在している言葉をつなげただけでは、情報量が少なく読みやすい文章にはなりません。また、テーマに関する知識が乏しかったり、言葉の意味を正確に知らなかったりする場合は、書きづらいと感じることでしょう。

したがって文章化の過程では、骨組みに沿って、自分の持っている新しい情報を使って肉づけする作業が必要です。

図解文章法では、書きながら図解のなかには存在しない知識や語句、あるいは具体例などを論旨に沿って関連づけながら自由に挿入していきます。また自分の考えや意見をつけ足しながら書いていくことも必要です。この段階では個人の体験や知識などを個性豊かに表現できるでしょう。

細かいところに気を配り、つじつまの合うようにしなければならないので、最初は難しく感じるかもしれません。しかし、骨組みがしっかりしているので、肉づけの段階では細かいところにまで安心して気を配ることができるはずです。

具体例や数字でリアリティを出す

図解をするということは、現実を抽象化するということですから、当然のことながら現実感が乏しくなるということもあります。したがって、その図をそのまま文章にすると相手に情報が届かなくなってしまうといったことも起こってきます。

私たちが文章を書くのは相手に情報を届けるためですから、リアリティに富んだ情報提供は効果が高いのです。

抽象化によるリアリティの欠如を補うのは、具体例や数字といった現実感を呼び起こす道具立てです。

内容をパッとイメージできる簡単でわかりやすい実例、納得感のある事例、割合を示す数字、伸びを示す数字、大きさを示す数字、そういった情報を適切な場所にはめ込むことによって、リアリティを出す工夫をしましょう。

この段階になると、骨格に肉がつき、血管や神経が通ってきます。

スラスラ書けるようになる

文章が苦手な人は多いと思います。私たちは文章を書こうとすると、気を引き締めようと緊張してしまいます。普通の人にとって文章を書くということは苦しい作業になっているのです。

しかし文章書きが苦手な人にも、この図解文章法は光明をもたらすでしょう。文章を書くのは苦手でも、図解文章法ではすらすらと書けるという体験をすることになり、驚くことでしょう。**パズルをつなげるように単語を並べ、それに自分の考えを足していくと、あっという間にたくさんの文章が書ける**のです。おもしろいくらいにペンが動いて文章自体がうまくなったような気がするかもしれません。

大学の授業で図解文章法に挑戦してもらった学生の感想では、ほとんどの人は文章を書くことに抵抗がなくなったといっています。スラスラ書けて驚いたり、感動しているのです。文章に対するコンプレックスが解消されています。文章や言葉を生み出していくのではなく、基本的には図解をなぞっていけば文章が書けるからです。

２０２０年から始まったコロナ禍で、一気に花開いたリモート時代に、私たちはZoomという武器を手にしました。そこで２０２０年の秋から社会人を対象としたZoom図解塾を始めました。塾生は全国から参集し、月に2回の講義が現在まで続いています。

この図解塾で「図解文章法」を試してみました。次ページに塾生の感想を掲げておきます。

■「図解文章法」に対する図解塾生の感想

上手い文章作りには作文テクニックではなく、自分が伝えたい着眼点や結論を的確にあらかじめまとめておく事のほうがはるかに大事。これには図解のプロセスが欠かせないという思いを深めました。

何を書くべきかという本質的なところ「文章を書くためには図で考える」この一言に尽きる。

これまで定型的な文章ばかり書いてきました。結局、形や枝葉末節なことばかり気にして、何を書くべきかという本質的なところがわかっていなかったことを知らされました。

図解があると、それが設計図のようになり、丸と矢印の間などを接続語や説明で埋めていくと、文章が書けそうな気がいたしました。

いろいろな材料→図解→自分の考え、メッセージ、伝えたいことの明確化→文章→図解→文章、繰り返すと文章が書けそうな気がします。

文章作成と図解作成を繰り返すことで、思考も少しずつまとまっていくんですね。

（文章術の本には）文章=内容×表現。表現の方法については論じられているが、内容を産む（気付く）、まとめる方法は論じられていない。

8 文章化の過程で図解をチェック

論点の点検にも役立つ図解文章法

　安心して筆を進めることができるという意見とは逆に、矛盾が出現してくるなど、図解文章法は怖いという感想を持つ人も現れます。それは、図解を文章に直すときにごまかしは通用しないからです。

　図解はおおまかな論理を示してくれてはいますが、細部の論理には甘くなるきらいがあります。その甘さの部分は、文章化の過程で感じることになります。文章にする段階では、細かな部分の関係にまで思考を行き渡らせなければなりませんから、その甘さの部分については、あらためて考えなければなりません。つじつまが合う場合もありますが、合わないことも出てきます。

　つまり、それは**文章を書きながら論理の点検をしていることになる**のです。文章化は図解の論理の点検という作業でもあるのです。いままで見えなかった関係が新たに浮上したり、図解の修正が必要になったりするでしょう。

「文図の往復運動」で文章を修正する

図解に沿って文章を書いていると、わかっていたつもりの部分を厳密に考えることになって、つじつまが合わないことを発見することがよくあります。図解の段階では大まかには理屈が合っていても、細部にまでは目が行き届きません。文章にするという作業は、細かい部分にまで目を光らせて論理づけていくことなのです。

文章化に行き詰まったら、図解のほうに問題があります。

キーワード同士の関係を表す矢印の向きや太さがおかしかったり、マルで囲った部分の大きさや重なりが実際とは違っていたりということが発見できるでしょう。文章化の過程で、図解の論理の弱い部分や間違っている部分が明らかになってくるわけです。

この場合は、図解を修正しましょう。こういった往復を繰り返すことによって、論理が鍛えられます。

これを「**文図の往復運動**」と呼びます（253ページ図）。

こうしたプロセスを必要に応じて何度も繰り返すなかで、図も文も磨かれてきます。

また、④の図を修正する過程で具体的な事例などを取り込んでいくこともできるので、内容も膨らんできます。

図解は世界共通言語

図解は、すべての国の人がわかる共通言語です。うまくできた図は、見るだけである程度のことが理解できます。図のなかにある日本語のキーワードを、英語やイタリア語、韓国語などに置き換えるだけで、そのままその国でも使える図となります。また、海外での説明やプレゼンなどでも、日本語の図を作成してから言語を置き換えれば、図中のキーワードを覚えておくだけで、ある程度の内容を話すことができるようになります。重要なのは、よいキーワードをいくつ持っているか、なのです。

仕事や生活でさまざまな情報に触れていると、いったん作った図解に疑問を持つことも多くなります。自分が進歩したり進化すると、図解を修正したくなるのです。それは図解の進化ということです。図解が進化したら、それをもとに書いた文章も修正をして進化させていけばよいのです。

強力な武器として使おう

図解文章法の実践を通じて、そのメリットをある程度理解した人は、この方法を会得して自らの武器にしようとしています。

マスターすれば相当な武器になるはずです。この武器は、仕事や生活上のあらゆる場面で活用できます。

文章を書く前にメモで構成を考える作業をしましょう、という提案はよく見かけますが、この図解文章法はこの作業を一段と進化させたものともいえるでしょう。

図解文章法は、誰もが活用できる文章法なのです。

■文図の往復運動

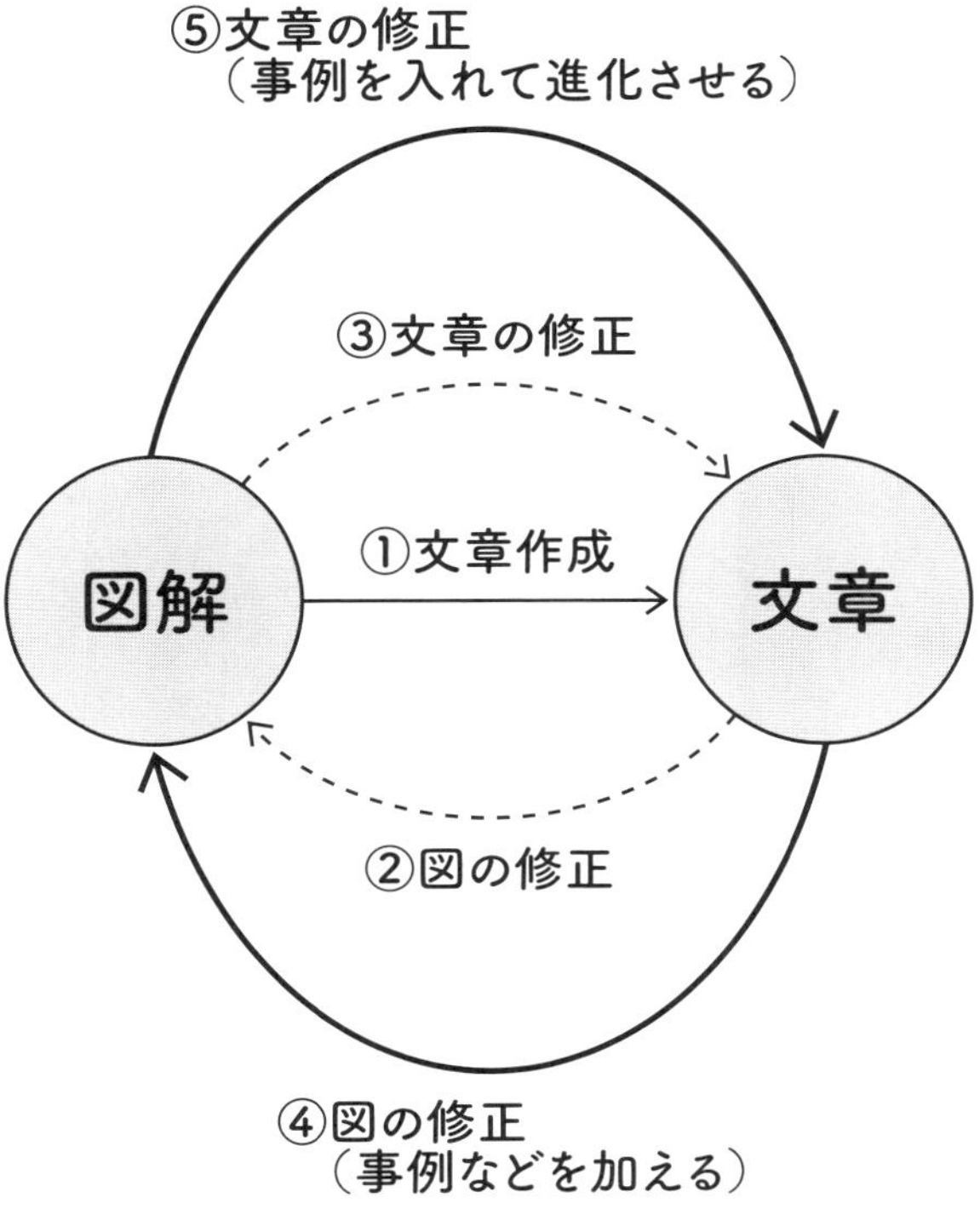
⑤文章の修正
（事例を入れて進化させる）
③文章の修正
①文章作成
図解
文章
②図の修正
④図の修正
（事例などを加える）

第3部　「かく」技術　まとめ

「書く」という言葉を、ここでは「かく」という広い言葉にしています。文章も、図解も含めて、表現する行為を「かく」と呼びたいと思います。

いきなり文章を書き始める。それはいきなり家を作り始めるようなもので、うまくいくことはのぞめないでしょう。文章にも、先に、「設計図」が必要だと思います。その設計図こそ、図解なのです。

すでに述べたように、日本には文章読本の名著がいくつもあるのに、文章が苦手な人が多いのはなぜなのか。これらの名著のほとんどは、なかみ、つまり内容をどのように生み出すかではなく、精神的な心構えを含めて、些細な技術論にかたよっているからではないでしょうか。文章を書く上で大事なことは、人に伝えるべき内容をどのように作り出すかでしょう。

キーワードとマルと矢印を使って、つじつまの合った図解ができれば、後は起点から終点まで、さまざまなルートで説明すればいい。文章の長短は予想される批判への反論や、論証のための具体例を入れることで、自在に展開できるようになるでしょう。

第4章

図で「問題解決」をする技術

1

「見晴らしのよさ」は「よい結果」を導く

位置取りで写真の出来栄えは大きく変わる

私が航空会社の広報部に勤務していた頃の話です。

当時は社内報やＰＲ誌などの編集も行っていた関係で、国内外のさまざまな所に取材に行く機会がありました。その取材スタッフに、カメラマンのＯ氏という印象的な人物がいました。

この方はとても高名な方なのですが、それにしてもＯ氏が撮った写真には圧倒され、毎回感心させられていました。

同時に「同じ場所を一緒に回っているのに、私たちが撮った写真の出来映えとはどうしてこれほどまでに違うのだろう」と、とても不思議な思いに駆られたものです。

その秘密を知りたいと思い、私はＯ氏の動きをそれとなく観察してみました。

するとあることに気がつきました。Ｏ氏は位置取りがとても上手なのです。

たとえばバスに乗るとき、運転手さんの後ろの一番前の席にサッと座ってしまいます。前方がよく見えるので、どんな風景がやってくるか前もってわかります。そして、ちょうどバスが通りかかったときに、絶好のタイミングでシャッターを切っていました。

また史跡や観光地にいるときなども、いつもちょっと小高くなった、みんなよりも少し高い場所にいるのです。そして全体を見渡して、一番よい構図を見つけてシャッターを切っていたのです。

見晴らし台として図解を使う

Ｏ氏の優れた作品の秘密は、見晴らしのよいポジション取りにあったわけです。

さて、この見晴らしのよいポジション取り、「実はビジネスや知的生産の現場でもとても重要なことではないか」「Ｏ氏に倣うべきではないか」と私は実感したのです。

多少の能力の差よりも、実は全体を見晴らす位置取りこそが、パフォーマンスに大きな差をもたらすのではないか、という仮説が浮かんだのです。

たとえば企業では、ポストが上がるほど重要度の高い情報が集まります。

ということは、平社員よりも部長が、部長よりも役員が、役員よりも社長が問題に対する全体的な見晴らしがよくなるということです。

そして**見晴らしがよくなるほど、正しい判断を下せる可能性が高くなります。**

よい図解の条件①

「よい図解」「わるい図解」の区別は、以下のポイントを押さえているかどうかで決まるのです。

①構造や関係がわかりやすい。

②ポイントがもれなく挙げられている。

③重要度の高い項目がきちんと強調されている。

平社員と部長の間に、あるいは個々の役員と社長の間にそれほど大きな能力の差があるかというと、同じ人間ですから、実はそれほどかけ離れた違いはないのではないでしょうか。

むしろ情報量の差、見晴らしのよさの違いが、力量の差となって表れているのではないでしょうか。

そうして考えると、この情報量の差、見晴らしのよさの差は努力によって埋めることが可能なはずです。さまざまな工夫によって自分なりの見晴らし台を建て、見晴らしのよいポジションを取ることにより、自ずから情報への感度を高められるのではないか、ということです。

本章では、**図解をこの見晴らし台として使い、誰もが見えるようにすることで、ビジネスにおける問題解決に役立てる**方法を解説していきます。

よい図解の条件②

よい図解の条件の１つは、平板で静的な図解ではなく、動きが感じられることです。また、もう1つは、よい図解には「中心的な部分がある」ということです。中心とは、図を見た人が最初に意識を集中させるところです。その中心を見た時点から理解への旅が始まっている、というのが、よい図解の条件なのです。そして、始まりや中心があるということは、見る側にとって理解のためのストーリーをスムーズに描くことができるということです。それはつまり、見る側が自ら納得できる構造を備えているということでもあります。

2 ビジネスの問題を解決する

必要なものだけを図解する

私たちが毎日取り組んでいる「仕事」とは何でしょうか。

私は単純に「仕事とは問題解決である」と考えています。目の前に現場があり、その現場には大小さまざまな問題が、ただコロンと横たわっている。それを人の助けを借りたり、チームで力を合わせて解いていく。それが仕事というものでしょう。

現場の問題を素早く、かつ高いレベルで解決できる人のことを「仕事ができる人」というわけです。つまり問題解決能力さえあれば、どのような部署でも貴重な人材として輝くことができるのです。

「高いレベルで解決する」とは、その解決策が長い間、効果的に働くということです。そのためには表面的な短期の解決ではなく、本質的な、あるいは抜本的な解決、つまり長期にわたって次の問題が噴出しないような解決策を構築するよう力を尽くさなければなりません。

これには「図解」がとても有効です。

そして、問題の全体像をできるだけわかりやすく見せるためには、前項で述べた「見晴らしのよい図解」を作ることが大切です。

「問題の構造と関係が一度に視界に入ってくる図解」「瞬時に全体が見えて、瞬時に部分と部分の関係がわかる図解」、これが見晴らしのよい図解です。

問題の構造と関係が瞬時にわかるようにするため、重要な要素を落とさないようにすることはもちろんですが、**必要のないものは図中に入れないようにすることも大切**です。よけいなものが入っていると、見晴らしが悪くなるからです。

見晴らしをよくするための2つのポイント

見晴らしのよい図解にするためのポイントは2つあります。

1つは「**鳥瞰**」、すなわち鳥の目線を意識することです。

序章でも述べた鳥瞰図のよいところは、地図の見方を知らない人でも、ひと目見れば全体の様子が手に取るようにわかるという点です。大事な情報がきちんと入っていて、位置関係も大まかにつかめる。しかも誰が見てもわかる。これらはまさに図解のメリットと特長です。

もう1つは「**編集**」の視点です。

「編集」とは、情報を集めてさまざまに加工し、1つの形にまとめ上げていく作業です。編集的な視点が必要な理由は、本や雑誌と同じように、見せる対象を考えて、情報提供の仕方を工夫する必要があるからです。

問題点を書き出して分類する

問題を解決するための図解は、以下の手順で行います。

まず、問題点をランダムでいいので書き出します。これは、第2章で述べたキーワードの抜き出しに相当します。ですので、箇条書きでかまいません。

次に、問題点をグループ分けします。先ほど書き出した問題点のなかで、いくつかを包括するようなワードを選び、まとめていきます。

そして、グループ同士の関係性を考え、マルと矢印で表現します。

問題点を明らかにするための図解なので、全体の見晴らしをよくすることが目的です。**出来上がった図解から、目指すべき目標・目的を導き出し、対応策・解決策を考えます。**個人的なことであれば、自分自身で問題点を解消する方法を考えればよいでしょう。会社組織の問題であれば、チームや部署全体で考えていけばよいのです。

大切なのは、問題をどう改善すれば目的が達成されるかを検討することです。

個人の例ですが、以下に、図解を使って問題解決をする事例を掲載します。

絡み合う問題を整理できる

問題点を出すだけならいくらでもできますが、問題点を個別につぶしていっても問題は解決しません。各問題点はそれぞれ独立して存在しているわけではなく、複雑に絡み合っているからです。図だからこそ、矢印などでそれぞれの「問題点」と「問題点」の関係を示すことができ、「課題」に向けて線を引いたりすることで、解決のための方法を掘り出すことができるのです。

問題点　例1

部下が思ったように働いてくれずストレスがたまっている（ビル管理会社　Aさん）

現在４人の部下がおり、それぞれに担当のビルを決めて電気やトイレ、空調などのメンテナンスを行っていますが、コミュニケーションがうまく取れず、思った通りに動いてくれません。任せたいと思っている仕事も結局自分でやる羽目になり、精神的にも肉体的にもヘトヘトです。

上司は部下に指示を与え、仕事をしてもらう立場です。ただ、そこは人間ですから、さまざまな軋轢なども生まれ、こちらの思った通りに動いてくれないという不満が出ることがあります。しかし、そこですべてを部下のせいにしてはものごとは何も解決しません。多くの場合、落ち度は部下よりも上司である自分にあるのです。

だからといって、部下を甘やかしてばかりいてもダメです。まず、問題点をきちんと分析し、何が問題の本質であるかをとらえることが大切です。

また、自分たちに与えられている目標や目的は何かを見直し、それを部下と共有することから目標を達成する手段をチーム全体で考えていけば、あなたの部署は活気を取り戻すはずです。

図に色をつけるなら

ビジネスはあくまで「論理的」に行うべきです。しかし色は感情や感覚、情に訴えかけるものなので、論理が基本のビジネスで使う場合には、よく効果を考えた上で使うべきです。色をたくさんつけることで、いったいどこが最も重要なのかがかえってわからなくなるということも起こります。これでは、論理的で本質的な議論を行うことはできません。そのため、図を描くときは「モノクロ」が基本ということを頭に入れておく必要があります。仮にどうしても色をつけたいなら、最後に最も重要な箇所につけましょう。

■問題点を書き出す → グループ分け → 図解

◎部下の問題点を書き出す

・仕事が遅い
・指示待ちで自主性がない
・仕事の全体像が見えていない
・コミュニケーションがうまくいかない
・責任感が欠如している
・ヤル気がない
・手抜き仕事をする
・仕事の質が低い
・指示しても正しく理解していない

◎問題点をグループ分けする

仕事が遅い

・指示待ちで自主性がない
・責任感が欠如している
・仕事の全体像が見えていない

・コミュニケーションがうまくいかない
・指示しても正しく理解していない

仕事の質が低い

・ヤル気がない
・手抜き仕事をする

次ページ図へ

◎全体の関係を考えて図解する

(目標) 仕事のスピードアップと質の向上

〈現状〉

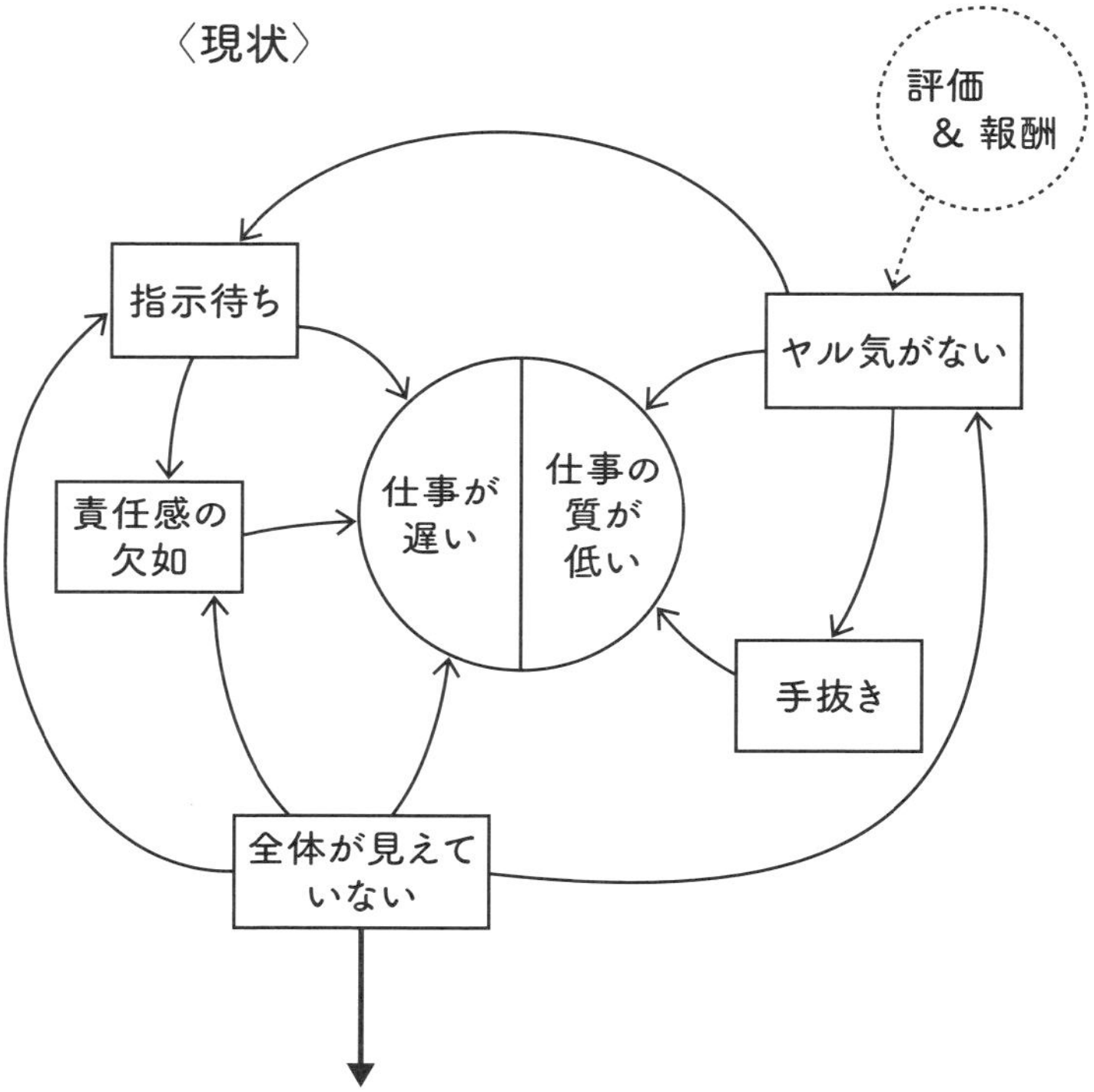

〈対応策〉

・仕事の全体が見られるよう図解して教える
・この仕事の会社における意味を伝える
・社会全体でこの仕事が持つ意味を伝える

問題点　例２

営業成績が上がらず困っている。
どうすれば成果が上がるのか？（飲料メーカー　Ｂさん）

オフィス用のコーヒー豆を売る仕事をしています。現在は先輩から引き継いだ20社を中心にルート営業をしています。しかしその売上げだけではノルマに達しません。新規開拓もしなければいけないのですが、思ったように営業成績が上がらず悩んでいます。

最初に書き出した問題点をグループ分けしていきます。新規開拓がうまくいかず、営業成績が上がらないことが課題なので、自分自身の問題、商品自体の問題、顧客の問題というように分けています。

課題や問題は仕事や職種によってさまざまです。ですからグループ分けの仕方は、すべて違ってきます。自分が向き合っている課題は自分自身が一番よくわかっているでしょうから、独自のグループ分けをして、それぞれの問題にどのように対処していくかを探ってください。

◎全体を考えて図解する

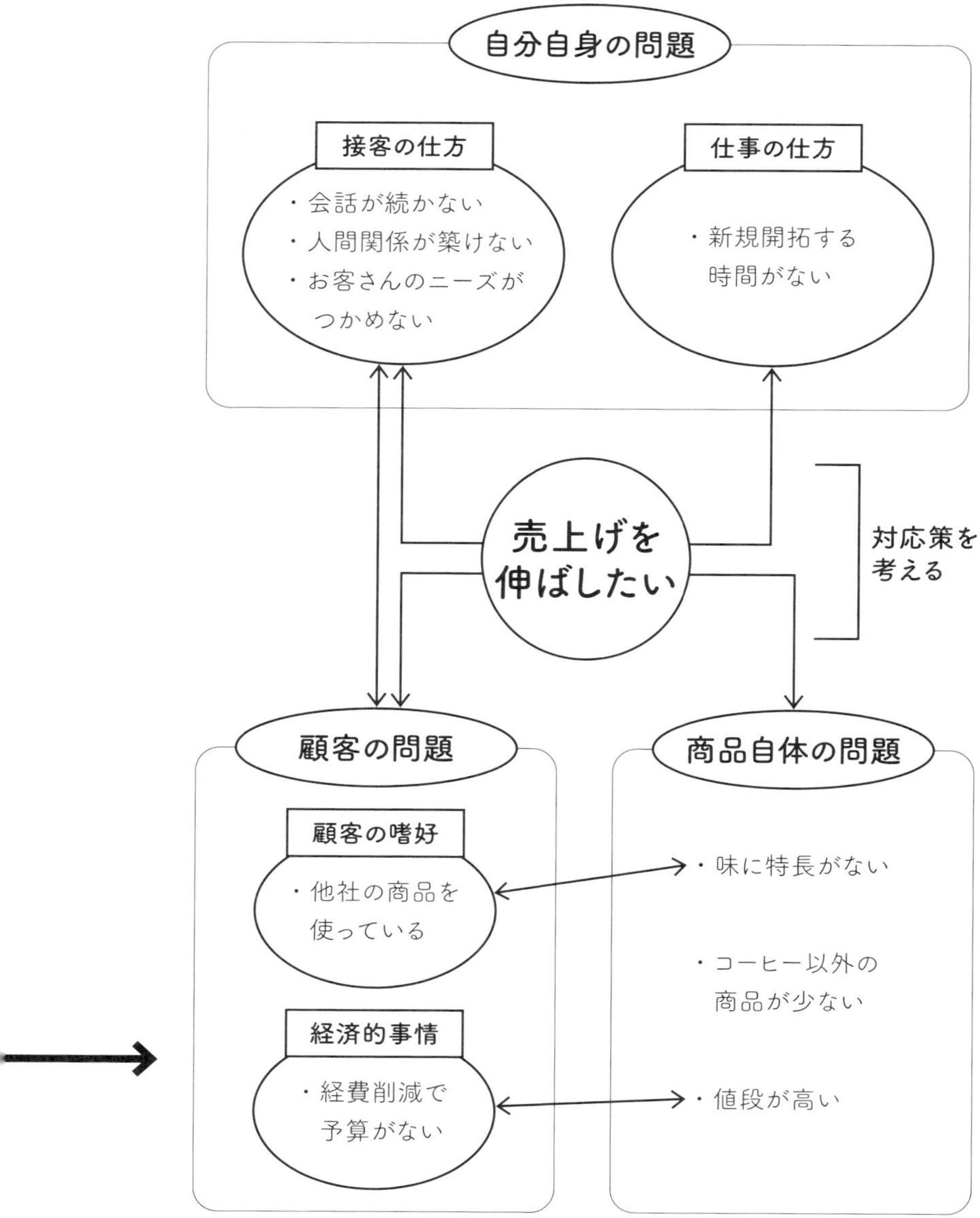
自分自身の問題
接客の仕方
・会話が続かない
・人間関係が築けない
・お客さんのニーズがつかめない
仕事の仕方
・新規開拓する時間がない
売上げを伸ばしたい
対応策を考える
顧客の問題
顧客の嗜好
・他社の商品を使っている
経済的事情
・経費削減で予算がない
商品自体の問題
・味に特長がない
・コーヒー以外の商品が少ない
・値段が高い

問題点を書き出す → グループ分け → 図解

◎問題点を書き出す

・新規開拓する時間がない
・値段が高い
・他社の商品を使っている
・コーヒー以外の商品が少ない
・商品の味に特長がない
・会話が続かない
・お客さんのニーズがうまくつかめない
・経費削減で余裕がない
・人間関係が築けない

◎問題点をグループ分けする

自分自身の問題

・新規開拓する時間がない ―― 仕事の仕方
・人間関係が築けない ┐
・お客さんのニーズがうまくつかめない ├ 接客の仕方
・会話が続かない ┘

商品自体の問題

・値段が高い
・商品の味に特長がない
・コーヒー以外の商品が少ない

顧客の問題

・他社の商品を使っている ―― 顧客の嗜好
・経費削減で予算がない ―― 経済的事情

3 図解は「合意形成」に使える

図は「定性情報」を扱いやすい

仕事において、リーダーに求められるのは、力ずくでものごとを推し進めることではなく、ものごとの本質を見抜き、問題の構造を把握して周りに自分と同じ高い視点を与え、そこで合意を取って、やる気を起こさせることです。

合意形成術は、リーダーにとって非常に重要な技量といえます。

問題解決において、関係者の合意を取ることはとても大切です。

合意は、当事者全員が同じ意識を持ち、互いに納得し合えば成立しますが、そう簡単にはいきません。それぞれが持っている情報は量も質も違えば、理解の深さも異なり、それぞれの視点も違います。

この状態からどうやって合意形成をはかるのか。

そこで活用できるツールが「図解」です。

その理由は、図解は「定性情報」を扱いやすいからです。数値で表せる「定量情報」

に対して、「定性情報」は数値で表すことができません。

定性情報の構造と関係を明らかにする

たとえば、ユーザーからクレームのメールが１００通届いたとします。その内容は、「製品が汚れていた」「電源を入れても動かない」「届くのが遅すぎる」など、さまざまでしょう。「クレームが１００通来ている」は定量情報であり、個々の苦情の内容が定性情報です。

定性情報は扱いにくいため、少なくとも合意を取る場面では、これまであまり積極的に活用されず、取り扱われるのは定量情報が主流でした。

しかし**定性情報は、定量情報では見えてこない問題の本質、真実をつかむことができます。**

定性情報を文章にするのではなく、図解する。そして、先のクレームの例であれば、その図解を顧客視点で眺めることによって、全体の構造と部分同士の関係が明らかになってきます。その過程で、クレームにどのように対処するかについて組織としての合意が形成されていきます。それは自然な形の「よい合意」といえるでしょう。

図解を使えば会議の議論拡散を予防できる

会議は、同じ認識に立っていない入り口の議論で紛糾することが思いのほか多いのではないでしょうか。これを避けるためにも図解が活用できます。会議の主催者の立場であれば、まず冒頭に前回までの議論の経過と本日の会議のポイントを書き込んだ図を提出し、簡単に説明をします。この最初の数分間で、出席者は記憶の彼方にあったこの会議が開催されている経緯を思い出すことができます。そうやって全体の認識のレベルがそろったタイミングをみて、本題の議論に入っていくことになります。

4 合意形成に図解を用いるメリット

合意形成あるいは問題解決のために、積極的に図解を用いるメリットは定性情報同士の関係を明らかにすることだけではありません。他にも、次のような点が挙げられます。

①問題を立体的に表現できる
②コミュニケーションを活発化する
③感情が入り込みにくい
④融通がきく
⑤共通認識ができ、相違点もはっきりわかる

これらのメリットを具体的に説明していきましょう。

①問題を立体的に表現できる

私たちが解決しなければならない問題は、たいてい事実や現象が複雑に絡み合っています。全体と部分が、立体的に動めきながら互いに影響を与えているのが実態です。したがって、このような複雑な構造をうまく扱える表現方法が必要です。

文章や箇条書きでも、こうした問題の説明は可能ですが、その場合は、内容をいったん頭のなかに入れ、頭のなかで立体構造をイメージして組み立てる作業をしなければならないので、理解するのに時間がかかります。

その点、図解は一見して理解できます。図解を見れば、その複雑な立体構造が瞬時にわかり、頭のなかでイメージする必要がなく、そのまま把握できます。

また、矢印などの記号を使うことで、問題の動きや流れも視覚的にとらえることができます。これが図解の最大のメリットです。

②コミュニケーションを活発化する

たとえば、ある問題について上司と合意をとらなければならず、文書を持っていってその場で話し合うというシチュエーションがあるとします。

そのとき、上司は、まずその人が書いた文章を読んで意味を把握しなければなりません。この時点で、コミュニケーションは一方通行になります。また、読み終わって

会議の図には空白を作っておく

空白を利用するという手法は、会議資料を作る際にも応用できます。会議のときに、詳細な資料を作って臨むと、どうしても細かい議論に終始しがちです。そこで、細かい部分を省いて、空白を残した図を作っておくのです。そうすると、会議の参加メンバーは大きな構造についての議論に集中することができます。また、空白の部分に何かを入れたくなってくるので、そこから、波紋が広がり、新しい発想が生まれたり、よい問題解決策が生まれたりすることがあるのです。

も、上司が内容をきちんと把握できたかどうかは部下にはわかりません。しかし、図解の場合は、目の前の図を見ながら要点を説明したり、質問を受けて答えたりと、双方向のコミュニケーションができます。

しかも、重要な部分は、キーワードで示されたり、マルやシカクに代表される図形で囲まれていたり、大きな文字で書かれていたりと、相手もそれが重要点であることがはっきりとわかる形で示されていますから、ポイントを逃すこともありません。

また、図解を見ながら話すと、相手がどの部分について述べているかがわかるので、安心して相手の議論に乗ることができます。そして、議論しながら修正すべき点を修正していき、さらに問題を本質へと近づけていく、といったように、議論を深めていくにも最適なツールといえます。

③感情が入り込みにくい

「文は人なり」といわれるように、文章には人格や感情が入り込みやすいところがあります。

文章は、内容はもちろん、字句の間違いを指摘されるだけでも、まるで自分の人格を否定されたような感情になり、心が傷ついてしまうものです。合意というのは感情的な反発があると成立しないものですが、文章の場合は感情的な反発が生じやすいいため、合意形成を困難にすることも少なくありません。

それに対して、図解は修正されてもあまり感情が動きません。自分で描いた図でも客観視しやすいので、感情が混じるケースが非常に少なくなるのです。

④融通がきく

文章はかたくて融通がきかず、図解は融通性があるといえます。

企画書をまとめる場合でも、文章の場合は、最初からある程度きちんとしたものを作らなければなりません。途中で上司のチェックを受けて修正することになった場合、たとえそれが部分的な修正であっても、結局は全体のバランスを整えるために最初から書き直さなければならないこともあります。修正を求めるほうも、修正する手間が大変なことを知っていますから、言い出しにくい面もあるでしょう。

一方、図解はすべてがきちんと固まっているわけではありませんから、修正が必要な部分があれば、相手の提案をすんなり受け入れて簡単に修正することができます。文章にする必要があるのであれば、最初に図解を用いて議論を重ね、全体像がはっきりしてから文章化すれば大きな修正の必要がないので無駄も少ないはずです。

メモ書きが議論を活発にする

販売会議であれば、図解資料に「商品Ｂが弱い」とメモ書きしたり、「販売網」のところに「関東は強いけれど、関西は弱い」などと書き加えていけば、図がどんどん豊かになっていきます。こうしたメモ書きが、「商品Ｂの廃止」とか「関西支社の増員」といった具体的なプランを立てるヒントになります。「会議というのは、図を豊かにすること」ではないかとすら考えています。図をもとに会議をすれば、図が頭を刺激してくれてアイデアも浮かび、議論も活発になってきます。

⑤共通認識ができ、相違点もはっきりわかる

図解は、問題の構造と関係が端的に表されますから、どの部分について議論しているのか、論点が明確になります。論点が明確になると、理解している部分、わからない部分、意見の違う部分をはっきりさせることができます。

お互いに何を理解しているのかがわかる、何が不明なのかがわかる、相違点もわかる。それを互いに認識でき、共通認識として持つことができるわけです。

合意という面から見れば、疑問や批判・反論があっても、図解のメリットを使いながら、これらの3つの点が明確になれば問題認識における合意は成立しますから、まずは第一歩を踏み出すことができます。

5 「会議」に図を活用する

「議題」を図にする

会議は、基本的に合意形成の場です。

しかし、会議に出席すると、全体像がわからないので議題のなかのどの議論をしているかわからないということがありませんか。

また、現在位置が視覚的にわかるようにしておかないと、話題があちこちに飛んでしまうこともあります。

議題が1、2、3、4……と箇条書き的に並んでいても、本当は2の次の議論は4であるべきだったり、1と3の項目が重複していたりすることもあるでしょう。**議題を図で表すことによって、順番に書いてあるよりも、議論の流れや重なりを立体的に表し、立体的に話を進めることができます。**

「いまは、この議論をしています」と、議論の位置を示すには図解が適しているのです。

図解にするると、出席者に配れるような資料とするのに準備が間に合わない場合もあるかもしれません。そんなときは、少なくとも会議の主催者であるあなたの手元には議題の図を置いておくことで、出席者は迷うことなく議論を進めることができます。

図があると、「いま、議題2の話をしていましたが、議題4の内容も出てきました。このまま進めましょう」と、議論の交通整理をすることができます。

会議は、与えられている議題を順番通りに行う必要はありません。流れに任せながら、議論を進めていってもいいのです。「議題では、この順番だから」と議論を遮るのではなく、流れに任せていくと議論が深まることがあります。柔軟な対応ができると、合意形成に有利になります。

議論のズレを防止できる

出席者のなかには、議題に関係なく話をする人がいます。こうした人が一番困りますよね。そういう方は、議題に関係あるなしにかかわらず、とにかく話したい内容を話しまくります。

このような場合も、**図解があって、いまどの議題について話しているのかがわかるようになっていると、話が散漫にならずにすみます。**

話している人も、聞いている人も手元にある図に目を落とすと、議題間の関係が描

図解で議事（アジェンダ）を作る

〈文章〉

○月の売上達成実行計画MTG

目的：○月の営業施策の決定と実行計画策定

議事

1．前月の売上状況
2．○月の売上目標
3．営業施策の検討
4．実行プロセスの検討とtodo策定

〈図解にすると〉

○月の営業施策の決定と実行計画の策定

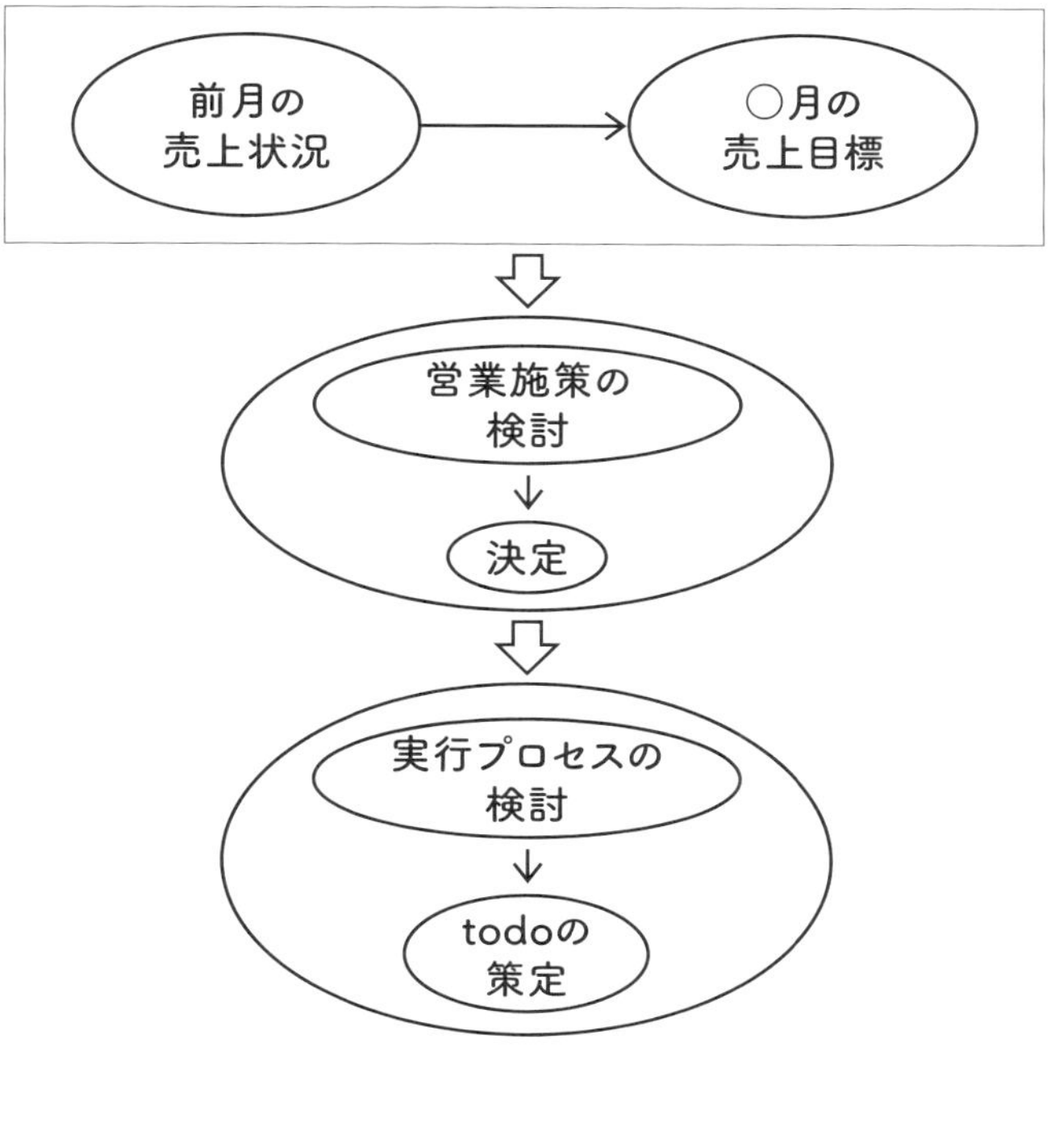

いてあるので、「この話はここに関係している」「いまは全然関係ない話をしているな」とわかるので、その話を断ち切ることも元の話に戻すことも難しくなくなります。話している本人も、図があるので議論と関係ないことをたくさん話すことが恥ずかしくなっていきます。

会議で図解を活用すると、大きく議論がズレることを防ぐことができるのです。このようなやり方で会議を行うことによって共通理解が蓄積されていき、リズミカルに、スピード感のある会議を運営できるようになります。

もし、あなたが会議の主催者ではなく、一人の出席者である場合も、自分で議題を図にして手元に置いておくことをお勧めします。

司会者が、うまく議論をまとめることができないとき、あなたがうまくまとめられるような発言をして誘導すれば、場も収まりますし、「できるヤツだ」と感謝されるはずです。

会議の主催者としても、いち出席者としても、議題を図にしておくことでムダな議論をすることなく、会議がスムーズに進むことは間違いありません。

図に書き込むと微妙な違いが明らかになる

会議で図解資料を使うときのポイントは、それぞれの出席者に、図のなかに自分の意見を書き込んでもらうことです。各人が考えていることは似ているようでも違います。その違いが図解資料に書き込んでいくことで明らかになり、より突っ込んだ議論をすることが可能になります。

6 「議事録」も図解で

議事録は図解でまとめる

会議の議事録、あるいは交渉の議事録はどうやって書いていますか。

合意に達したことは、その場で、その場の空気が残っている間に配ったほうがいい。いまは会議の最中にパソコンで打ち込み、会議が終了したときには議事録ができている、という会社も多いかもしれません。

しかし、これは文章による議事録です。

ここでは、図解による議事録を紹介します。

議論しながら図解でメモしていけば、先のパソコンで打ち込んだ議事録と同様に、会議が終わったときには完成しています。

会議の議事録は、会議の内容を確認し、共有するために必要なものです。仕事がうまくいっているときはその重要性が理解されにくいのですが、何かトラブルが起きたときには、議事録のありがたみを痛感します。

先に述べたように議事録は、文章で書かれているものがほとんどです。Ａ４サイズの用紙に何枚にもわたって文章と箇条書きで書いてあり、議事の確認として回ってきても、隅々まで読むのは難しいのではないかと常々感じています。

議事録とは本来、会議で何が決まったか、何を、誰が、いつまでにしなければならないかが明らかになっていればいいのではないでしょうか。文章や箇条書きで書かれていると、逆にそれがわかりにくくなってしまいます。

以前、私がリーダーだったプロジェクトでも文章型の議事録を使っていたことがありました。メンバー間で「議事録は文章で出すものだ」という固定観念にとらわれていたために、担当者が、会議の後、半日かけて作成していました。

次の会議ではその文章をもとにして進めるわけですが、スピード感がありません。

そこで、議事録を書く時間がもったいない、という問題意識もあって、決定事項と、次の会議までにやるべきことのみを記した「図解議事録」を作成していました。

このような**図にしたことによって、決まったこと、各人のタスクが何か、がより明らかになり、懸案事項も忘れられることがなくなりました。**その場で手書きで描いた図を、その場でコピーすれば、それが自動的に議事録の代わりとなります。仕事にスピード感が生まれます。

これまでの文章型、箇条書き型の議事録に慣れた人にとっては、書く言葉が少なくなるので不安になるかもしれませんが、その場で決まったことをズバリ短い言葉で書き表すいいトレーニングにもなります。

本質を短い言葉で言い表すコピーライティング能力は、ビジネスパーソンにとって必要な能力ですから、これを機に身につけるのもよいでしょう。

図解議事録は議論を明確にする

図解議事録にはいろいろなやり方がありますが、私が使っている例を１つ紹介しましょう。

会議の机を真ん中に描いて、周りに各人の座っている位置を描き込んでいきます。出席者の名前を書いてその人が発言するつど、その内容をその人の場所に書き込んでいく。そうすると発言者ごとにその発言内容がひとまとまりになってきます。

会議の議事録をとる場合に大事なことは、順番にどういうことが話されたかではありません。誰がどういう内容を発言し、どういう立場にいたかが重要です。順序が必要であれば番号をつければいい。あるいは大事な質問に対しては、答えを矢印でつなげばいいのです。

図解議事録はひと目で議論を俯瞰できる

図解議事録を見れば、「どの部署が何をいっているのか」がひと目でわかります。それを知った上で、相手にも納得してもらえるプランを考えて会議に臨めば、会議はより内容の濃いものになるはずです。議論では、自分の主張だけをすればよいというものではありません。全社的な視点を持ち、他の部署にも配慮しつつ、自分の意見を主張できるような高いレベルでの議論をするためにも、他の部門の意見が俯瞰できる図解議事録は役に立ちます。

図解議事録が描けるかどうか心配する人がいると思います。しかし、**いろいろな人がいろいろな発言をしていてもメモすべきポイントは案外少ないもの**です。議論の展開のなかで重要なポイントはそう多くありませんから、十分描くことができます。

労使交渉など非常にシビアな交渉の場合も例外ではありません。この場合は、立場は相手と自分側の2つしかないので、ノートの1ページの真ん中に左と右に分ける線を引いて、発言を順番に書いていき、矢印で発言に対する相手側の反応を書いていけばいいのです。いままでの議事録とずいぶん違うので最初はびっくりされるかと思いますが、出席者の了解も簡単にとれるでしょう。

現在どんなプロジェクトが進行しているのか、前回の会議で何を話したか、今回の会議で何を話すべきか、配付資料は何か、次回の会議までにすべきことは何か、今後のスケジュールはどうなっているのか……など、すべて書き込めます。

これを使い始めてから、議事録は今回の会議で話し合って決まったことを、その場でコピーし、配付して終わり、となりました。次の会議では、前回の会議で決まったことと、今回の会議までにしなければならないことができているかどうかの確認を、自然に行うことができるようになりました。

修正も簡単にできる

図解を用いた議事録は、ややアバウトな感じがしますが、修正も簡単にできます。いったん合意がとれたようでも、時間の経過とともに修正が必要になることがよくあります。文章議事録の修正は、表現など細かい点に目が行くケースが多いのです。図解議事録では、こうした変更にあたり、マルの大きさや重なり具合、矢印の方向や太さの修正などにより、大枠は変わらないまま修正をすることが難しくありません。文章と比べて柔軟性があるのです。

■会議の「図解議事録」の例

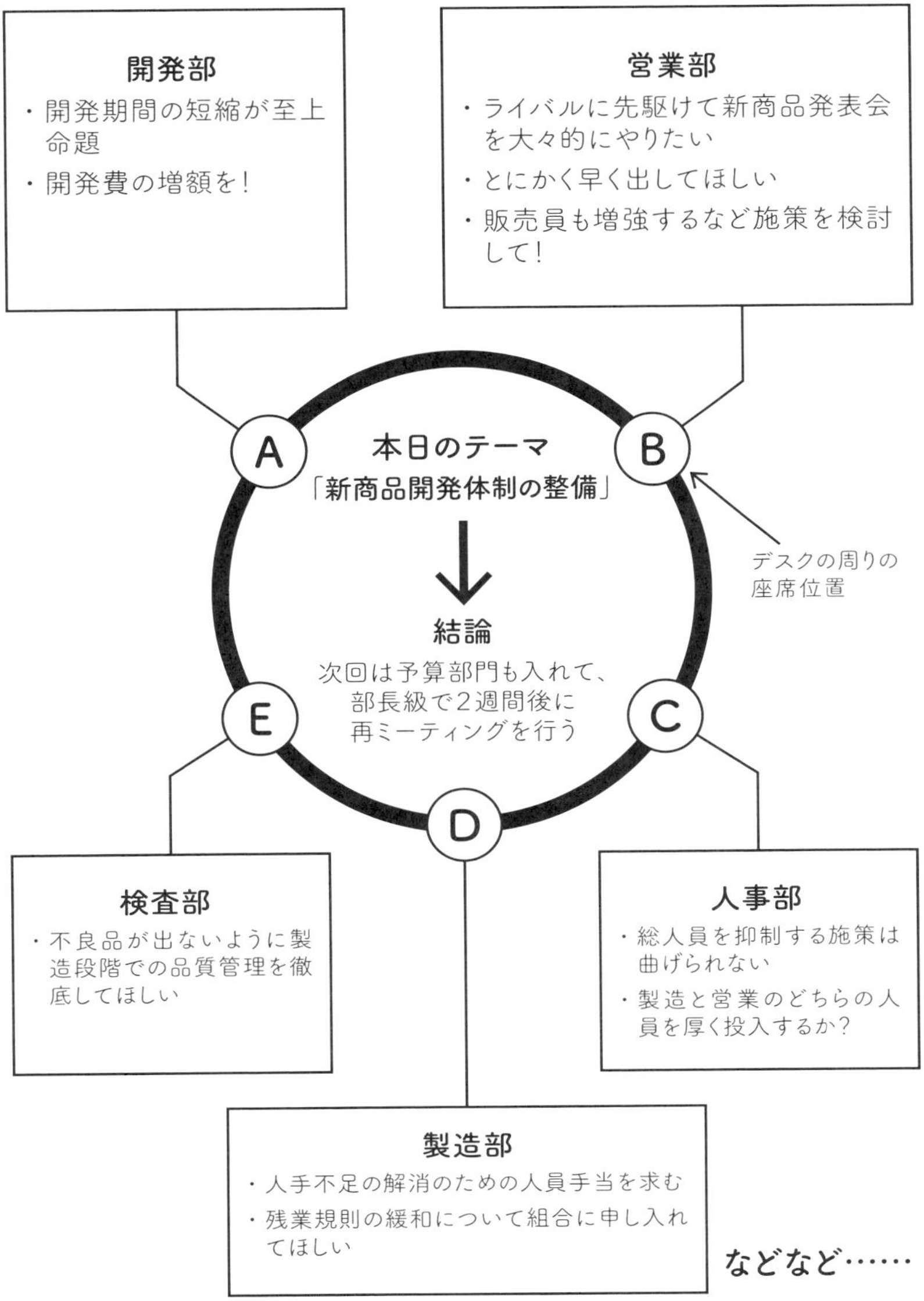
開発部
・開発期間の短縮が至上命題
・開発費の増額を！
営業部
・ライバルに先駆けて新商品発表会を大々的にやりたい
・とにかく早く出してほしい
・販売員も増強するなど施策を検討して！
A
B
本日のテーマ
「新商品開発体制の整備」
結論
次回は予算部門も入れて、
部長級で２週間後に
再ミーティングを行う
デスクの周りの座席位置
E
C
D
検査部
・不良品が出ないように製造段階での品質管理を徹底してほしい
人事部
・総人員を抑制する施策は曲げられない
・製造と営業のどちらの人員を厚く投入するか？
製造部
・人手不足の解消のための人員手当を求む
・残業規則の緩和について組合に申し入れてほしい
などなど……

7 「あなたの仕事」は図解で変わる！

自分の仕事を図解するのは難しい

民間企業や行政、NPO法人などから図解についての講演や研修の依頼があったとき、「あなたの仕事を図解してください」というテーマを意識して行ってきました。

仕事を図解してもらうと、さまざまな気づきがあります。

たとえば、ほとんどの人は、毎日している仕事なのに仕事の全体像をつかんでいなかったことを発見して驚きます。行政マンへの研修では、主役であるはずの市民や住民が最初から図解に出てこない人が多いですし、民間企業での研修でも消費者が描かれていないことが多いのも興味深いことでした。

また予算関係の作業だけを図にする人や、自分の得意先だけしか描かない人、ハンコを毎日押している図を描く人もいました。

毎日取り組んでいる飯のタネであるにもかかわらず、いざその全体像を図に表現しようとすると意外に難しいのです。誰と、どのセクションとどのような関係を持っているのか、自分の仕事全体のなかでこのテーマはどういう位置づけになっているのか、仕事の目的は何か、どのような成果を期待してやっているのか、など考えれば考えるほど混乱してきます。

取り組んでみると「発見」と「疑問」と「驚き」の連続であることがわかるでしょう。仕事の図解が完成すれば、その後のパフォーマンスはもちろん、さまざまな問題解決の糸口にもなります。

組織は個人の仕事の集大成

組織というものは組織図と業務分掌で成り立っていると思っている人が多いかもしれませんが、そうではありません。組織はそれぞれのビジネスマンの「私の仕事」の集大成なのです。そこにはいきいきとした個人が息づく世界があります。

こうして描かれた**「仕事の図解」には１枚１枚に仕事のエッセンスが込められています。**描いた人たちに、私はこうお願いしています。

「机の上にこの図解を置いて、折にふれて毎日眺めてください。そして少しでも納得がいかなかったり、仕事が変化してきたときは、描き直してください」

毎日の雑用に追われていても、客観的に自分の仕事を見ることによって、仕事の本

図解マニュアルの作り方①

どんな業務も基本的には図にすることができるはずです。自分の担当している業務を１枚の図にして、図解マニュアルを作ってみてはどうでしょうか。図解営業マニュアル、図解企画マニュアル、図解法務マニュアル、図解経理マニュアル、図解製造マニュアル、図解広報マニュアルなどを作っておけば、業務を一段と体系化できるはずです。ポイントは、１枚の図にすべてを書き込もうとしないことです。最初に全体像が見渡せるラフな図を作り、２枚目以降にそれぞれのパーツの詳細な図解を加えていくのです。気をつけてほしいのは、完璧なマニュアルを作ろうとしないことです。

質を見抜く力がついてくるからです。

「図解　私の仕事」は、どんどん描いて、どんどん蓄積していきたいものです。個人の仕事史とは、その図解の集合とも言えます。

「仕事の図解」は引き継ぎ書にもなる

さらに、**修正に修正を重ねて、練りに練った仕事の図解は、あなたの仕事の引き継ぎ書としても最高の資料となっているはず**です。

仕事の全体像と部分同士の関係が端的に表現できているその図解は、後任者が仕事に習熟する期間を大幅に短くしてくれます。

そして自分もまた異動先の前任者が作った図解をもとに、ごく短時間に仕事をバリバリこなすことができるようになります。毎年の人事異動の季節に組織全体として戦力が大きく落ち込むようなことはなくなるでしょう。

1人ひとりの仕事の集まりが部門の仕事となり、部門の仕事の集大成が組織全体の仕事になります。図を使うことによって1人ひとりの仕事の質が上がれば、会社も業績も変わってくるでしょう。

8 あなたの仕事を図解しよう

仕事を図解すると発見がある

仕事を図解することの効用は、前項で紹介しました。では、

「あなたの仕事を図解してください」

こういわれて、あなたは自分の仕事の図をうまく描けそうですか？

前項でも少し述べたように、自分の仕事は自分自身が一番よくわかっているはず。でも、いざそれを描こうとした途端に、はたと行き詰まっている自分自身を見つける……。それがこれまで実際に仕事を図解してもらった多くの方々に共通するスタート地点です。

ですから、とにもかくにも、まずは実際に自分の仕事の図を描いてみることが大切です。その過程でさまざまなことを発見していくはずです。

まず、仕事の図を描くための基本的なことを説明します。その後で、ぜひあなた自身の仕事の図を描いてみてください。

「私を真ん中」にして描き始める

実際に描くときのポイントは、「私」をなるべく真ん中に置いて考えることです。最初からオリジナルの図はなかなかできないので、誰かのアイデアを借りましょう。私は「借図」（140ページ）と呼んでいますが、誰かのアイデアを借りていいんです。「私の仕事」をマルで囲むとか、横向きに手順が流れていく矢印を使うなど、気に入った図やアイデアを参考にしてください。その過程で、自分の仕事と違う点が出てきて、いろいろと考えることができるのです。

「自分が見たら課の仕事はこうなっている。こう見える」「会社はこう見える」「世の中とこうつながっている」と。これがうまく描けると仕事はがぜん面白くなります。世の中の動きと、自分の仕事が関係していることが見えるようになるからです。

逆にわるい例は、会社の組織図を描いて「私はここにいます」という図です。実際、そういう人をときどき見かけます。

「関西支社第二営業局第四営業部営業企画課主任」「システム事業本部開発部開発企画課副課長」など、名刺の肩書きが表す組織図をそのまま描いて、自分の部署をマルで囲んで「私の仕事」としてしまう。

これでは、それこそ絵に描いたような「組織の歯車」でしょう。

仕事は、世の中と自分とをつなぐ仲立ちをしているものであり、**「仕事の図解」とは「自分の位置から世の中はどう見えるか」ということにほかなりません。**

もちろんこの「自分」とは組織の歯車ではなく、「個人としてのあなた」なのですから、同じ組織、同じ肩書きであっても別な人が描けば、仕事の図もまた違ってくるはずなのです。

「最終消費者」を必ず描く

２番目のポイントは、「最終消費者」を忘れずに描くことです。これを忘れる人がたくさんいます。それだけ狭い範囲で仕事をとらえているわけですね。

ある電機メーカーで研修したときのこと、「部品を直すのが仕事です」といって、小さな部品を描いた人がいました。「何の部品ですか」と聞くと、冷蔵庫の部品だといいます。冷蔵庫はどこにあって、何のためにあるのですか？　などと質問をしていくと、「ああ、そうか！」と気がつきます。

「家庭にあって、豊かな生活のためにある」と出てきました。

最終消費者が見えると、もう一度、自分の仕事を見つめたときに、何をしたらいいかが変わってきます。そこからあなたの仕事がブラッシュアップされていくのです。

図解マニュアルの作り方②

「図解マニュアルを作るぞ」というように意気込まなくても、日常の業務を少しずつ図にして書きためていけば、いつの間にか枚数が増えてきて図解マニュアルができあがります。同時に、その部門でのノウハウが蓄積されていっているはずです。各部署で図解マニュアルがあれば、新入社員が入ってきたときの教育にも、また異動してきた人の参考資料にもなります。「図を見てわからないところがあったら質問してください」というようにすれば、仕事を教える手間も省けるでしょう。

仕事の目的をはっきりさせる

公務員の場合は「住民」が出てこないことが少なくありません。市職員の人の描いた図が、県庁やＪＡの担当者とだけつながっていて、何をしている人なのかわからないこともありました。

つまり、目的がはっきりしていないのです。たとえば、農業関係の部門であれば、農業に従事する人たちの生活を守り農業の発展を期するとか、生産物によって市民の豊かな食生活を実現する、といった目的があってしかるべきでしょう。あるいは市長が掲げるビジョンと、市全体の組織や仕事との関係が描かれてもおかしくありません。

目的が描かれていない図ができるということは、細かい仕事ばかりになって視野が狭くなっているということです。枝葉末節ばかりにとらわれて、ますます本来の目的や最終消費者から遠ざかるという悪循環です。

企業であれ公務員であれ、これが創造的に仕事ができない最大の原因です。最終消費者がいつも視野に入っていると、仕事は常に革新していくものです。

292～295ページに、研修等で実際に「私の仕事」を描いてもらった図をあげておきます。最初に描いた図、アドバイスに沿って修正した図、そして3回目に直した最終図の改善のプロセスの事例です。

食品会社勤務のＵさんの仕事の図解（292、293ページ）は、自分の周囲を中心に社内の仕事の流れを示し、外側に関連企業の役割を明示して、自社の製品がお客様に届く様子が見える図になりました。

上下左右のバランス、中心部の強調、矢印の意味の説明など、メリハリがきいています。美しい図になっています。

ソフトウエア会社勤務のＫさんの仕事の図解（294、295ページ）は、最初の図は自分を中心とした業務の流れを示しただけでしたが、しだいに視野が広くなってきたことがわかります。

ヒラ社員の視野から、係長の視野。そして課長の視野へと成長していることがわかります。図解を進化させていくと社長のレベルに達することも不可能ではありません。

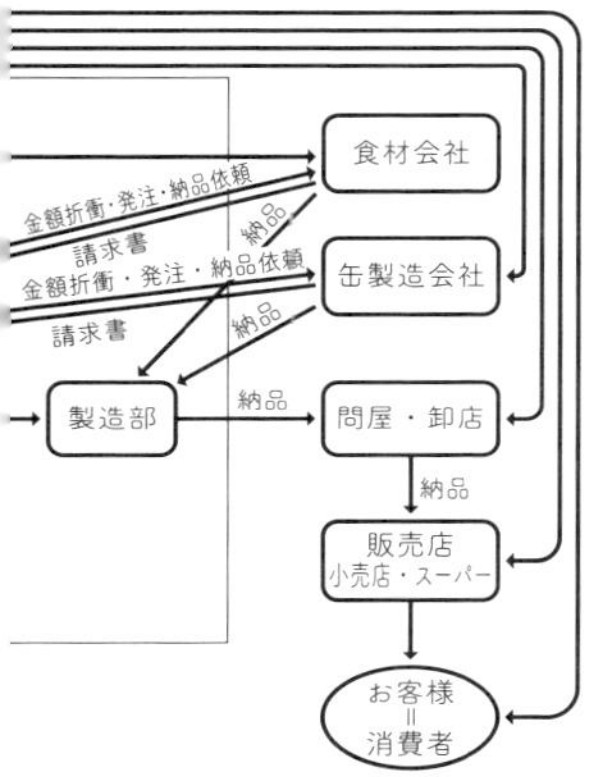

でしたので、関係性のある
てみました。位置関係にム
づらくなりそうで苦労しまし
事なのはラッキーだなぁと
うもので、その流れをどう
います。

3回目の図解

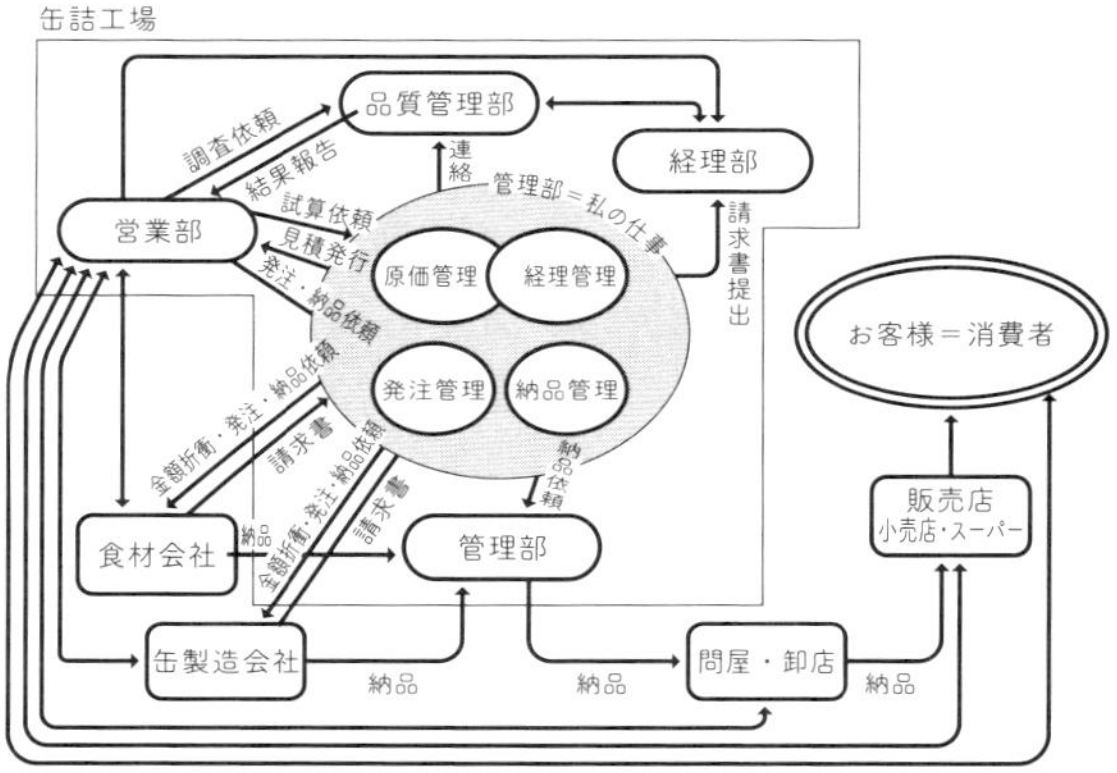

◎美しい図解は正しい
◎図解の達人は地位に関係なく組織を動かせる

Uさんの3回目の感想

前回「自分の周りを仕事がぐるっと回るうちに製品が出来上がっていく」というヒントをいただきましたので、そのイメージで描いてみました。指示や伝票が行き来している間に、製品になって出荷され、最終消費者＝お客様に届く様子が思ったよりずっとうまく描けました。

描いているとだんだん欲が出てきて、営業部のなかをもっと詳しく描いてみようとか、売れ筋商品を具体的に描き込んで売上げの変化や、季節ごとの対応を表してみたいと思います。出来上がった図の相手先のカコミに電話番号を入れて、連絡先一覧としてさっそく机の前に貼っておきます。

と思っていたら、人事部門に異動になりました。この図が引き継ぎに威力を発揮しています。異動先でも、さっそく図解をしてみようと思います。

自分の仕事を図解してみる①

食品会社勤務のUさん

1回目の図解

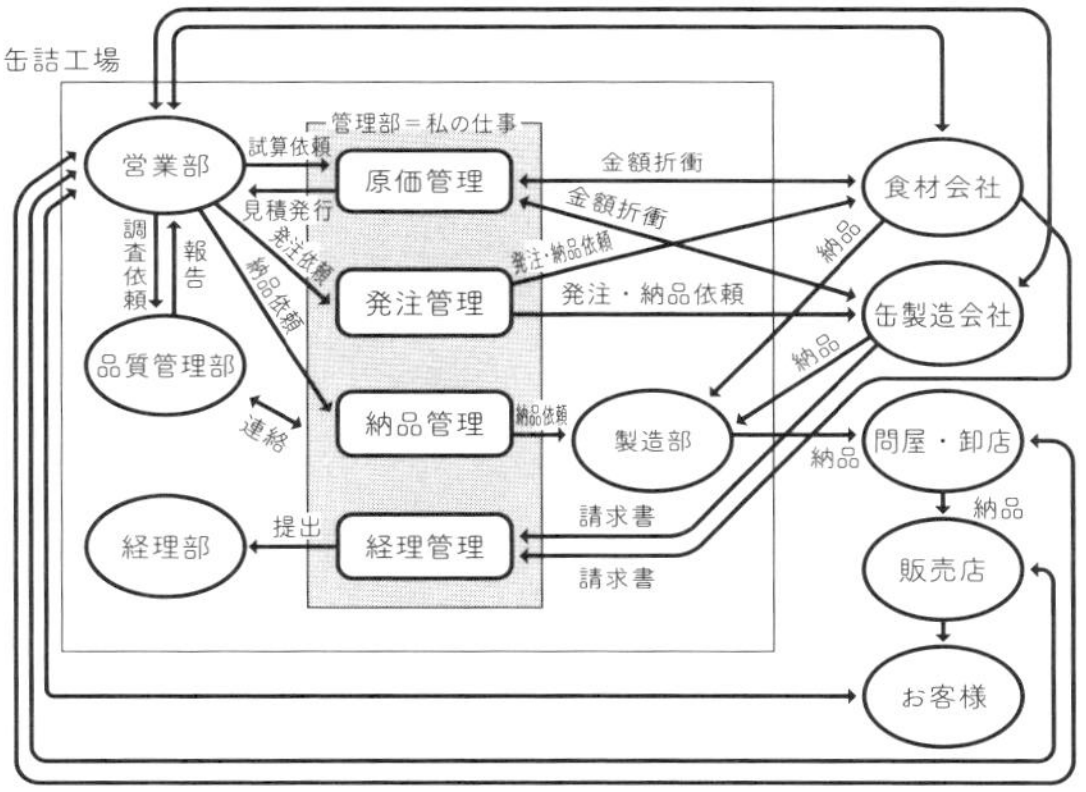

◎「作業手順書」と「仕事の図解」の違い
◎省略してしまった情報があるのでは
◎当たり前だと思っていることを一歩深く考えてみる
◎格段によくなる可能性を秘めた図解
◎管理部門の「転ばぬ先の杖」として

Uさんの1回目の感想

日常の仕事を図にしたつもりだったのですが、手順を追うだけになっていました。原価計算から始めて、あちこちに発注をかけて進行していく仕事なので、自分で描いているときは、これでいいと思っていたのです。でも、大きさと順番、重なりなどの関係性について教えていただくと、図解としてはまだまだだと痛感しました。

2回目の図解

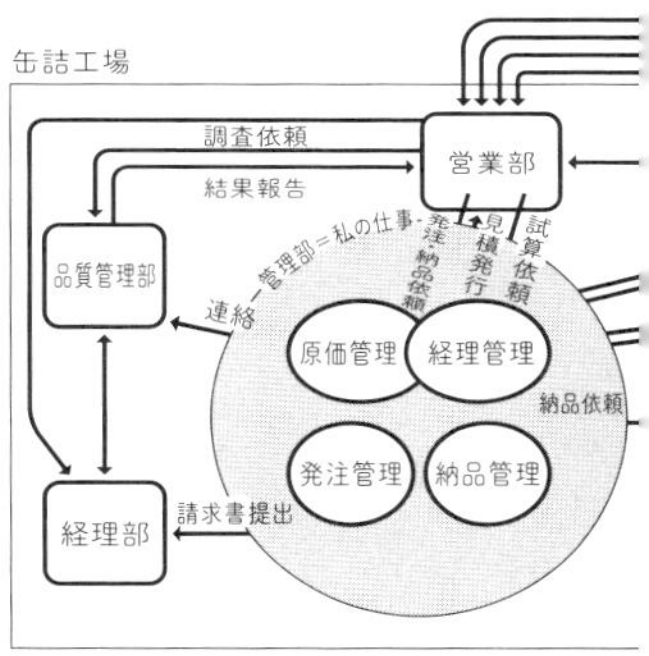

◎仕事の関係が明らかになってきた
◎「流れを表現した図」のアイデア

Uさんの2回目の感想

前回の図はやはり手順書
仕事を固めて書き表したりし
りが出て、矢印が複雑で見
た。全体の流れを見られる仕
思いましたが、手順書とは違
表していくか、ちょっと悩んで

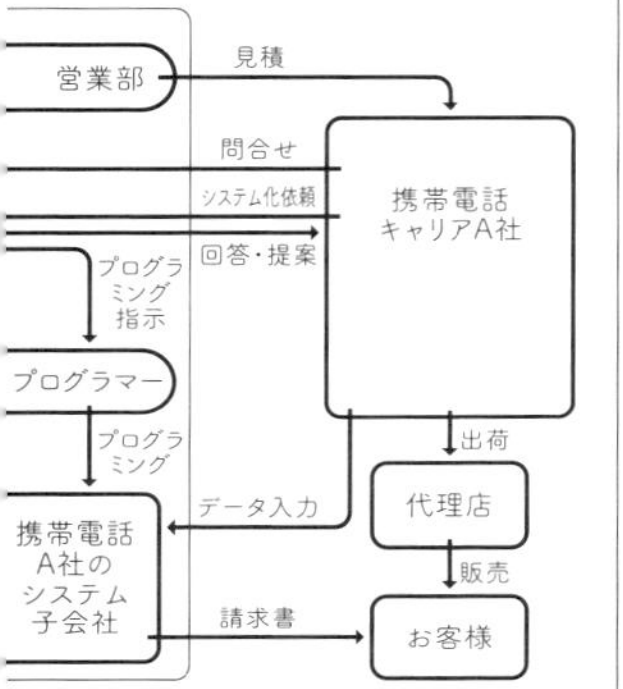

明確になった
消えてしまう2つの理由

が見えてきた

3回目の図解

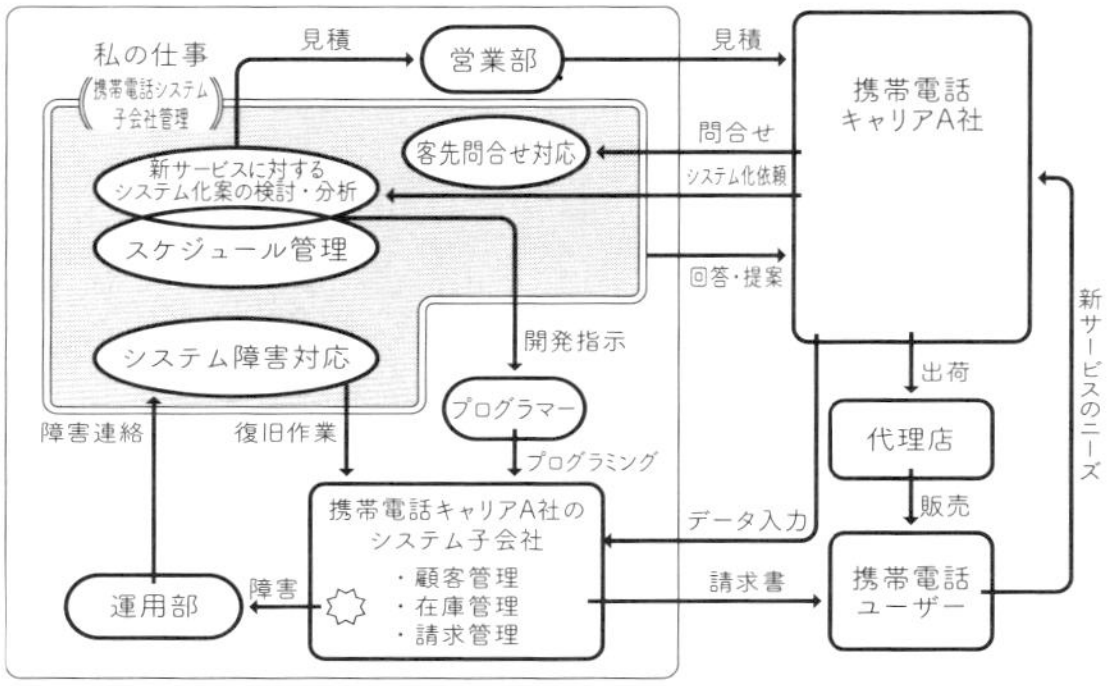

◎箇条書きでは説明できないことがある
◎一日で仕事のレベルが大きく変わる
◎「社長の視野」まで手に入れる

者であるお客様まで視野を広
分にとっては当たり前のところ
300人以上の社員がいますの
あまり興味がありませんでし
れて驚きました。

Kさんの3回目の感想

自分の仕事について、整理しながら真剣に考えたのは初めての体験でした。3回目の図を描いてみると最初の図が、たしかに「いやいや働かされているヒラ社員の頭の中」だったと納得できました。毎日忙しくしていたので、仕事が楽しいとか充実しているとか、あまり考えたことはありません。「みんなこんなものなのだろう」と思っていましたが、図解をしていくうちに、これは使えると直感しました。

納期に追われ、目の前の仕事を片づけているだけだと、視野がどんどん狭くなっていくのだと思います。図にしてみると、そのなかの一部でだけ仕事をしていたのだと気がつきました。「社長の視野」といわれても、以前なら「関係ない」と思っていたでしょうが、いまは想像できるような気がします。

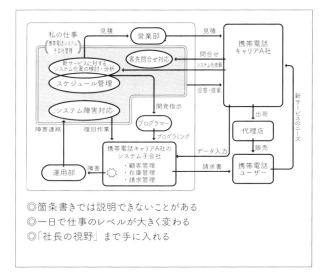

自分の仕事を図解してみる②

ソフトウエア会社勤務のKさん

1回目の図解

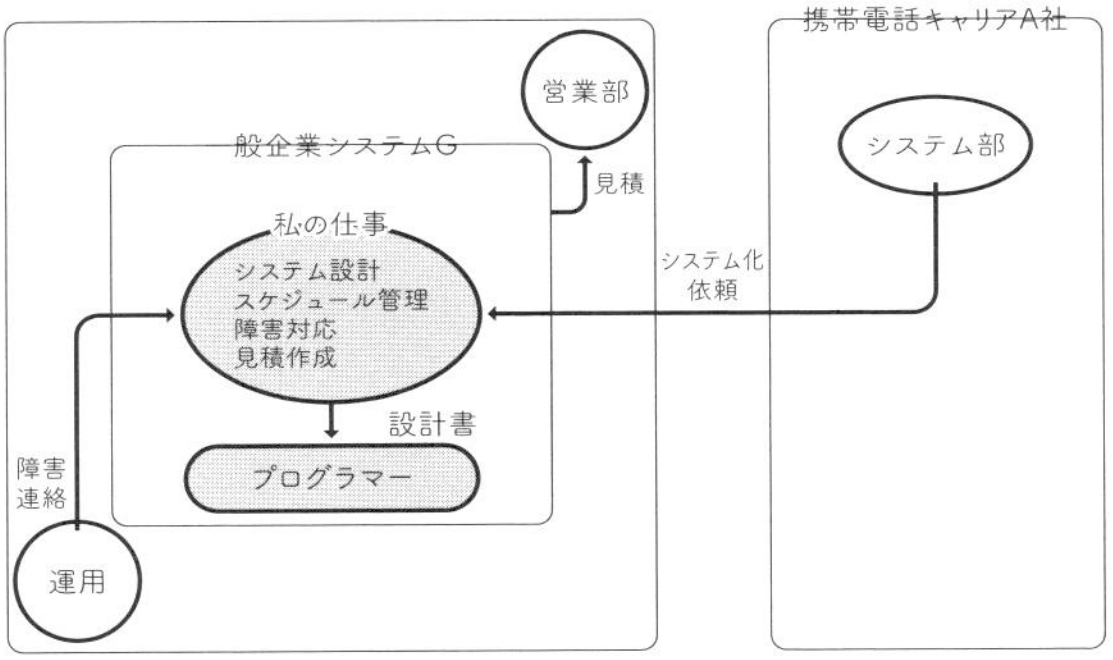

◎いま、どの仕事に一番時間がかかっているか
◎日常の仕事に忙殺される理由が見える
◎「仕事の楽しみ」を図に描けているか
◎仕事では必ず最終消費者を意識しておく

Kさんの1回目の感想

いろいろ指摘されて最初はムッとしました。でも、仕事に追われている様子をズバリ指摘されて、その理由を説明されると納得です。目の前の仕事から順番にこなそうとしていましたが、図に描くことで、広い視野を持って広い範囲で考えることが大切だと思いました。図解していると、時間のたつのが早く感じられます。

2回目の図解

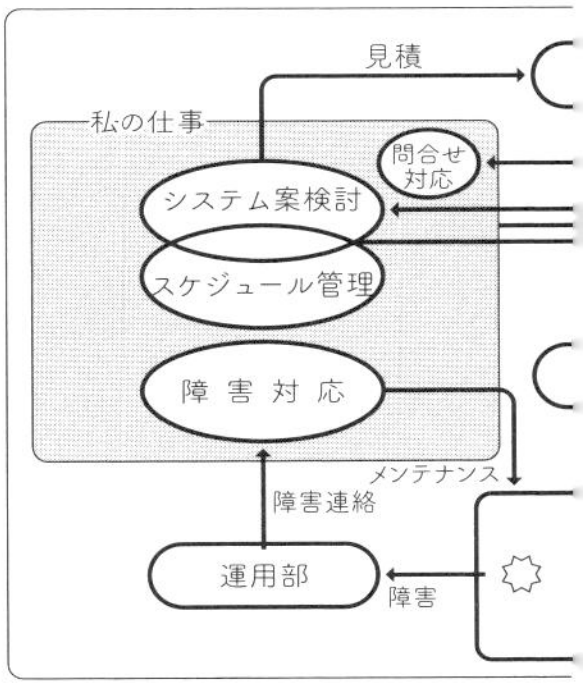

◎「提案」も自分の仕事なのだと
◎仕事の説明や部署が、図から
◎矢印が増えたのは大きな進歩
◎仕事の種類と時間配分の方針

Kさんの2回目の感想

取引先だけでなく、最終消費げたつもりだったのですが、自をうっかり省いてしまいました。で、自分とは関係ない部署にはた。またまたズバリと言い当てら

9 地域の問題を図で解決する

画期的な「図解アンケート」

少し以前のことになりますが、私が宮城大学で教えていた時代に、県下の高清水町（現・栗原市）の「高清水町21世紀まちづくり委員会」の委員長を仰せつかったことがあります。そのさい、大学で指導していた顧客満足（ＣＳ）ゼミの第一期生と、高清水町の第四次長期総合計画策定に取り組みました。

このプロジェクトでは、**「図解アンケート」**という画期的な方法を考案し、全町民（４６５０人）に対して実施し、その定性的情報をまとめ上げるなかから、基本構想マップを作りあげました。

このアンケートから、「人と泉の湧き出る町、高清水」という基本理念が誕生し、このマップをもとに長期総合計画が誕生しました。

アンケートの作成は、まず町長の施政方針を図にすることから始まりました。町長の施政方針は、目標が「住民主役のまちづくり」であり、そのために「役場を町民最大のサービス機関に」する。そういったまちづくりの延長線上に「若者の定住」を目指すという趣旨でした。

町長は、教育、仕事、暮らしの３つの方向で考え方を述べ、町民主役のまちづくりを町政の目標としました。

教育面では、町のきれいな清水を町民共有の資源として位置づけた上で、高清水アイデンティティを作る。

仕事の面では、「つくる農業から売る農業へ」などのキャッチフレーズを使い、雇用の創出や企業誘致を積極的に行う。

暮らしの面では、子育て支援や在宅介護支援センターの開設など保健・福祉といった、環境の整備に力を入れるとの考え方です。

三つ折りのアンケートができるまで

私が委員長となった「まちづくり委員会」は、町民の代表と私の顧客満足ゼミ生で構成されており、「教育」「仕事」「暮らし」という大ぐくりの図解をまず作成しました（299ページ）。その図解のなかに「農業」「学校教育」「雇用」などの項目を散りばめました。

複雑な図解は読む順番を明示する

図解は、見る人がどこから見てもいいようにしておくのがベターです。それが図を見る側の積極的な理解や参加をうながす仕掛けになります。しかし、あまりにも情報量が多すぎる図解は、どこから読んでいいのかわからず、相手に「伝える」ことができません。それでは図解にする意味がありません。どうしても複雑な図解になるときは、読む順番がはっきりとわかるように①、②、③などの補助的な番号をつけることで読む順番や流れを示すと誤読もなくなって、読み手も迷わずに読み進めることができます。

そして、それぞれの項目ごとに、③の「水とまつり」から、⑯の「高清水町について」まで、質問を作成。それぞれの個別の質問は全体像との関連で理解できるように矢印でつないでいます。全体の構造と部分同士の関係が見えるユニークな図解アンケートを作成しました（300、301ページ）。

町民自身に対しては、①と②で、高清水町全体が目指すべきイメージを問いかけています。

実際のアンケートはこれをもとに302〜305ページのようなアンケートを作成し、これを縦に三ツ折にして配りました。この貴重なアンケートで見えた住民ニーズを委員会メンバーが定性的に分析することによって、壮大な住民ニーズマップが出来上がりました。

そしてそれは町長の施政方針の骨格に豊かな肉付けをするものとなり、最終的に「桂葉清水」という湧水と人づくりに関心の高い高清水の町らしい「人と泉の湧き出る町、高清水」という理念が完成したのです。

この折り畳み式のアンケートには記入の仕方もつけており、わかりやすかったこともあり、また町役場自身や委員たちが頑張ったこともあり、31・86％と高い回収率となりました。

手作りの、図解を用いた、本気の取り組みが成果をあげたプロジェクトでした。

■アンケートのために最初に作った図解

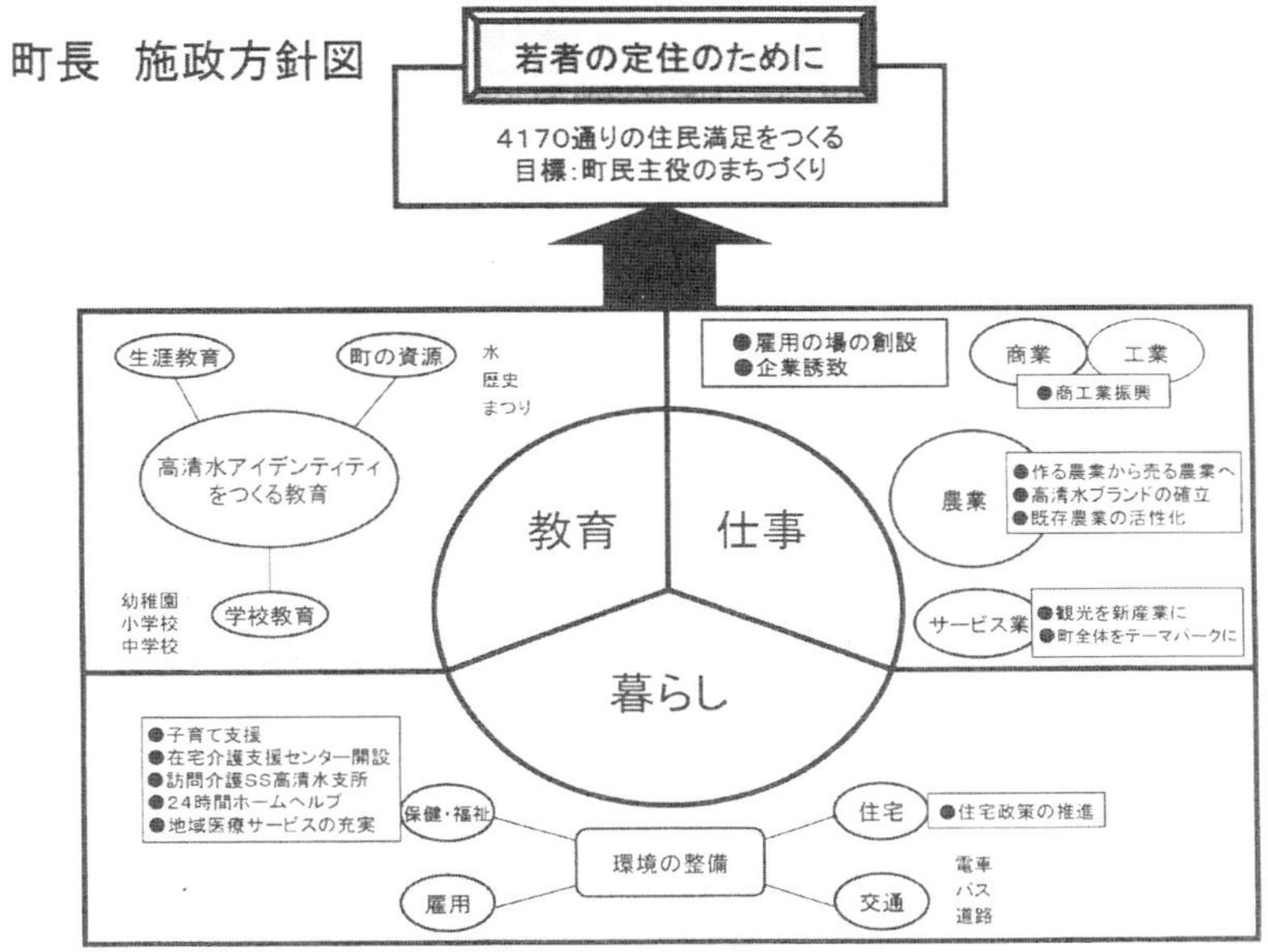

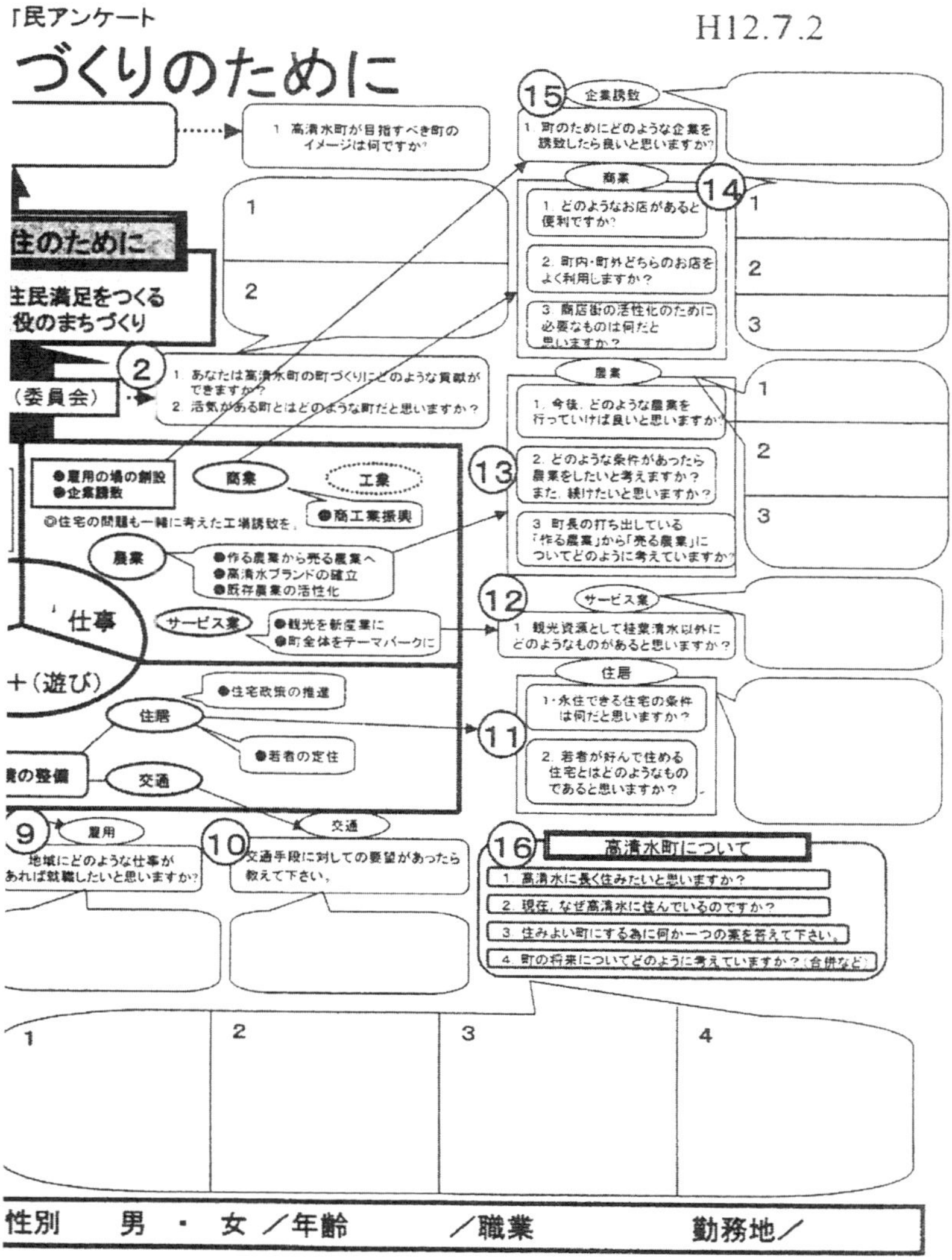

｢民アンケート
H12.7.2
づくりのためにに
1．高清水町が目指すべき町のイメージは何ですか？
住のために
住民満足をつくる
役のまちづくり
（委員会）
1．あなたは高清水町の町づくりにどのような貢献ができますか？
2．活気がある町とはどのような町だと思いますか？
●雇用の場の創設
●企業誘致
商業
工業
●商工業振興
◎住宅の問題も一緒に考えた工場誘致を。
農業
●作る農業から売る農業へ
●高清水ブランドの確立
●既存農業の活性化
仕事
＋（遊び）
サービス業
●観光を新産業に
●町全体をテーマパークに
●住宅政策の推進
住居
●若者の定住
境の整備
交通
企業誘致
1．町のためにどのような企業を誘致したら良いと思いますか？
商業
1．どのようなお店があると便利ですか？
2．町内・町外どちらのお店をよく利用しますか？
3．商店街の活性化のために必要なものは何だと思いますか？
農業
1．今後、どのような農業を行っていけば良いと思いますか？
2．どのような条件があったら農業をしたいと考えますか？また、続けたいと思いますか？
3．町長の打ち出している「作る農業」から「売る農業」についてどのように考えていますか？
サービス業
1．観光資源として桂葉清水以外にどのようなものがあると思いますか？
住居
1．永住できる住宅の条件は何だと思いますか？
2．若者が好んで住める住宅とはどのようなものであると思いますか？
雇用
地域にどのような仕事があれば就職したいと思いますか？
交通
交通手段に対しての要望があったら教えて下さい。
高清水町について
1．高清水に長く住みたいと思いますか？
2．現在，なぜ高清水に住んでいるのですか？
3．住みよい町にする為に何か一つの案を答えて下さい。
4．町の将来についてどのように考えていますか？（合併など）
性別　男・女／年齢　／職業　勤務地／

■前ページの図からアンケートを作成

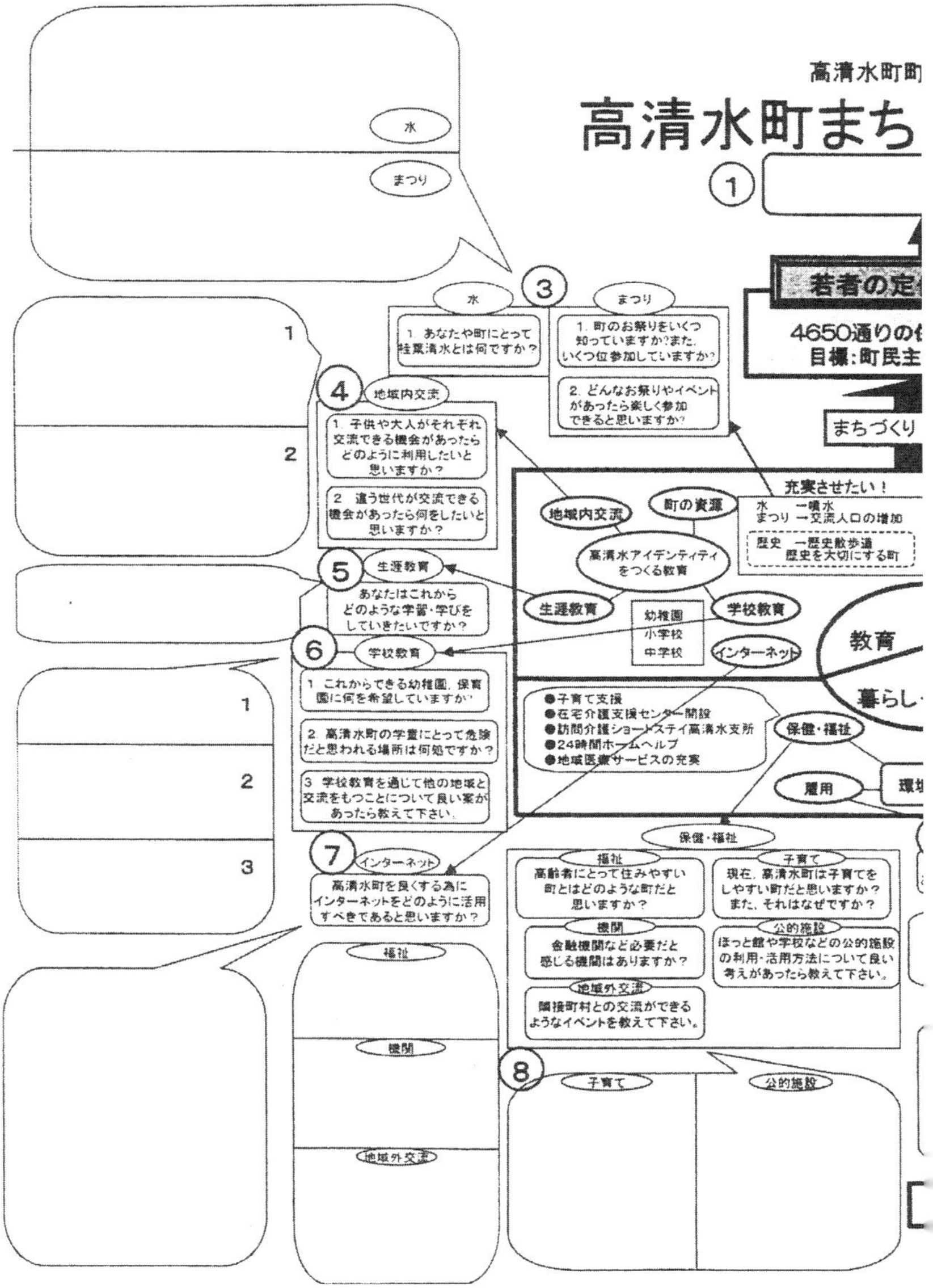

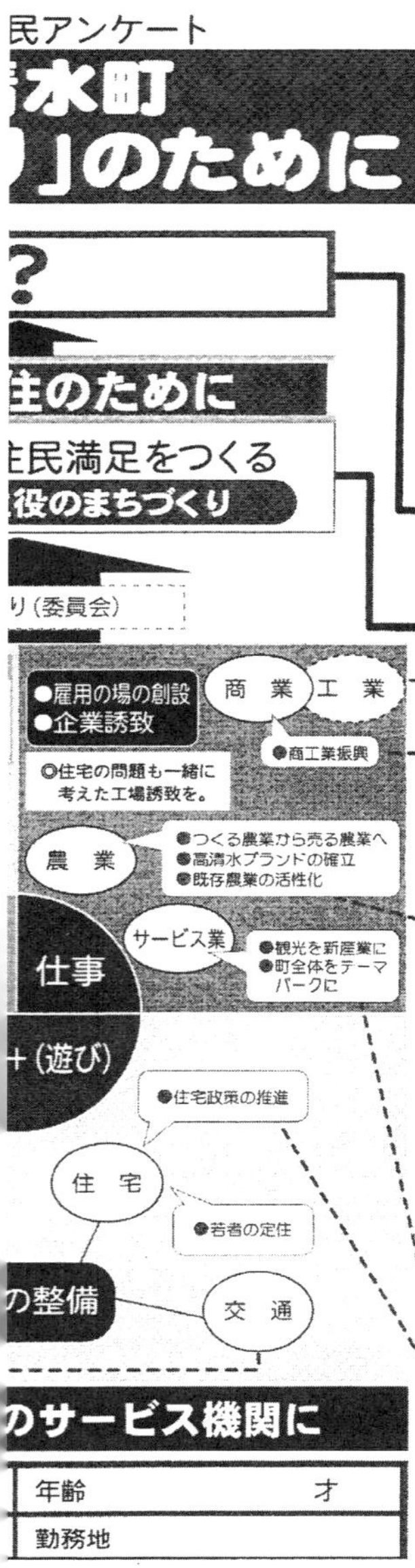

回答欄（⑨～⑯）

⑯ あなたの住む高清水町について

1．高清水町に長く住みたいと思いますか？
2．現在、なぜ高清水に住んでいるのですか？
3．住みよい町にする為の考えを教えて下さい。
4．町の将来についてどのように考えていますか？（合併など）

⑮

高清水町が目指すべき町のイメージは何ですか？

⑭ まちづくり

1．あなたは高清水町の町づくりにどのような貢献ができますか？
2．活気ある町とはどのような町だと思いますか？

⑬ 企業誘致

1．町のためにどのような企業を誘致すれば良いと思いますか？
2．新しい企業が誘致されることになった場合、積極的に参加しようと思いますか？（土地の提供など）

⑫ 商　業

1．どのようなお店があると便利ですか？
2．町内・町外どちらのお店をよく利用しますか？町外を利用する方は主にどの地域に行きますか？（仙台・古川など）
3．活気のある商店街にするためにはどのようにしたら良いと思いますか？

⑪ 農　業

1．新たに農業につくとしたらどのような条件があれば良いと思いますか？
2．現在農業を行っている方はこれからも続けたいと思いますか？また、それはなぜですか？
3．町長の打ち出している「作る農業」から「売る農業」について良い考えを教えて下さい？

⑩ サービス業（観光）

観光資源として柱葉清水以外にどのようなものがあれば良いですか？

⑨ 住　宅

あなたが住宅を建てるとしたら場所はどこにしますか？また、それはなぜですか？

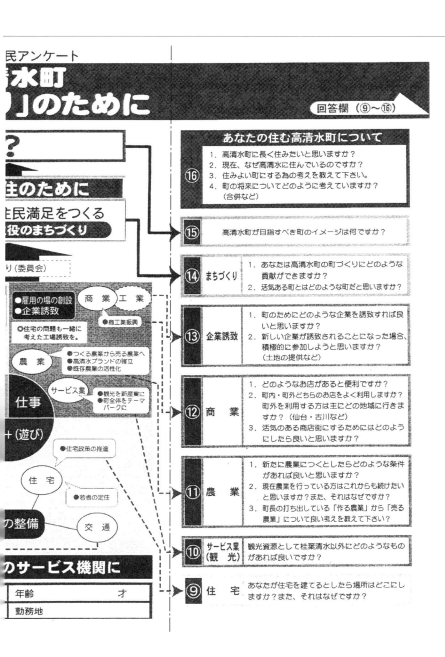

■実際に作られ、実施されたアンケート（オモテ面）……タテに三つ折りになってい

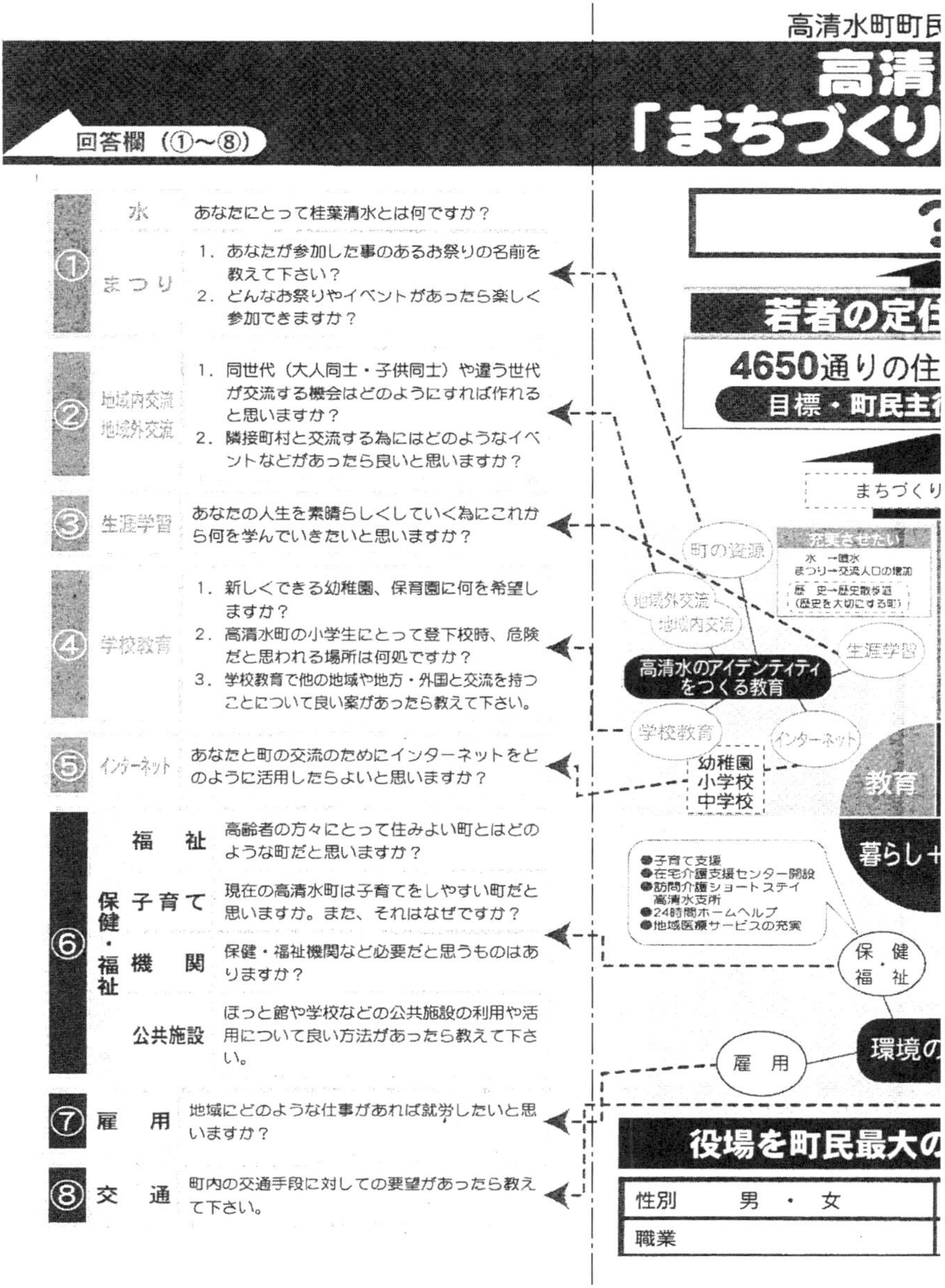

回答欄（①～⑧）

①	水	あなたにとって桂葉清水とは何ですか？
	まつり	1. あなたが参加した事のあるお祭りの名前を教えて下さい？ 2. どんなお祭りやイベントがあったら楽しく参加できますか？
②	地域内交流 地域外交流	1. 同世代（大人同士・子供同士）や違う世代が交流する機会はどのようにすれば作れると思いますか？ 2. 隣接町村と交流する為にはどのようなイベントなどがあったら良いと思いますか？
③	生涯学習	あなたの人生を素晴らしくしていく為にこれから何を学んでいきたいと思いますか？
④	学校教育	1. 新しくできる幼稚園、保育園に何を希望しますか？ 2. 高清水町の小学生にとって登下校時、危険だと思われる場所は何処ですか？ 3. 学校教育で他の地域や地方・外国と交流を持つことについて良い案があったら教えて下さい。
⑤	インターネット	あなたと町の交流のためにインターネットをどのように活用したらよいと思いますか？
⑥ 保健・福祉	福祉	高齢者の方々にとって住みよい町とはどのような町だと思いますか？
	子育て	現在の高清水町は子育てをしやすい町だと思いますか。また、それはなぜですか？
	機関	保健・福祉機関など必要だと思うものはありますか？
	公共施設	ほっと館や学校などの公共施設の利用や活用について良い方法があったら教えて下さい。
⑦	雇用	地域にどのような仕事があれば就労したいと思いますか？
⑧	交通	町内の交通手段に対しての要望があったら教えて下さい。

性別	男・女
職業	

民アンケート

水町
」のために

記入欄

外の意見などご自由にお書き下さい。）

回答欄（⑨〜⑯）

⑯
例：1．先祖代々住んでいるから。

⑮

⑭

⑬

⑫
例：2．古川ジャスコ
3．定期的にセールがあると良い（一の市のように）

⑪
例：1．期間限定で農具を貸してくれる。
3．作る方と売る方のバランスが大切だと思う。

⑩

⑨

■実際に作られ、実施されたアンケート（ウラ面）

高清水町町民

高清

「まちづくり

回答欄（①～⑧）

①

例：　水　→桂葉清水は宝物である。
　　まつり→2．区ごとにおみこしを作って競う。

②

例：2．町対抗の囲碁・将棋大会を行う。

③

例：「おばあちゃんの知恵袋」を教わりたい。

④

例：2．小学校の校門付近。
　　3．泉をテーマに国際姉妹都市と連携し、交換留学を行いたい。

⑤

例：「町民意見箱」を。ホームページでいつでも意見を書けるようにして欲しい。

⑥

例：子育て→自然が多くて子供にとっての環境は最高!!

⑦

⑧

自由記

（書き足りないところ、アンケート以外

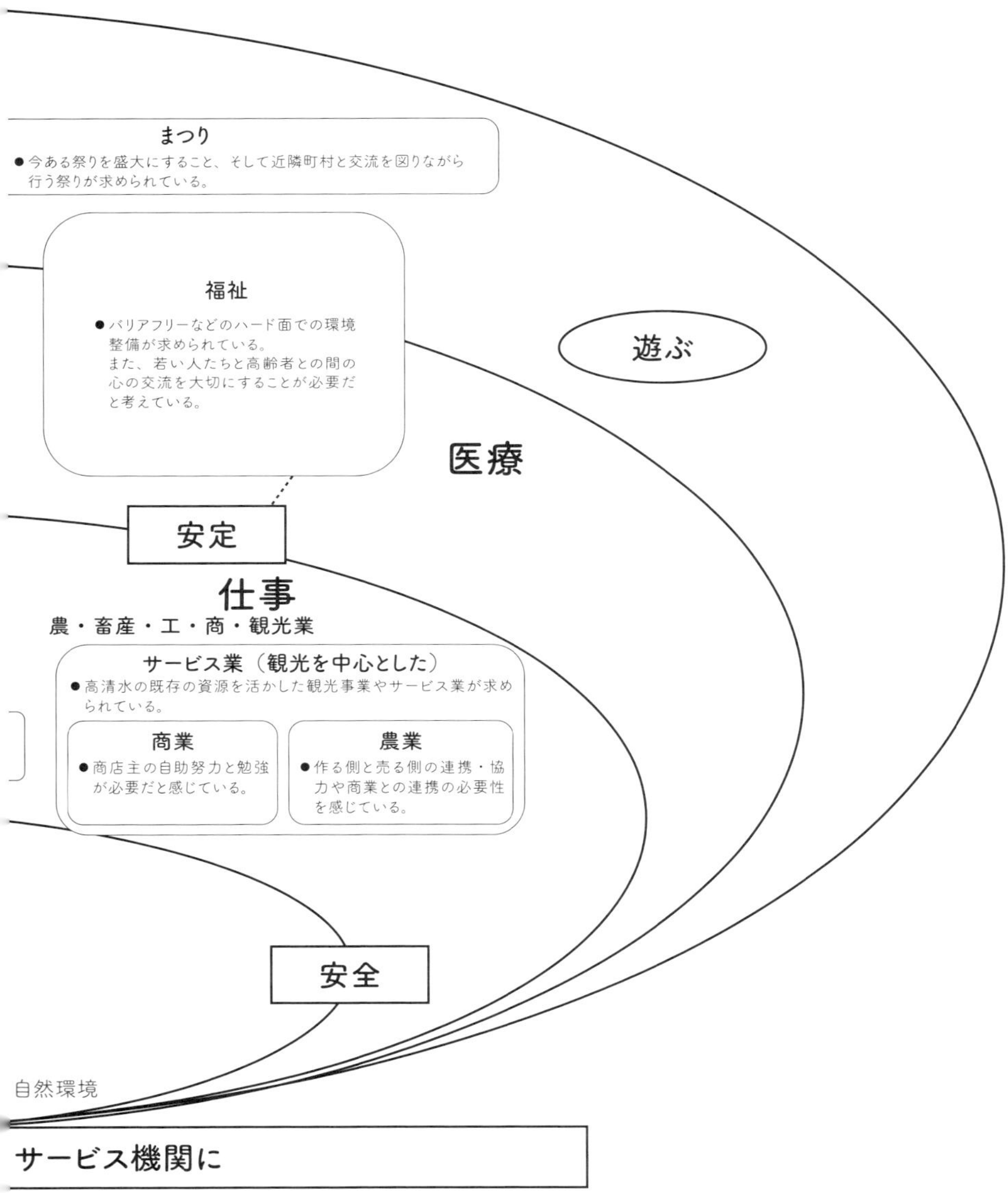

まつり
●今ある祭りを盛大にすること、そして近隣町村と交流を図りながら行う祭りが求められている。
福祉
●バリアフリーなどのハード面での環境整備が求められている。
また、若い人たちと高齢者との間の心の交流を大切にすることが必要だと考えている。
遊ぶ
医療
安定
仕事
農・畜産・工・商・観光業
サービス業（観光を中心とした）
●高清水の既存の資源を活かした観光事業やサービス業が求められている。
商業
●商店主の自助努力と勉強が必要だと感じている。
農業
●作る側と売る側の連携・協力や商業との連携の必要性を感じている。
安全
自然環境
サービス機関に

■アンケート16項目への回答をまとめた図解（町長の施政方針含む）

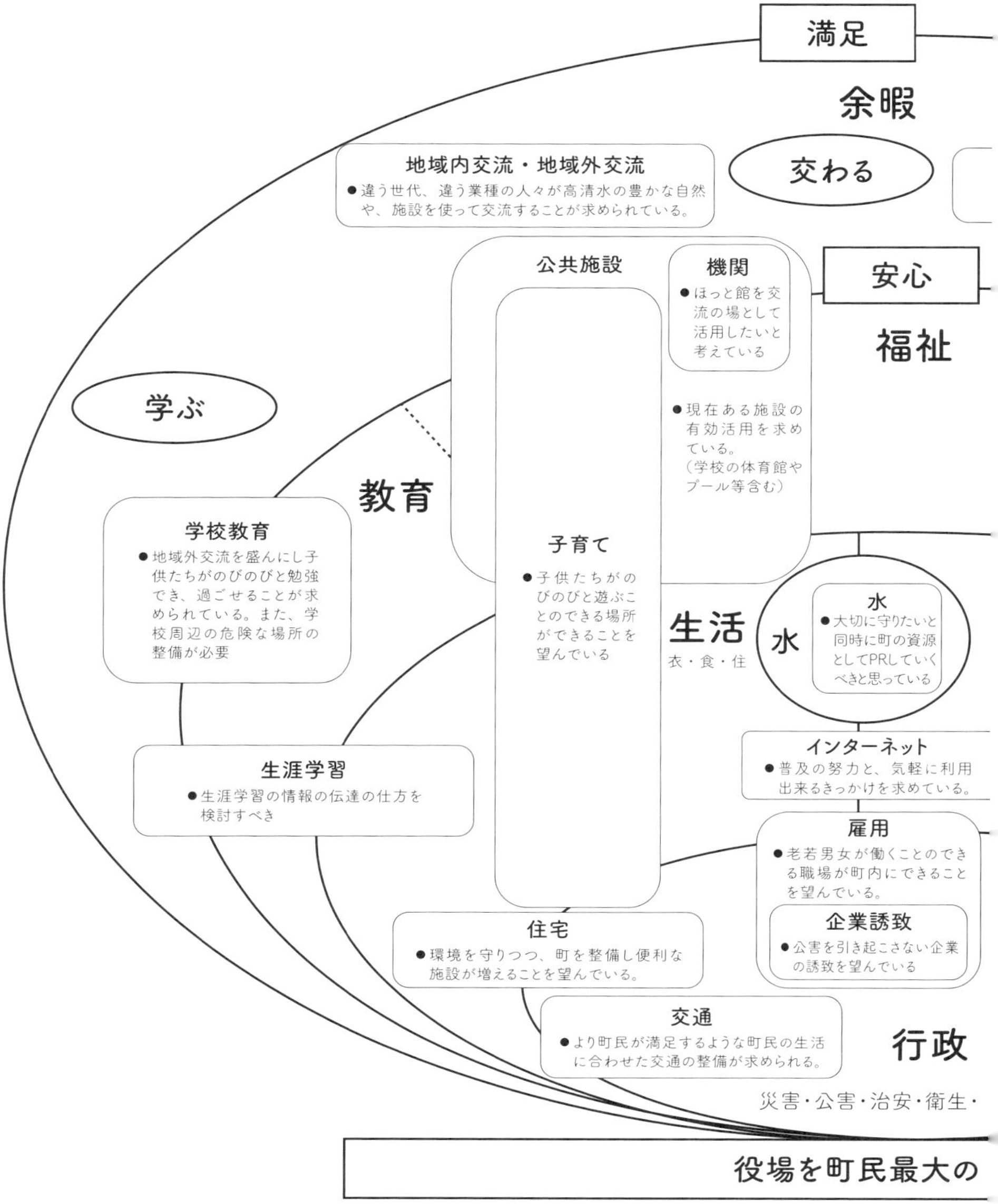

仕事と作業の関係

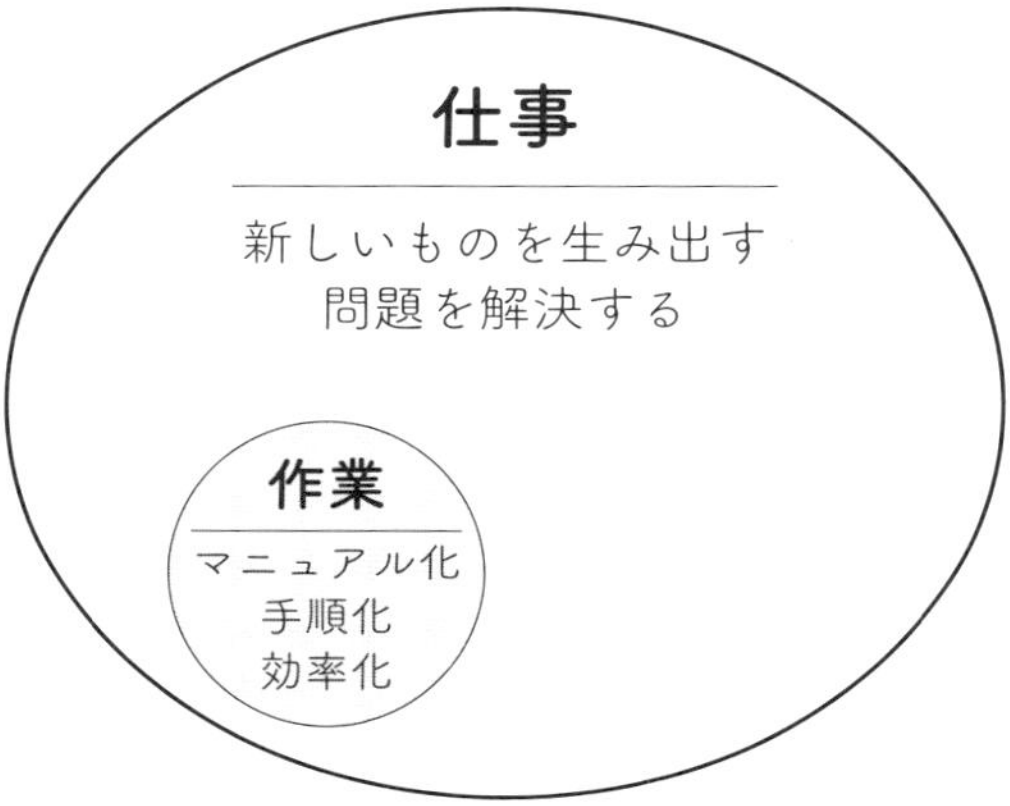

「仕事」と「作業」はまったく違うものです。仕事とは、新しいものを生み出したり、問題を解決することです。一方、作業とは、そのための準備です。仕事には思考や推論が必要であり、作業には計算や事務などが該当します。

ビジネスマンは、この作業を仕事と勘違いしている人が多いようです。できるだけ作業にあてる時間を減らし、仕事に費やす時間と労力を増やして生産性を高めていくことが求められます。

そのために、マニュアル化したり、手順を整えたり、コンピュータを使うなど、効率化をはかることが必要です。

これは、仕事は問題解決である、というこの本で展開している主張のもとになっている考え方です。

コンピュータは作業をし、人間は仕事をする、ということになります。

第5章

ライフデザインを図で考える

1 人生100年時代をどう生きるか

新孔子の人生訓――人生100年時代の人生観

100年を生きた人を日本では、百寿者と呼びますが、欧米では1世紀を生き抜いたという意味で、センテナリアンと呼ばれ、尊敬されています。

最近では、ジェロントロジーという概念も語られるようになってきました。高齢学、高齢化社会工学などと訳すべき言葉ですが、高齢者の社会参画をキーワードに社会の再構築を設計しようとする研究です。

しかし日本では、依然として人生100年時代は国としてのコスト増大と、個人にとっては関わるリスクの視点からしか語られていないのではないかと思います。

長生きは社会にとってコストが大きい、個人にとってはリスクが大きいという話ばかりが先行しているのは間違っていると思います。お金などの個別の問題について考えることから始めるのではなく、まず自分の人生のとらえ方を決めるところから始めることが大事でしょう。

こうした混迷は、人生観が旧来のままであることから起こっているのだと思います。新しい時代には、新しい「人生観」が必要です。

「人生１００年時代」はチャンスととらえるべきです。それまでできなかったことができるようになる、そういう時間を手に入れることができるからです。

中国の孔子は、「志学《しがく》（15歳）、而立《じりつ》（30歳）、不惑《ふわく》（40歳）、知命《ちめい》（50歳）、耳順《じじゅん》（60歳）、従心《じゅうしん》（70歳）」とされる人生訓を述べました。その考え方が２５００年以上の年月を経ても私たちに影響を与えています。

人生80年時代といわれた頃から、私は人生50年時代の孔子の人生訓から脱却すべきだと考えてきました。孔子のいう年齢を１・６倍して考えたらいいのです。

この考え方で整理すると、25歳から50歳が「青年期」、50歳から65歳が「壮年期」、65歳から80歳が「実年期」、80歳から95歳が「熟年期」、95歳から１１０歳が「大人期」、そして限界といわれる１２０歳までは霞を食べて生きていける「仙人期」という見立てです。

この人生観が、人生１００年時代を迎えようとしているいま、リアリティが出てきたと考えています。

キャリア3期、人生6期と考える

この考え方に従うと、キャリア形成の時期は青年期、壮年期、実年期と少なくとも3期あります。学校を出て25歳から青年期に入り、50前後で壮年期に入っていく、壮年期を終えるのは60代半ば。それ以降は実りの多い実年期で80歳まで。

こうなると人生二期作、二毛作どころか、青年期、壮年期、実年期それぞれでも職業を3つ経験することができることになります。

その後も熟年期、大人期、仙人期と3期あり、人生は大人になってから、6期あるということになります。これが「キャリア3期、人生6期」の考え方革命です。

孔子の人生訓の呪縛から脱却して、人生100年時代にふさわしい人生観を持ちたいものです。

これを「新・孔子の人生訓」と呼びたいと思います。

本章では、この長い人生を図解を使って有意義にする方法を解説したいと思います。

新・孔子の人生訓

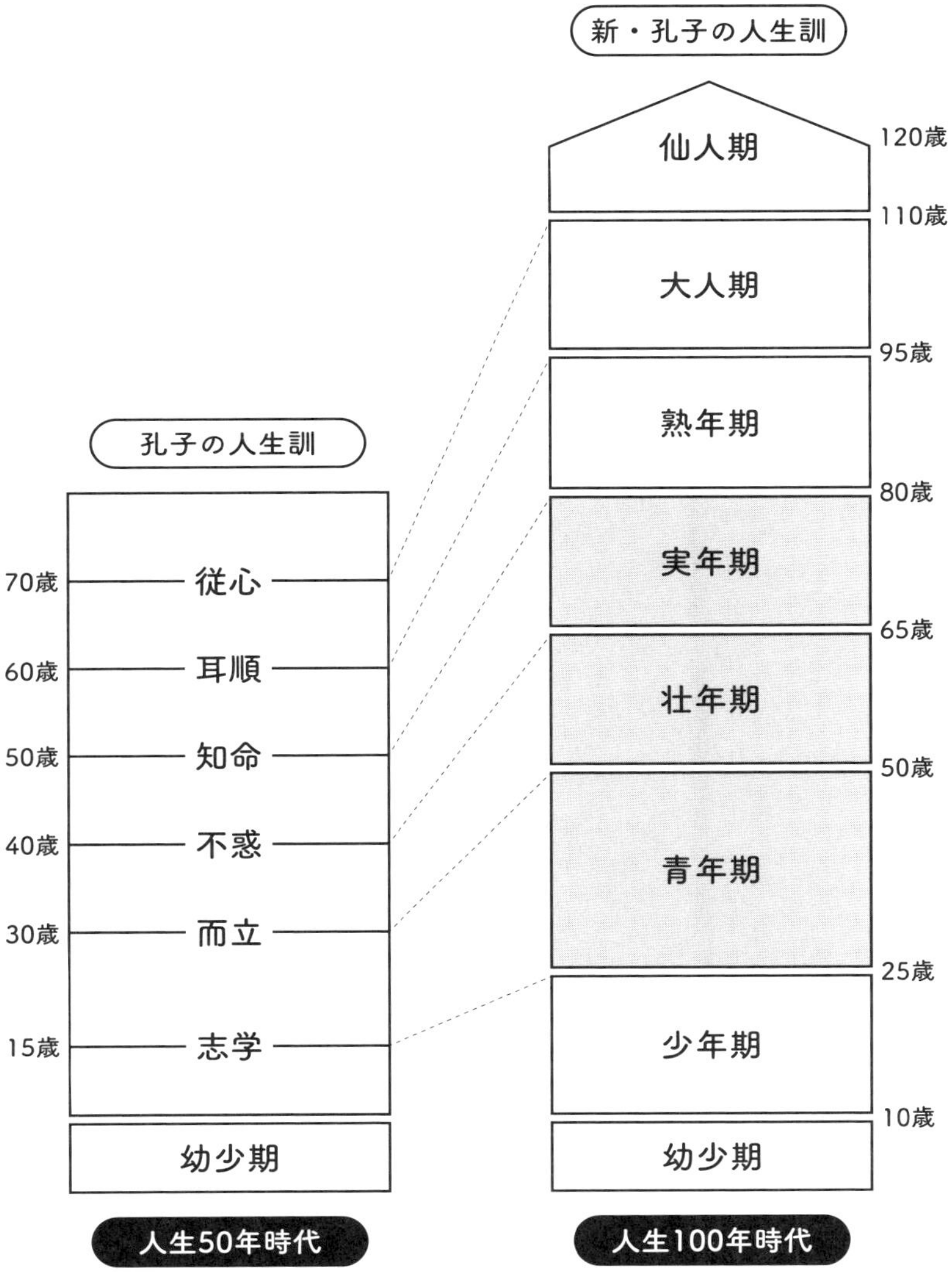
新・孔子の人生訓
仙人期
120歳
110歳
大人期
95歳
熟年期
80歳
実年期
65歳
壮年期
50歳
青年期
25歳
少年期
10歳
幼少期
人生100年時代
孔子の人生訓
70歳 従心
60歳 耳順
50歳 知命
40歳 不惑
30歳 而立
15歳 志学
幼少期
人生50年時代

2

人生がうまくいく人は「図」で考える

人生戦略は鳥瞰図で考える

かつて私の最大の関心は、自分の人生をどのように生きるか、でした。20代はやみくもに行き当たりばったりで突き進んでいたのですが、30歳になって、ようやく腰を落ち着けて目の前の仕事に取り組むことにしました。また、この頃、「知的生産の技術」研究会というビジネスパーソンの勉強会に参加し、活動を始めました。

この時期に、私は人生の30年計画を立てています。いまから見ると、茫洋としたつかみどころのない計画でしたが、これがきっかけとなって、その後、毎年の計画を正月に書くようになり、年末に総括をするという習慣が始まり30年以上続いています。

このような計画をある時期に立てた人は多いでしょうが、それをずっと続けた人は少ないのではないかと思います。

この数十年の過程で、「人生戦略」というアンテナで、セミナーなどを含め多くの偉人の生き方を参考にし、また過去の人の足跡にも多くの示唆を受けました。

■大谷翔平選手の高校時代のマンダラート

体のケア	サプリメントを飲む	FSQ 90kg	インステップ改善	体幹強化	軸をぶらさない	角度をつける	上からボールをたたく	リストの強化
柔軟性	**体づくり**	RSQ 130kg	リリースポイントの安定	**コントロール**	不安をなくす	力まない	**キレ**	下半身主導
スタミナ	可動域	食事 夜７杯 朝３杯	下肢の強化	体を開かない	メンタルコントロールをする	ボールを前でリリース	回転数アップ	可動域
はっきりとした目標・目的をもつ	一喜一憂しない	頭は冷静に心は熱く	体づくり	コントロール	キレ	軸でまわる	下肢の強化	体重増加
ピンチに強い	**メンタル**	雰囲気に流されない	メンタル	ドラ1 8球団	スピード 160km/h	体幹強化	**スピード 160km/h**	肩周りの強化
波をつくらない	勝利への執念	仲間を思いやる心	人間性	運	変化球	可動域	ライナーキャッチボール	ピッチングを増やす
感性	愛される人間	計画性	あいさつ	ゴミ拾い	部屋そうじ	カウントボールを増やす	フォーク完成	スライダーのキレ
思いやり	**人間性**	感謝	道具を大切に使う	**運**	審判さんへの態度	遅く落差のあるカーブ	**変化球**	左打者への決め球
礼儀	信頼される人間	継続力	プラス思考	応援される人間になる	本を読む	ストレートと同じフォームで投げる	ストライクからボールに投げるコントロール	奥行きをイメージ

※出典「サンケイスポーツ」

この長い間の知見を、単なる個人の人生論ではなく、全体の構造と部分同士の関係を表すことができる「図」を使って、人生戦略を立てる道筋を、見晴らしのよい「人生鳥瞰図」という形で次項から示してみたいと思います。

図解の大本は曼荼羅

２０２４年のメジャーリーグでホームラン王に輝き、ワールドシリーズで優勝した大谷翔平選手は、高校時代から「マンダラチャート」を描いていました（前ページ）。夢である「８球団からドラフト１位で指名されること」を中心に置き、それを叶えるための８つの要素を書き込みました。「コントロール、キレ、スピード１６０キロ、変化球、運、人間性、メンタル、体づくり」です。

そしてこれらの８つそれぞれの要素を満たすための行動目標を各要素ごとに８つあげました。いまとなってみれば、これらをすべて実現していることに驚きます。

17歳からのこうした目標と意識と行動の連鎖のなかで、今日のスーパースター大谷翔平が出来上がっていったのです。

「マンダラチャート」は全体と部分、部分同士の関係を明らかにできるのですから、大谷は図解を用いていたと見ることができるでしょう。図解の大本は、仏教の曼荼羅なのです。

シンプルな図にすることで実現に近づく

図を描いたからといって、目標が達成できるかどうかはわかりません。しかし、「表現をしてペーパーに書いたものは実現しやすい」ともいわれます。書いたことによって頭のなかにそれが残っていて、無意識のうちにそちらの方向に向かう選択するのだとされています。ただし、内容を覚えていなければ効果は弱くなります。内容を覚えやすくするために、図を作るときにはできるだけシンプルな図にしてください。３つずつのマルを３種類作るという程度なら覚えられるのではないでしょうか。手帳に図を貼るなどして、毎日確認するようにするとさらに効果的です。

3 人生鳥瞰図で「人生戦略」「キャリア戦略」を立てる

人生鳥瞰図を描いて人生を考える

人生を巡るさまざまな要因は、それぞれ個別に独立しているのではなく、相互に密接に関係しています。そういった人生の全体像を考えるには、図解という考え方を用いるのがよいと思います。

人生という全体はどのような構造を持っているのか、それぞれの部分同士はどのような関係で成り立っているのか、ある部分が変化すると他の部分はどのような影響を受けるのか……。こうしたことを図で表せないか。

この問いに答えようとしたのが、人生全体のダイナミズムを丸ごと、上空を飛ぶ鳥の目でとらえた「人生鳥瞰図」です（318、319ページ）。

この**人生鳥瞰図は、大きく３つのパートから成り立っています。「価値観」「仕事（職業）」、そして「ライフデザイン」**です。

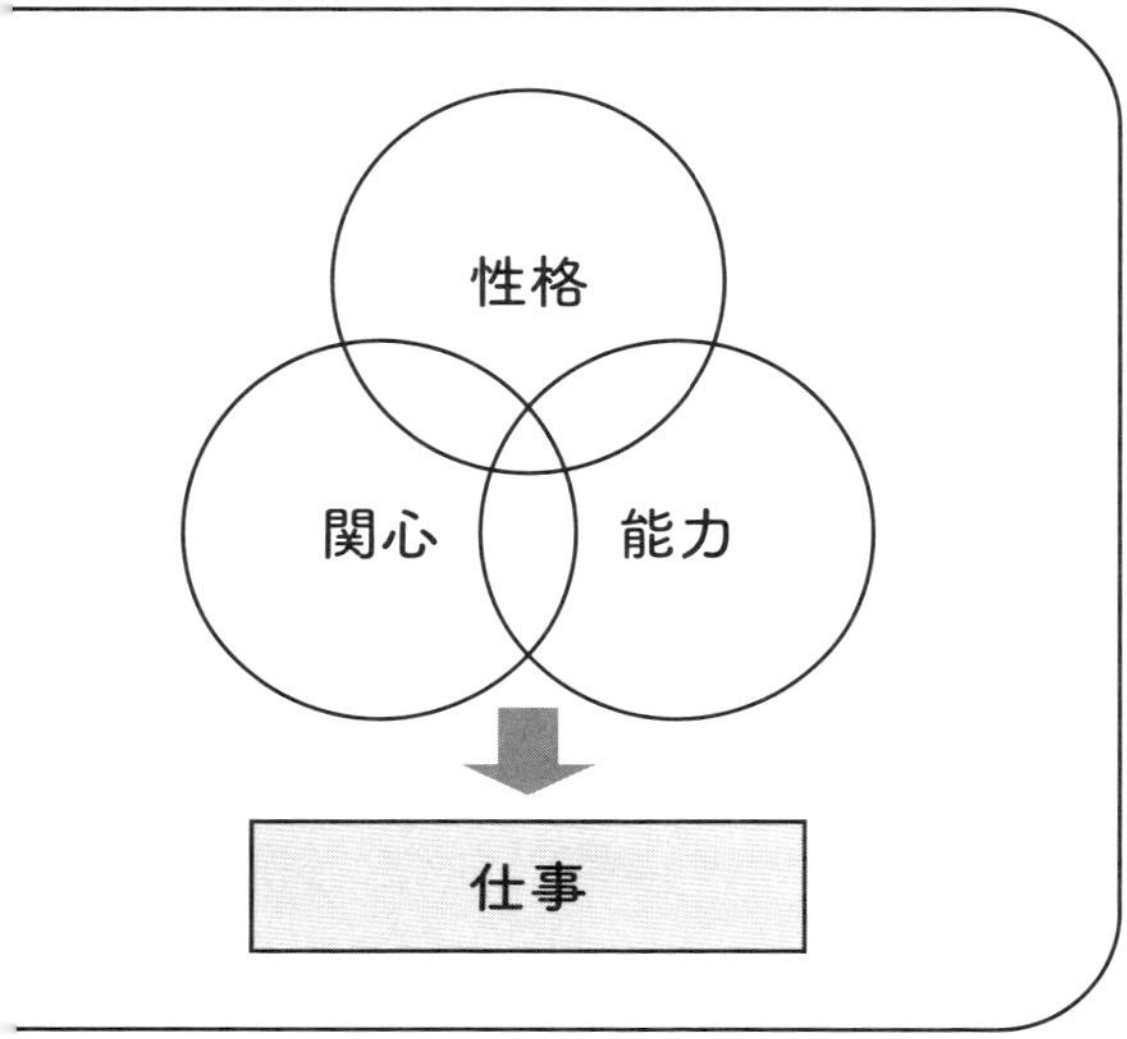
性格
関心
能力
仕事

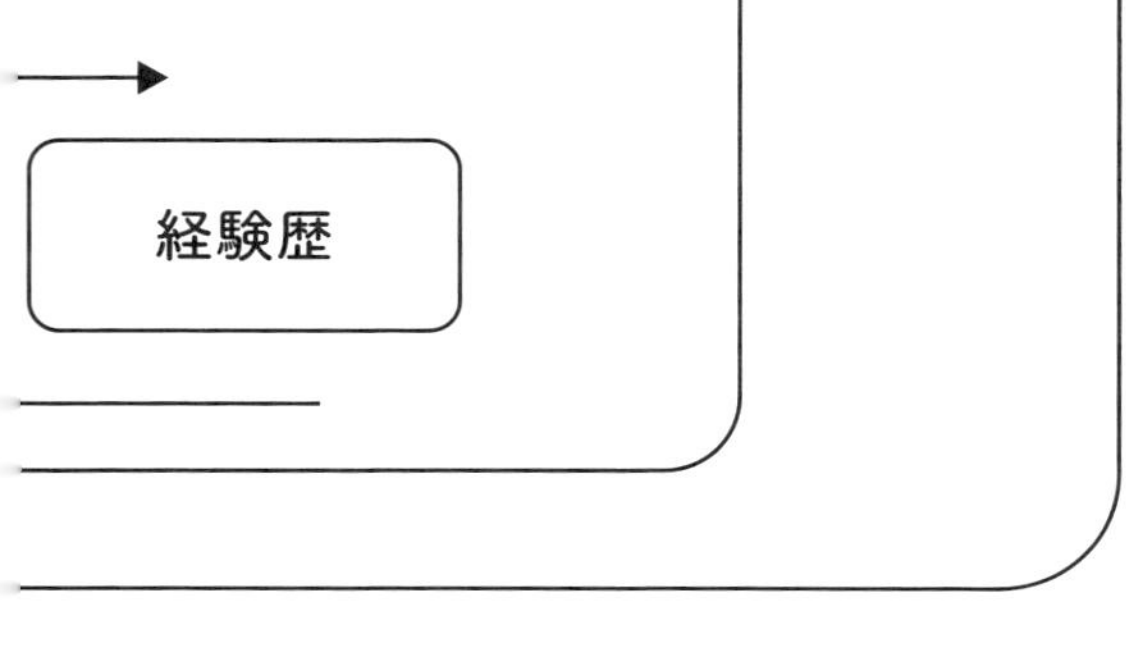
経験歴

人生鳥瞰図

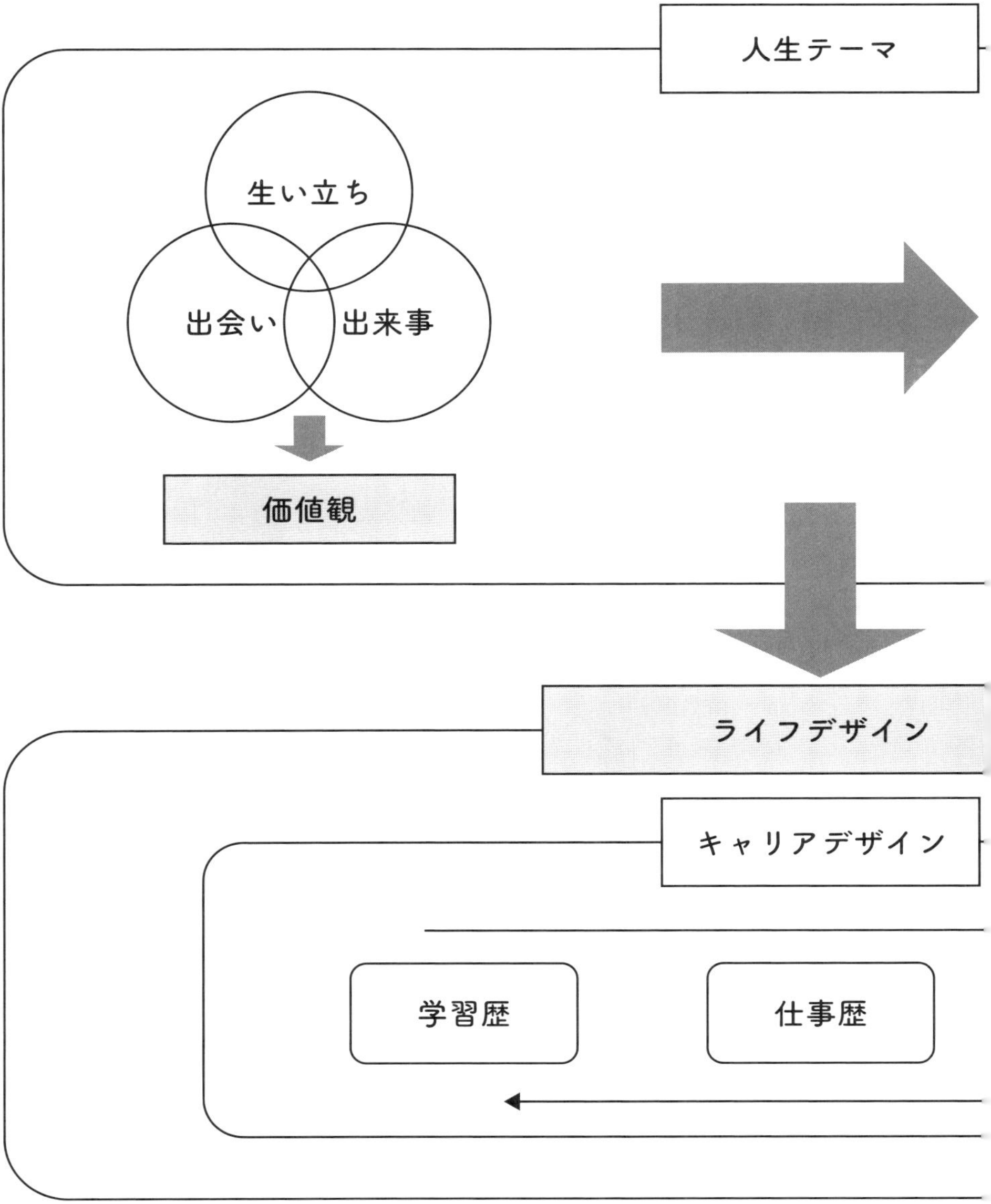

キャリアデザインを意識する

自らの価値観を探り、構築し、それを土台に人生のテーマを発掘し、職業や仕事という姿で立ち向かっていく。仕事に就いたら、ライフデザイン全体のなかで最重要な位置を占める「キャリアデザイン」を意識して毎日を過ごす。

さて、キャリアとは何でしょうか。私は仕事の歴史である仕事歴を中心に、学習の歴史である学習歴、そして経験の歴史である経験歴を合わせた総体と考えています。もちろん、キャリアの外側には家庭や趣味や友人などが取り巻いてライフ（人生）を構成しています。

まず、最初に、人生のテーマ発掘という大問題に立ち向かおうとするときに、その根底に横たわるのはその人の価値観です。価値観というと難しく考えてしまいますが、要するに何を大事にして生きているか、という問いかけに対する答えのことです。

毎日の生活や人生の重大局面で選択を迫られたときに、指針や拠り所になるものといってもよいでしょう。

自分にとって最も大切にしたいものは何ですか、という問いに真正面から答える努力をしてみましょう。

普段は自分の心の奥底に眠っていてなかなか表には出てこないのですが、私たちはこの価値観に沿ってさまざまな選択や、危機に対処しているはずです。

4 価値観を形作る「生い立ち」「出会い」「出来事」

価値観をあらためて考える

私は価値観は、「生い立ち」「出会い」「出来事」という３つの要素によって形作られると考えます。

まずは、「生い立ち」です。家庭環境、地域環境、経済事情、時代背景など、幼年期の過ごし方は、私たちの価値観を形成する土台になるでしょう。

兄弟姉妹の人数やその相互関係、親の職業、父母との関係、自宅を訪ねてくる父の友人や関係者たちの考え方、近隣の地域住民との関係は友好的であったかそうではなかったか、家庭の経済的事情はいかなる程度だったか、そして幼年期の時代はどのようなものであったか……。

後になってみると、こういうことが自分の価値観の形成に大きな影響を与えていることに納得するのではないでしょうか。

次に、「出会い」です。人生行路には、人、本、言葉などとの、さまざまな出会いがあります。かわいがってくれた先生、大切な友人、恋人、衝撃を受けた本、迷ったときに救ってくれた偉人の言葉など、そういう偶然の出会いに私たちは大きな影響を受けます。

次に「出来事」です。自分が影響を受けた出来事、事件などを思い出してみましょう。阪神・淡路大震災や東日本大震災で被災した方は、その後に大切にしたいことは変化した可能性があります。また、学校内で起こった小さな事件も価値観に影響を与えることになるでしょう。

324、325ページの描き方の図を見ながら、自分自身の価値観を洗い出してみてください。

価値観が確認できたら、どのような職業や仕事に取り組むかが問題になります。性格に合った仕事、関心のある分野、そして自分の能力を生かせる仕事、この3つのポイントから仕事選びに挑戦します。

そして社会に出て働き始めると、最も重要なのは、どのようにライフをデザインするかということです。その中核は、やはりキャリアデザインです。キャリアとは、「仕事歴を中心とした学習歴と経験歴の総体」と考えてみたいと思います。私たちは24時間、そして一生かけてキャリアを磨いているのです。

こうした人生鳥瞰図を描くなかから、人生戦略が姿を現してきます。

キャリアアップに図を使う

「学習歴」「仕事歴」「経験歴」の３つに分けてキャリアを再構成してみると、課題と共にビジョンが明確になってきます。ある人は、仕事の能力を高めてもっと大きな仕事をしたいと考え、「スケールの大きな仕事をする」を将来目標に定めて「仕事歴」のところに書き込みました。「学習歴」に関しては、ITの勉強が課題です。そこで「IT関連の資格取得」を当面の目標にしました。「経験歴」については、「スケールの大きな仕事をするにはリーダーシップが必要だ」と考え、目標を「NPO法人の立ち上げ」として人をまとめていく経験を積むことにしました。

5 仕事を選ぶポイントは「性格」「関心」「能力」

「性格」「関心」「能力」について書き込む

人生鳥瞰図の「仕事」について、「性格」「関心」「能力」のそれぞれを書き込んでみてください。

まず「性格」は、自分の性格を「よい面・わるい面」で分析します。過去に自分が何を考え、どんな行動をとってきたのか。または、どんな行動をとらなかったのか。そこから性格を分析します。

次の「関心」では、自分の趣味・嗜好などを「好き・嫌い」で分析します。「これまでに読んだ本・観た映画」なども、分析の参考になります。

最後の「能力」では、自分の長所となる能力や、仕事を通じて身につけた技術を「得手・不得手」で分析します。

一般に、人間には3種類の自分がいるといわれています。「自分の考える自分」と「他

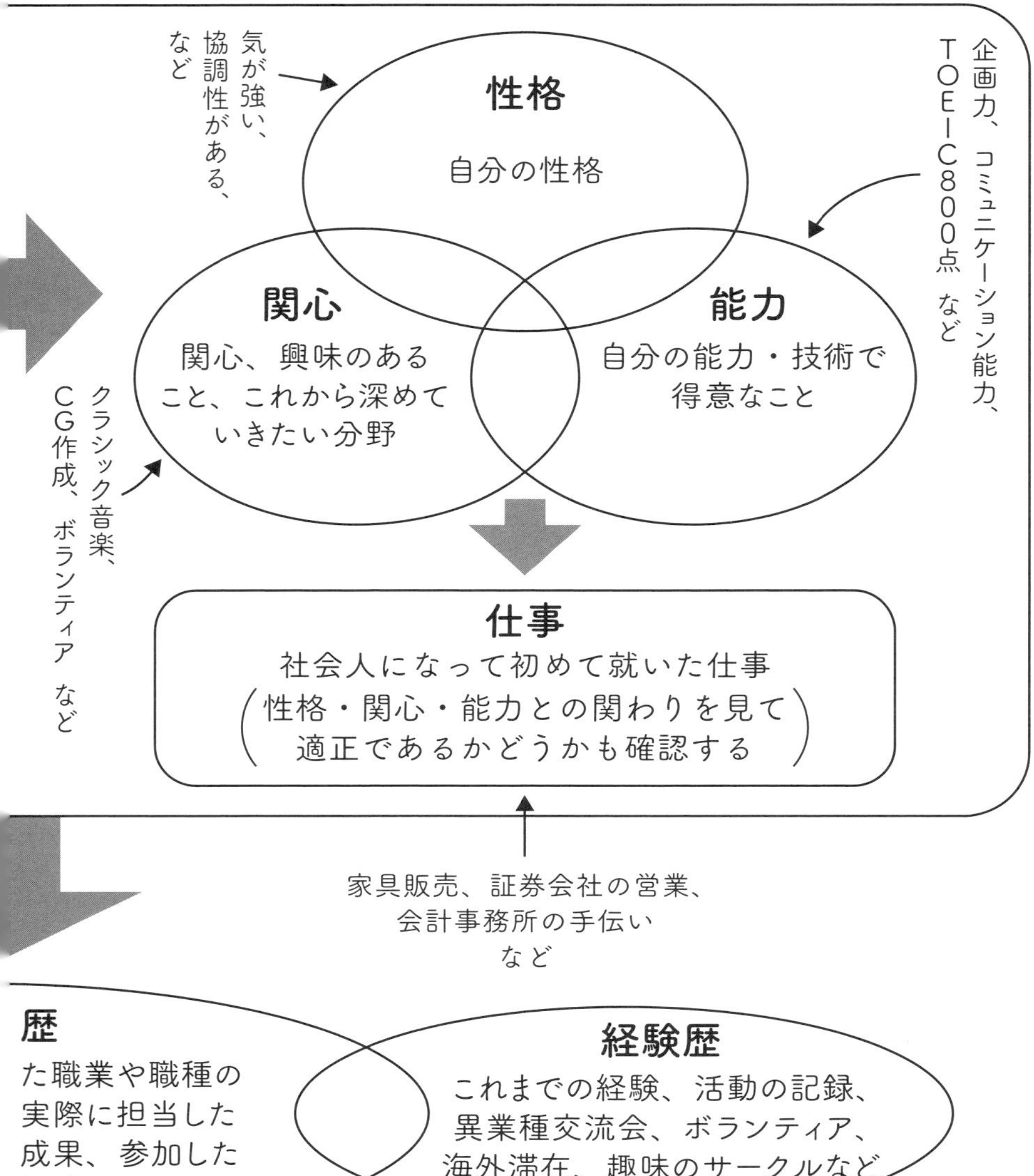
気が強い、
協調性がある、
など
性格
自分の性格
企画力、コミュニケーション能力、
TOEIC800点　など
関心
関心、興味のある
こと、これから深めて
いきたい分野
能力
自分の能力・技術で
得意なこと
クラシック音楽、
CG作成、ボランティア　など
仕事
社会人になって初めて就いた仕事
（性格・関心・能力との関わりを見て
適正であるかどうかも確認する）
家具販売、証券会社の営業、
会計事務所の手伝い
など
歴
た職業や職種の
実際に担当した
成果、参加した
提案した企画など
経験歴
これまでの経験、活動の記録、
異業種交流会、ボランティア、
海外滞在、趣味のサークルなど

■「人生鳥瞰図」を描くためのポイント

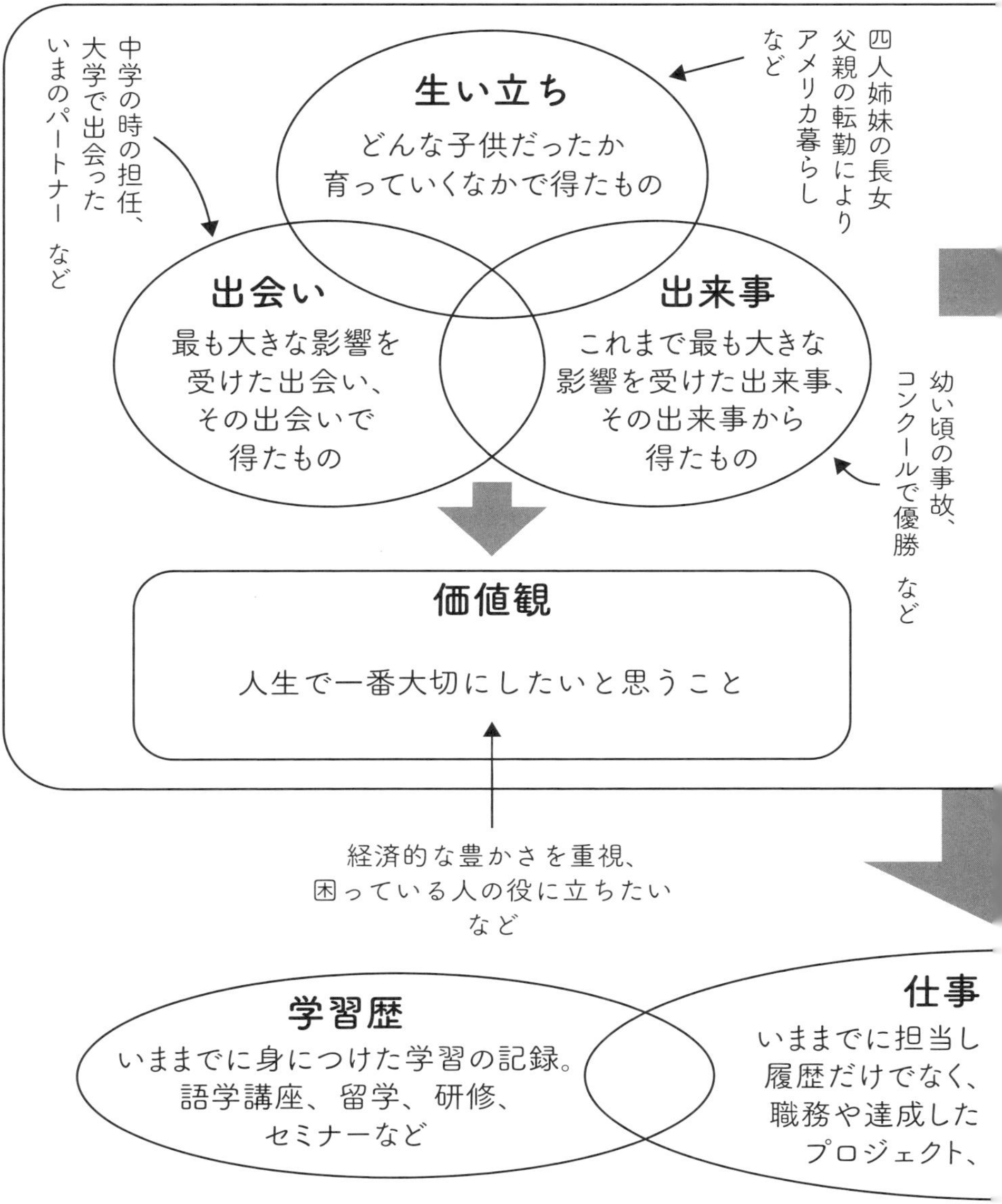

人の考える自分」、そして「本当の自分」です。当然、私たちが知ることができるのは「自分の考える自分」だけです。

人間は、どれだけ客観的になろうとしても、結局は「自分」という主観の枠から飛び出して考えることはできません。

では、自分像を考えることは無意味なのでしょうか。そんなことはありません。むしろ「自分の考える自分」を突き詰めることによってしか、私たちは「本当の自分」像に近づくことはできないのです。

このような人生鳥瞰図を作成すると、自分自身をかなり客観化して考えることができます。そして、ここで掘り起こした自分像を座標軸の基点として、今後の人生を考えていきましょう。

328、329ページの図は、『ノンちゃん雲に乗る』（1951）で著名な児童文学作家の石井桃子氏の人生鳥瞰図を私が描いたものです。2008年に101歳で亡くなったセンテナリアンです。

Column

ライフデザインは一日一日の積み重ね

「ライフデザイン」という言葉には魅力があります。

「ライフ」には「生活」「人生」「生命」という３つの側面があると思います。

毎日をいかに過ごすか、一生をどのように進んで行くか、次世代に命をどのように伝えていくか。そのすべてを「ライフ」という言葉は含んでいます。

「デザイン」という言葉も魅力的です。本来は図案を意味していました。ここでも図という言葉が登場しています。日々の過ごし方を計画する、生涯をどのように設計するか、次世代に自分及び自分の世代の息吹をどう伝えたらいいかを構想する。すべてデザインです。

「ライフデザイン」には、このような雄大な意味が込められていると私は考えています。

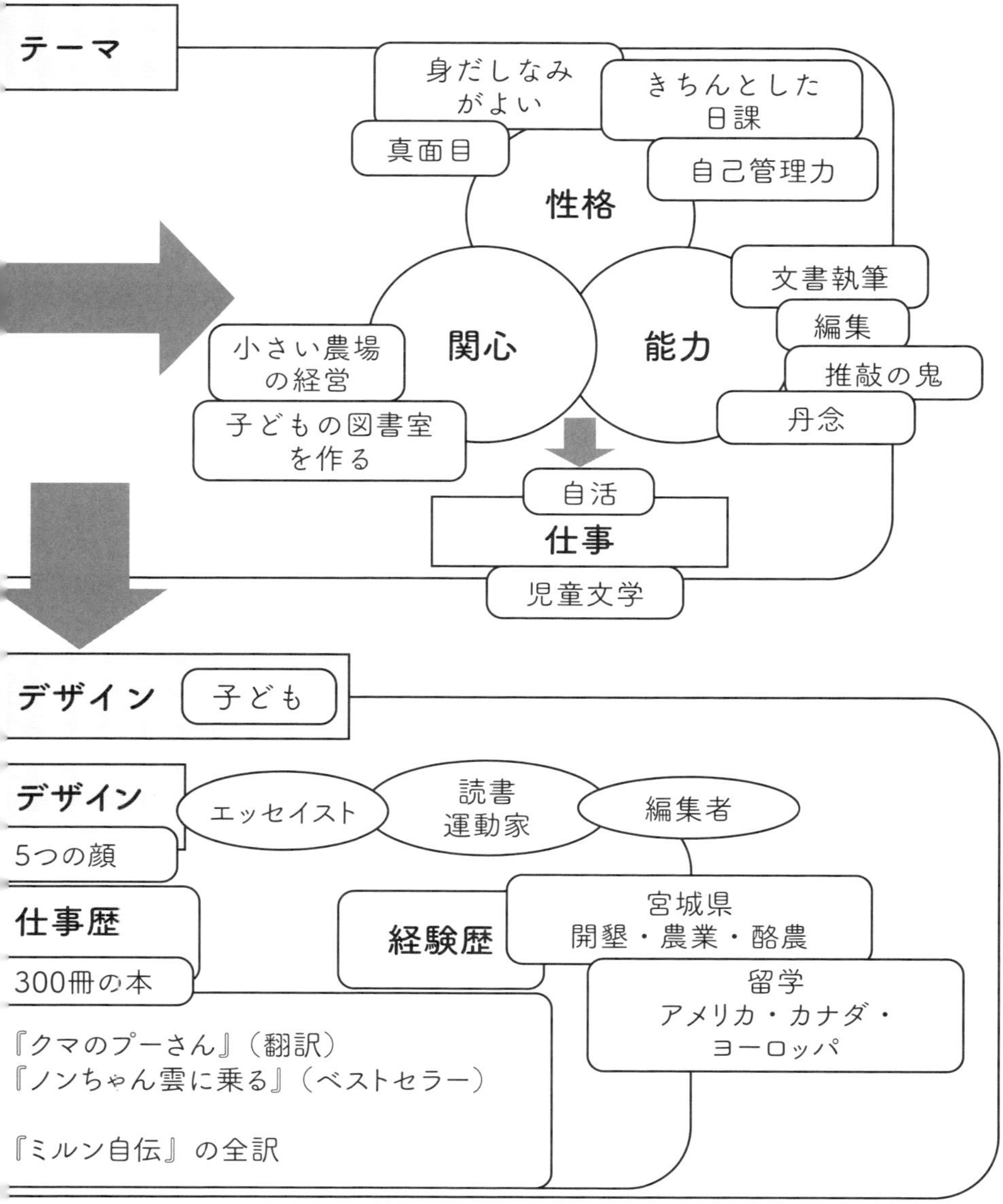
テーマ
身だしなみがよい
きちんとした日課
真面目
自己管理力
性格
関心
能力
文書執筆
編集
推敲の鬼
丹念
小さい農場の経営
子どもの図書室を作る
自活
仕事
児童文学
デザイン
子ども
デザイン
5つの顔
エッセイスト
読書運動家
編集者
仕事歴
300冊の本
経験歴
宮城県
開墾・農業・酪農
留学
アメリカ・カナダ・ヨーロッパ
『クマのプーさん』（翻訳）
『ノンちゃん雲に乗る』（ベストセラー）
『ミルン自伝』の全訳

■石井桃子の人生鳥瞰図

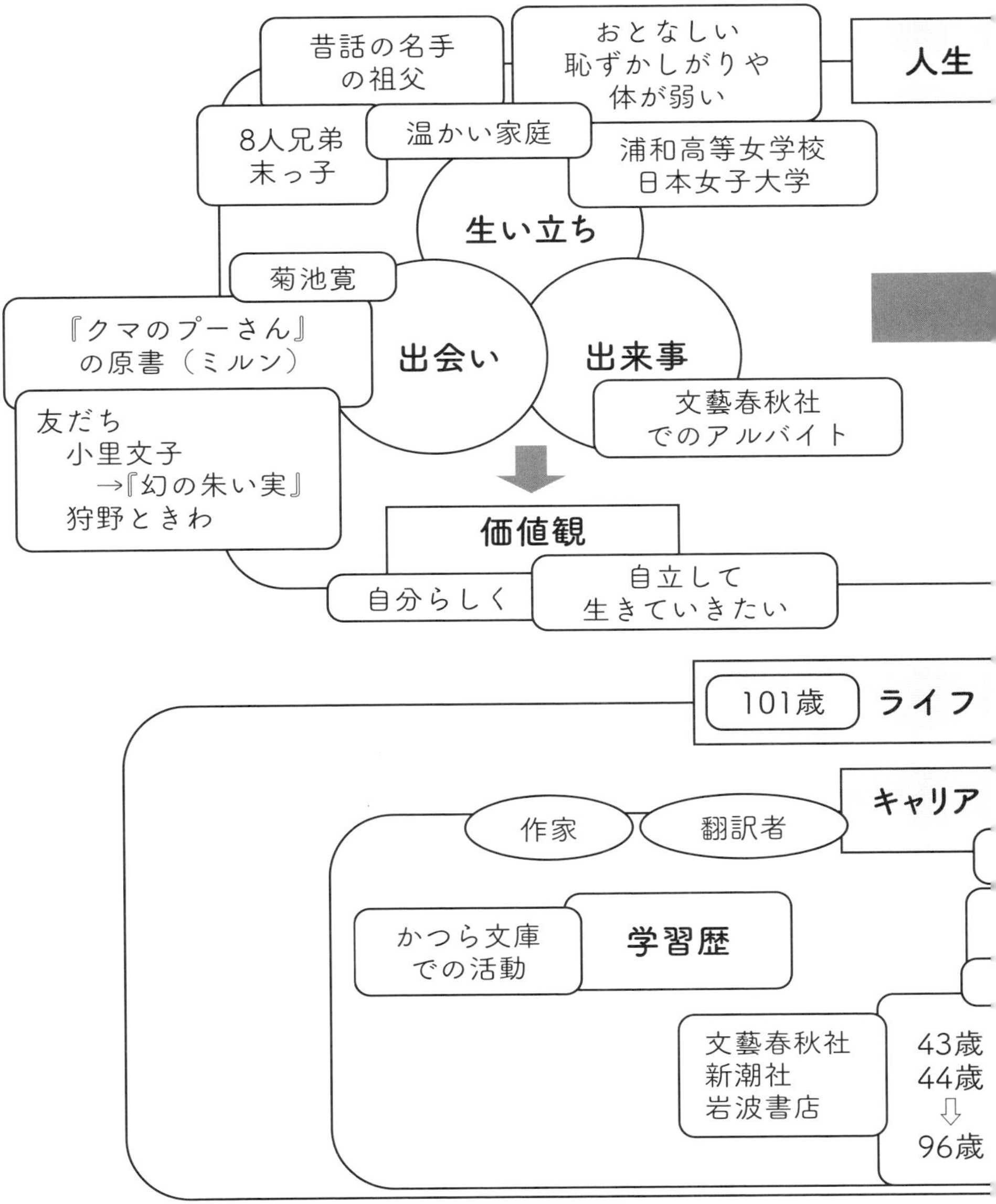

昔話の名手
の祖父
おとなしい
恥ずかしがりや
体が弱い
人生
8人兄弟
末っ子
温かい家庭
浦和高等女学校
日本女子大学
生い立ち
菊池寛
『クマのプーさん』
の原書（ミルン）
出会い
出来事
友だち
小里文子
→『幻の朱い実』
狩野ときわ
文藝春秋社
でのアルバイト
価値観
自分らしく
自立して
生きていきたい
101歳
ライフ
キャリア
作家
翻訳者
かつら文庫
での活動
学習歴
文藝春秋社
新潮社
岩波書店
43歳
44歳
⇩
96歳

Column

人生は「公人」「私人」「個人」のトライアングルで考える

私たちの人生は、3つの側面に分けることができると思います。それは「公」と「私」と「個」です。

「私」は、「公」を離れた家庭や生活のことを指します。ここに「個」という概念を新たに加えたいと思います。文字通り個人を指します。公の自分を社会人、私の自分を父親や夫、母親や妻だとすると、個は自分自身のことになります。

人生を歩んでいくときは、それぞれのステージごとに「公人」「私人」「個人」のバランスを意識して、自分の人生を自分でコントロールしていきましょう。

■「公・私・個」のトライアングル

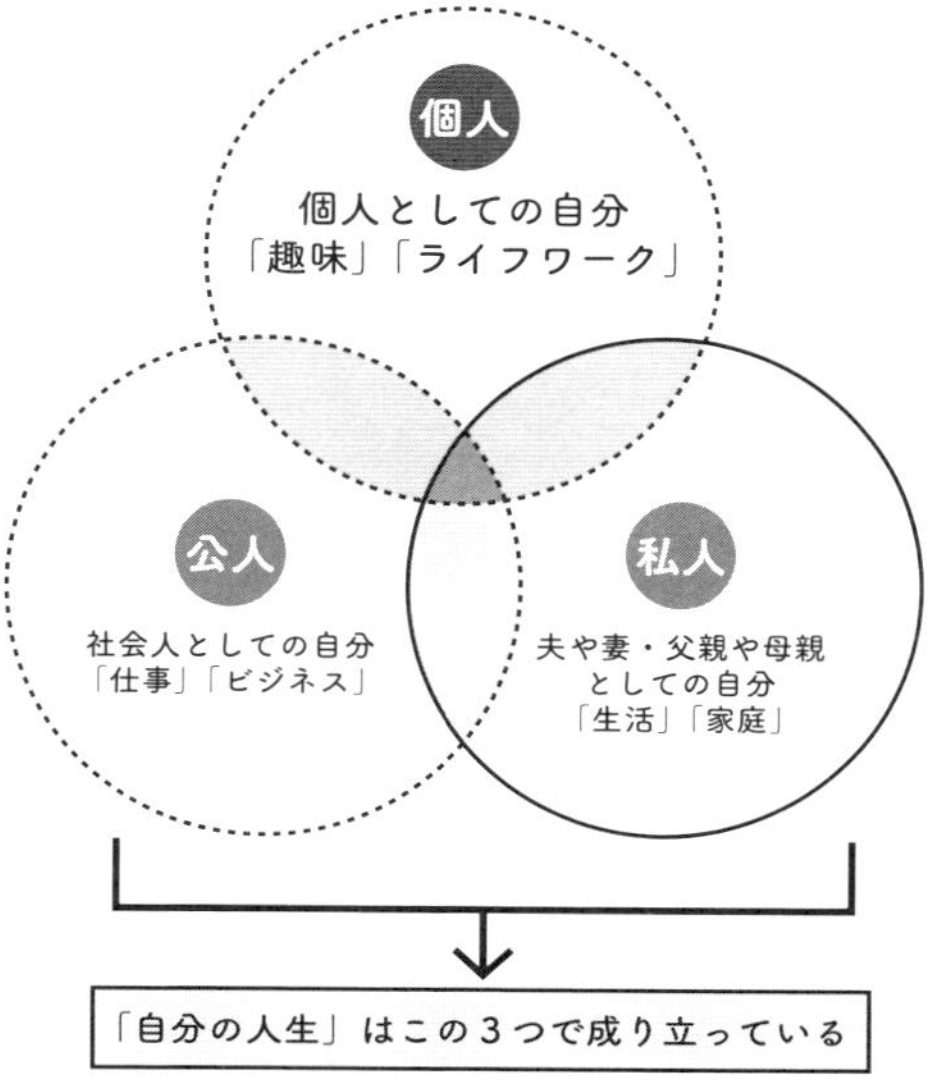

おわりに

２０２０年から本格化したコロナ禍で、私はZoomを使ったリモートによるコミュニケーションの世界に親しむことになりました。

全国の老若男女との、年齢や性別を越えた交流が活発になり、そこからリモートで図解の私塾を開くことになりました。

この「図解塾」では、図解の技術を学びたい社会人を塾生として、『梅棹忠夫著作集』全22巻（中央公論社）のエキスの図解化にも取り組み、「梅棹文明学」の図解が百数十枚完成しました。

テーマは「日本文明」であり、その延長線上で、２０２４年からは「日本文化」の図解に取り組んでいます。

また、図解については新しい動きもあります。

以前、「一太郎」で有名なジャストシステム社の浮川和宣社長と浮川初子専務から依頼があり、青山の本社に通って、「図解マスター」（２００５年発売）というソフトの開発に協力し、監修したことがあります。

現在はMetaMoJi社を起業しているお2人から2年ほど前、久しぶりに連絡があり、図解プロセッサの開発に協力することになりました。

その過程で、突如起こった生成ＡＩブームによって開発の思想を手直しすることになりましたが、これも幸運だったと思います。

生成ＡＩと相性のいい私の図解ノウハウを学習した図解プロセッサが、今後登場する予定です。それによって「図解革命」は次のステージを迎える可能性が出てきました。

さらには、同年生まれの盟友・橘川幸夫さんが紙の雑誌『イコール』の刊行を２０２４年から始めました。

その枠組みのなかで、私は『アクティブ・シニア革命』と命名した図解マガジンを２０２５年に刊行すべく準備中です。

人生１００年時代、道幅が少し広くなった私のライフワークへ至る道は、まだまだ続きそうです。

久恒啓一

久恒啓一の図解塾

「図解」は、文章至上主義と箇条書き信仰にまみれた世界を一新する基本ソフト（OS）です。図解という新しい武器で理解力・企画力・伝達力を磨き、世界を軽やかに疾走しましょう。毎回、目からウロコの講義を展開します。Zoomで2020年9月より開講中。30代から80代の老若男女が参加しています。

note「久恒啓一の図解塾」
https://note.com/metakit/m/mf7154ea1785b

●久恒啓一図解WEB: https://www.hisatune.net

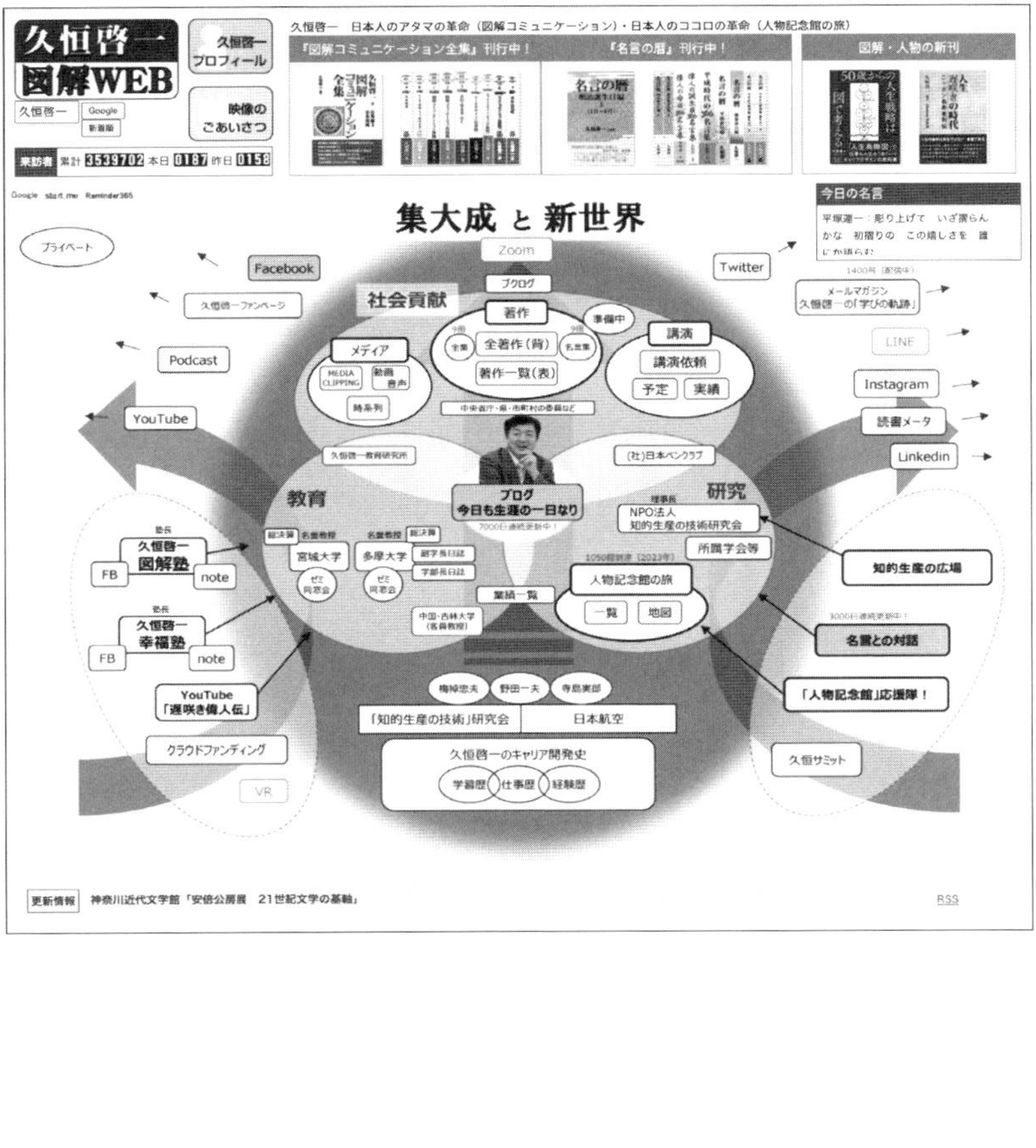

久恒啓一　図解コミュニケーション全集　全10巻

「全体の構造と部分同士の関係」を表現できる「図解コミュニケーション」は、「知的生産の技術」の柱であり、課題解決の強力な武器です。この全集は、久恒啓一による図解コミュニケーションに関わる著作物を体系化し、全10巻として刊行するものです。

第１巻　原論編　図解コミュニケーション原論
第２巻　技術編　図解コミュニケーションの技術
第３巻　実践編　よむ・考える・かく
第４巻　展開編１　ワークデザイン（仕事論）
第５巻　展開編２　キャリアデザイン（キャリア戦略）
第６巻　展開編３　ライフデザイン（人生戦略）
第７巻　応用編１　世界の名著
第８巻　応用編２　ビジネス理論・ウェブ時代をゆく
第９巻　応用編３　日本探検
第10巻　総集編　『仕事ができる人になる　図解の技術大全』（本書）

（第１～２巻は日本地域社会研究所発行、第３～９巻はAmazonのオンデマンドで販売）

久恒啓一（ひさつね　けいいち）
多摩大学名誉教授。宮城大学名誉教授。NPO法人知的生産の技術研究会理事長。
1950年大分県中津市生まれ。九州大学法学部卒。1973年日本航空入社。英国勤務や客室の労務担当を経て、広報課長、経営企画担当次長を歴任。1997年早期退職し、新設の県立宮城大学教授（事業構想学部）に就任。学生部長、大学院研究科長。2008年多摩大学教授。経営情報学部長を経て副学長。
ビジネスマン時代の1990年に『図解の技術』（日本実業出版社）を刊行。2002年の『図で考える人は仕事ができる』（日本経済新聞社）、『50歳からの人生戦略は「図」で考える』（プレジデント社）など著作は100冊を超える。2020年より『図解コミュニケーション全集』全10巻を刊行。近年は、1000館を超える「人物記念館の旅」をベースにした『遅咲き偉人伝』（PHP研究所）など「人物論」にも力を入れている。

図解ウェブ：https://www.hisatune.net/

仕事《しごと》ができる人《ひと》になる　図解《ずかい》の技術《ぎじゅつ》 大全《たいぜん》

2024年12月20日　初版発行

著　者　久恒啓一
発行者　杉本淳一

発行所　株式会社日本実業出版社　東京都新宿区市谷本村町3－29 〒162－0845
編集部　☎03－3268－5651
営業部　☎03－3268－5161　振　替　00170－1－25349
https://www.njg.co.jp/

印刷／壮光舎　製本／若林製本

ISBN 978－4－534－06141－6　Printed in JAPAN